AF411139

TRAITÉ

DE

COMPOSITION

MUSICALE

PAR

ÉMILE DURAND

Ancien Professeur au Conservatoire National de Musique

Pr. 20 Fr. Net

DU MÊME AUTEUR

Traité d'Harmonie complet *(Partie de l'Élève)*	Prix net **25** Fr.
Réalisations des Leçons d'Harmonie *(Partie du Professeur)*	— **12** —
Traité d'Accompagnement au Piano.	— **18** —
Abrégé du Cours d'Harmonie.	— **10** —
Réalisations des Leçons de l'Abrégé	— **5** —
Théorie musicale.	— **7** —

PARIS. ALPHONSE LEDUC, ÉDITEUR

3, rue de Grammont.

Tous droits de traduction réservés.

1899

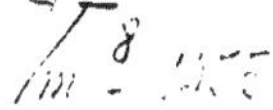

PRÉFACE

Quand l'idée nous vint de faire cet ouvrage, nous songions, principalement, à cette classe nombreuse de *musiciens*, qui, désireux de se livrer à la *composition*, mais privés des conseils d'un *Maître autorisé*, n'ont aucun guide pour les diriger dans leurs premiers essais.

Cependant, ayant jugé que, même en nous plaçant au point de vue des *œuvres les plus légères*, il était nécessaire de donner à nos préceptes une *base solide*, une *sanction sérieuse*, nous avons été amené à nous étendre longuement: d'une part, sur la *musique classique*, en ce qui concerne la *partie instrumentale;* d'autre part, sur la *musique d'opéra*, pour ce qui regarde la *partie vocale*.

Il est résulté de *cette direction* donnée à notre travail, que ce *traité* pourra être utile, non seulement aux *musiciens* dont nous parlons plus haut, mais encore à ceux qui, plus heureux, reçoivent les leçons *d'habiles professeurs*.

La raison en est qu'ils trouveront, ici, nombre de renseignements et d'observations, qui échappent, forcément, à l'enseignement *verbal*.

Si nous avons pris pour *base* de la *partie vocale* la *musique d'opéra*, c'est qu'elle nous fournit, à peu près, *tous les types* dont nous avons besoin, non seulement pour la composition *d'œuvres similaires* destinées au *théâtre*, mais encore pour celle des *romances, mélodies, duos, trios, chœurs*, etc, que l'on destine au *concert* et au *salon*.

Nous avons divisé notre travail en **trois parties:**

La **première** comprend des *notions générales*, applicables aussi bien à la *musique vocale* qu'à la *musique instrumentale*: éléments de la *mélodie*, structure des phrases, *cadences*, modulation, application de certaines *règles de l'harmonie* à la composition, etc, etc.

Cette *première partie* se termine par un chapitre important sur la *fugue* et le *canon;* lesquels, comme on le sait, peuvent être écrits soit pour *des voix*, soit pour un instrument à clavier: *orgue* ou *piano*, soit pour *plusieurs instruments*.

La **deuxième partie** est spécialement consacrée à la *musique instrumentale*: sonate, *quatuor*, fantaisies, *morceaux de genre*, musique de *danse* et musique *militaire*.

Dans la **troisième partie**, nous nous occupons, principalement, de ce qui concerne la *musique de chant*: voix, *prosodie*, vers lyriques, *ponctuation*, morceaux d'*opéras* et d'*opéras-comiques* (y compris *l'ouverture;*) musique de *salon*, chœurs d'*orphéon* et musique *religieuse*.

Si nous avons placé la *musique instrumentale* avant la *musique vocale*, c'est par la raison qu'il est *peu de règles* concernant la première qui n'intéressent plus ou moins la seconde; tandis que tout ce qui regarde les *voix*, la prosodie, l'*accord de la musique* avec les paroles, etc, tout cela, disons-nous, n'est pas nécessaire à la *composition purement instrumentale*.

En raison de l'*abondance des matières* contenues dans ce volume, (lequel ne renferme pas moins de *onze-cent-vingt-huit paragraphes* accompagnés de plus de *six-cents exemples*) nous donnons (pages 353 à 355.) une **table alphabétique** au moyen de laquelle on trouvera, facilement, celles de ces matières qu'on voudra consulter.

Nous ne voulons pas terminer cette *préface* sans remercier bien vivement Madame Ve Girod et MM^rs Baudoux & Cie, Bornemann, Bosc, Choudens, Costallat & Cie, Durand & fils, Enoch & Cie, Evette & Schaeffer, Gallet, Gregh. Grus, Hamelle, Heugel & Cie, Le Beau, Legouix, Lemoine & Cie, Maquet, Margueritat, Noël, Pinatel, et E. Salabert qui ont bien voulu nous autoriser à publier, à titre d'exemples, des *fragments d'œuvres* dont ils sont *Éditeurs-propriétaires*.

Nous regrettons de n'avoir pu obtenir l'autorisation de citer *aucun exemple* tiré des *opéras* d'AUBER et de MEYERBEER; cela nous a privé du plaisir de rendre hommage à *deux illustres Maîtres*, pour lesquels (en dépit de la mode) nous avons conservé la *plus vive admiration*.

EMILE DURAND

ÉMILE DURAND.—TRAITÉ DE COMPOSITION MUSICALE

INTRODUCTION

A.—La *composition musicale* est un *art* qui, comme tous les autres, a ses règles, ses préceptes, ses lois, lesquels n'ont rien d'arbitraire et n'ont pas été inventés à plaisir.

C'est en étudiant les *œuvres des Maîtres*, en les analysant, en les disséquant en quelque sorte, que les *théoriciens* de tous les temps, y joignant leur expérience personnelle, sont parvenus à établir *un corps de doctrines*, qui, sans avoir le *caractère absolu des sciences exactes*, offre , cependant, une *base solide* à l'enseignement.

Ces lois, ces préceptes, ne sont pas l'œuvre d'un homme: c'est l'œuvre *des siècles;* s'ils ne donnent point du *génie* à quiconque n'en possède aucun, ils viennent puissamment en aide à celui qui, pourvu des *aptitudes nécessaires,* veut se livrer à la composition.

En faisant profiter ce dernier de l'*expérience* acquise par ses devanciers, un bon enseignement lui épargne bien des tâtonnements, bien des fatigues, bien des mécomptes, lui fait gagner un temps précieux, et le conduit, directement et sûrement, dans la bonne voie.

C'est, qu'en effet, il ne suffit pas d'avoir des *idées musicales* pour faire un bon compositeur. Il faut savoir choisir entre ces idées: rejeter les unes et admettre les autres: lier celles-ci entre elles; les coordonner, les développer, leur donner une *forme précise*, les bien approprier au sujet que l'on traite, leur imprimer le caractère qui convient à ce sujet; et, s'il s'agit de *musique de chant*, observer, en outre, les règles d'une *bonne prosodie*, d'une *bonne déclamation.*

B.—Avant de se livrer à la *composition,* il faut s'y être préparé par la *lecture,* l'*audition* et l'*étude* raisonnée des *chefs-d'œuvre* de tous les temps et de toutes les écoles; car, c'est en se meublant la tête de *bonne musique* qu'on développe en soi l'*imagination* et le *goût.*

C.—Il est indispensable aussi de faire, en même temps, une étude sérieuse de l'*harmonie,* afin de pouvoir écrire *correctement* toute *pensée musicale* qui se présente à l'esprit.

D.—A la vérité, il n'est pas nécessaire d'être un *harmoniste transcendant* pour écrire convenablement certaines *compositions légères;* néanmoins, même dans les œuvres les plus simples, le compositeur habile se révèlera toujours, par la fermeté et l'élégance du *contour mélodique,* la richesse de l'*harmonie* et la *pureté* de l'écriture.

E.—Au point de vue de la *composition idéale,* il ne suffit pas de connaître en eux-mêmes les *bons principes;* il faut encore, et *surtout*, en comprendre l'esprit, et avoir assez de *goût* pour en faire, selon le cas, une *judicieuse application:* car, nous le répétons, la *composition musicale* ne pourrait se soumettre, rigoureusement, aux lois absolues d'une *science exacte,* la musique étant un art *plein de fantaisie,* qui ne peut se passer d'une *certaine liberté* et ne saurait, dès lors, se plier aux exigences de *règles trop étroites.*

Il faut donc, en les étudiant, s'attacher à l'*esprit* plus qu'à *la lettre* des règles de la *composition.*

Paris, ALPHONSE LEDUC, Editeur.　　　　A.L.9892.　　　　(Gravé chez Alphonse Leduc)

F.—De même que toute autre *œuvre artistique* ou *littéraire*, une *composition musicale* doit avoir un *sens*, une *forme*, un *caractère*.

L'éminent professeur BARBEREAU comparait volontiers la *musique* à l'*architecture;* et, de fait, bien que cela puisse surprendre au premier abord, ces *deux arts*, si différents dans leur essence, ont bien quelques rapports quant à la *forme*, la *coupe* et l'harmonie des *proportions*. (Dans son livre intitulé: *Harmonie et Mélodie*, M. SAINT-SAËNS dit, p. 28: "La musique est une *architecture de sons*.") (*)

G.—On compare souvent aussi la *musique* à la *peinture*, parce que, comme cette dernière, elle comprend le *dessin* (mélodie) et la *couleur* (harmonie).

H.—Mais la musique est surtout le *langage du sentiment*, et comme telle, plus entièrement comparable au *discours littéraire-poétique*.

De même que celui-ci, elle se compose de *phrases* et de *périodes;* ainsi que lui, elle demande la *clarté* ou *précision*, la *pureté* ou *correction*, le *naturel sans trivialité*, la *variété* dans l'*unité*, etc...

I.—Comme la poésie, et plus impérieusement encore, la musique exige la *mesure*, le *rythme*, la *carrure*.

J.—Dans le **discours poétique**, on procède le plus souvent par séries de quatre, six, huit ou dix vers de *même dimension* pour exprimer une pensée: tantôt ce sont des *vers courts*, de quatre, cinq ou six syllabes; tantôt des *vers longs*, de huit, dix ou douze syllabes.

En **musique**, les phrases se présentent également par séries de quatre, six, huit et douze mesures de *même dimension*. Il y a des *mesures courtes*, comme $\frac{3}{8}$, $\frac{2}{4}$, $\frac{6}{8}$; il y en a de *longues*, telles que $\frac{3}{2}$, $\frac{9}{4}$, $\frac{12}{8}$, $\frac{12}{4}$ etc.

K.—Enfin, la musique a sa **ponctuation**: *silences* et *cadences;* elle a aussi ses terminaisons *masculine* et *féminine*.

(*) "Qu'est-ce donc que la musique? Qui se chargera de la définir? C'est une *architecture de sons*, etc."

PREMIÈRE PARTIE

NOTIONS GÉNÉRALES

PREMIÈRE PARTIE

NOTIONS GÉNÉRALES

DE CERTAINS

TERMES ou MOTS TECHNIQUES

ET DE LEUR SIGNIFICATION

Avant toute chose, et pour être bien compris du lecteur, nous croyons utile de nous expliquer au sujet du *sens exact* que nous donnons à *certains termes*, certains *mots techniques*, qui se présenteront fréquemment dans le cours de cet ouvrage.

MESURE ET RYTHME

§ **1.**—Les mots *mesure* et *rythme*, qu'on emploie souvent l'un pour l'autre, n'ont pas tout-à-fait la même signification.

§ **2.**—La mesure, c'est la division de la durée d'un morceau de musique en *parties égales* ayant chacune deux, trois ou quatre *temps égaux.*

§ **3.**—Les *diverses combinaisons de notes* et de *silences* qu'on peut faire entrer *dans la mesure,* constituent ce qui s'appelle le **rythme**.

§ **4.**—La mesure sert donc de *cadre* au **rythme**; et dans ce *cadre* régulier, *uniforme*, on peut faire entrer les *rythmes* les plus *variés*, les plus *dissemblables*.

Ainsi par exemple, dans une *mesure simple* à quatre temps, on peut faire entrer des multitudes de *rythmes différents*, dont les suivants ne peuvent donner qu'une très faible idée.

PHRASE DE 16 MESURES dont tous les RYTHMES sont différents

CARRURE

§ **5.**—Le mot **carrure** s'applique à la *structure des phrases*, en ce qui concerne les *proportions* de leurs *membres*.

§ **6.**—La *carrure de la phrase* est *bonne*, lorsque les *membres* dont elle est formée sont *bien proportionnés*, bien *équilibrés*.

§ **7.**—La *carrure est mauvaise*, la phrase est *boiteuse*, lorsque ses membres sont mal proportionnés, leurs *cadences* mal placées, et que, par suite, elle manque *d'aplomb*.

On verra plus loin (page 39 et suivantes) quelles sont les *proportions* que doivent avoir les *différents membres* d'une phrase selon ses *dimensions*.

FORME

§ 8.—La *conexture* d'un morceau, d'une période ou même d'une phrase, peut aussi s'exprimer par le mot **Forme**: La *forme* d'une phrase, la *forme* d'un morceau.

PHRASE, MEMBRE DE PHRASE ET PÉRIODE

§ 9.—Une **phrase musicale** est une suite *mélodique* ou *harmonique* (si ce n'est l'une et l'autre) qui forme un sens plus ou moins achevé, et se termine sur un *repos*, par une *cadence* plus ou moins *parfaite*. (Voir ci-après, p. 10, le chapitre des *cadences*.)

§ 10.—Une *phrase* peut contenir plusieurs **membres de phrase**; chaque *membre de phrase* se termine, ordinairement, par une *cadence* ou une *demi-cadence* plus ou moins marquée.

PHRASE DE 4 MESURES, formée de DEUX MEMBRES de 2 mesures chacun

§ 11.—Parfois, cependant, un *membre de phrase* est entièrement bâti sur un *seul et même accord*, ce qui ne constitue pas une *cadence harmonique*.

PHRASE DE 8 MESURES dont le 1er membre ne fait pas ACTE DE CADENCE

§ 12.—Plusieurs phrases dépendant les unes des autres, et dont le *sens* reste *suspendu* jusqu'à un *dernier repos* qui leur est commun, forment ce qu'on appelle une **période**.

PÉRIODE DE 28 MESURES, formée de PLUSIEURS PHRASES
qui dépendent les unes des autres.

§ 13.—Mais on donne également le nom de *période* à un *ensemble de phrases,* qui, bien qu'ayant chacune *un sens* plus ou moins défini, se complètent les unes les autres, et sont, en quelque sorte *inhérentes*.

§ **14.**—Enfin, une *phrase développée,* qui se compose de *plusieurs membres* dont la réunion forme un *sens complet,* peut être considérée comme constituant une *période* à elle seule. Ajoutons qu'il en est des *périodes* comme des *phrases:* il y en a de *dimensions bien différentes,* selon la forme et l'importance du morceau auquel elles appartiennent.

INCISE ET CÉSURE

§ **15.**—Un *membre de phrase* peut, quelquefois, se diviser en deux ou trois **parcelles** généralement *égales,* que nous désignerons par le mot **incise,** terme de *rhétorique* qui signifie:"petite phrase formant un *sens partiel,* et entrant dans le sens total de la *période* dont elle fait partie."

§ **16.**—De même, nous emprunterons au *vocabulaire poétique* le mot **césure** pour désigner ce *petit repos,* plus ou moins court, qui sépare quelquefois *deux membres de phrase* ou *deux incises,* alors qu'il n'y a pas de *cadence harmonique.*

MEMBRES DE 6 MESURES, divisés en 2 INCISES de 3 mesures chacune

V. MASSÉ — *Paul et Virginie* (Duo du 2me Acte)

DESSIN, MOTIF, SUJET, THÈME

§ 17. —On appelle **dessin**, le contour mélodique d'une *phrase*, d'un *trait*, d'un *fragment* quelconque, petit ou grand.

On dit: *le dessin* de telle partie, *un dessin* d'accompagnement, un *dessin* d'orchestre, etc...

§ 18. —Une phrase *bien dessinée* est celle dont le contour mélodique est *pur, net, élégant, harmonieux.*

BEETHOVEN — PHRASE *extraite du Grand Septuor.*

Adagio cantabile.

§ 19. —On appelle **motif**, tout *air* ou *dessin mélodique* prédominant dans un morceau de musique.

HÉROLD — MOTIF *extrait de l'Ouverture du Pré aux Clercs.*

8

§ 20.—On nomme **sujet** ou **thème**, le motif principal d'une *fugue* ou de tout autre morceau dont la première idée est *développée*.

D'un *motif* de quelques mesures, certains maîtres ont pu composer des morceaux *tout entiers* et des plus intéressants, grâce aux développements ingénieux qu'ils ont su tirer de ce *thème* ou *sujet*.

§ 21.—On se sert, communément, du mot **thème**, pour désigner un *air*, généralement simple et court, sur lequel on a fait des *variations*.

On dit, indifféremment, *air varié* ou *thème varié*.

ANTÉCÉDENT, SÉQUENCE ou CONSÉQUENT

§ **22.**—On nomme **antécédent** le *premier terme* d'une *pensée musicale*.

§ **23.**—On nomme **séquence** ou **conséquent** chacun des *termes* qui, faisant suite *au premier*, en sont la *conséquence*, le développement logique, et *complètent la pensée* commencée.

§ **24.**—Une *séquence exacte* est celle qui reproduit exactement le *dessin* de l'*antécédent*, à un intervalle quelconque.

§ **25.**—La *séquence libre* est celle dont le *dessin* est différent de celui de l'*antécédent*.

§ **26.**—La *séquence mixte* est celle qui reproduit à peu près, mais non textuellement, le *dessin de l'antécédent*.

CADENCES

HARMONIQUES ET MÉLODIQUES

§ 27.—Le mot *cadence* dérive du verbe italien *cadere* qui veut dire *tomber, choir*. Appliqué à la musique, ce mot signifie *chute de la phrase*. Il est applicable aussi à la *terminaison* d'un *membre de phrase*.

§ 28.—Il y a bien des manières de terminer une *phrase* ou un *membre de phrase*, selon qu'on veut leur donner un sens plus ou moins *achevé*.

De là, plusieurs espèces de cadences, qu'on divise en deux classes principales: les *cadences de conclusion* et les *cadences de suspension*.

§ 29.—Il n'existe que deux espèces de *cadences de conclusion:*

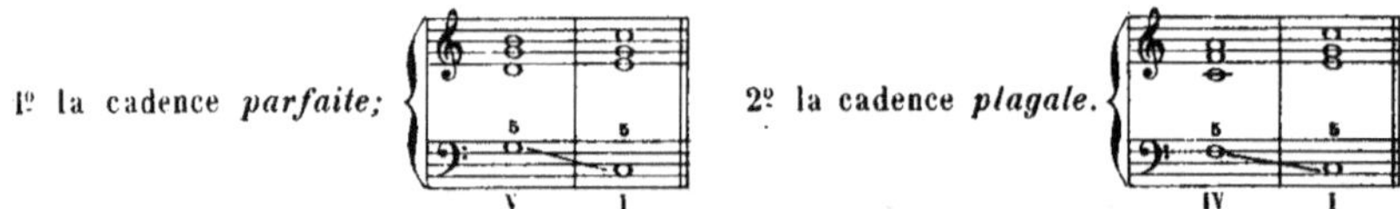

§ 30.—On distingue quatre espèces de *cadences de suspension:*

§ 31.—La plupart des cadences peuvent revêtir *différentes formes*. Seule, la *cadence harmonique parfaite* ne saurait être modifiée sans perdre de sa force, de son caractère concluant, ce qui la rendrait plus ou moins *imparfaite*.

CADENCE PARFAITE

§ 32.—Ce qui constitue la cadence *harmonique parfaite*, c'est le mouvement de la *basse* allant de la *dominante* à la *tonique*, l'une et l'autre de ces notes portant un *accord fondamental*, savoir: accord *parfait* ou accord de *septième* sur la *dominante*, accord parfait sur la *tonique*.

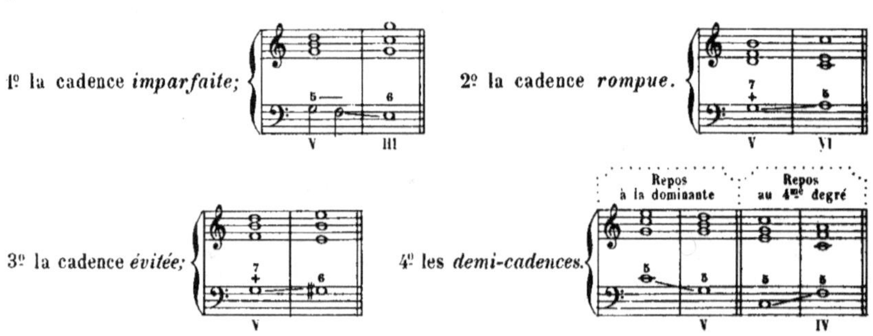

§ **33.**—La plupart des morceaux de musique finissent par la *cadence parfaite*, parce que, de toutes les cadences, c'est celle qui donne à la *phrase musicale* le *sens* le plus *achevé*, le plus *complet*.

§ **34.**—Mais, pour qu'une cadence soit *absolument parfaite*, pour qu'elle ait le sens d'une *conclusion positive*, définitive, il est nécessaire que la *mélodie prédominante* (ordinairement la 1re partie) se termine, comme la *Basse*, sur la *tonique*.

§ **35.**—Il y a, dans la *cadence parfaite*, trois manières d'arriver sur la tonique à la 1re partie:

1º par la *note sensible* montant d'un *demi-ton;*

2º par la *sus-tonique* descendant d'un *ton;*

3º par la *dominante* montant d'une *quarte* ou descendant d'une *quinte*.

Ces *trois notes* qui, tour-à-tour, précèdent la *tonique* dans la *cadence parfaite*, sont, comme on le voit, celles de l'*accord parfait* de la *Dominante*.

CADENCES PARFAITES
mélodiques et harmoniques en DO MAJEUR et en LA MINEUR

§ **36.**—Si l'une des deux *parties principales* (*Basse* ou *mélodie prédominante*) finissait par la *tierce* ou par la *quinte* de la tonique (et à plus forte raison, si *toutes les deux* finissaient ainsi) le sens de cette cadence s'en trouverait plus ou moins affaibli; ce qui la rendrait plus ou moins *imparfaite*.

CADENCES IMPARFAITES

§ **37.**—La cadence imparfaite la mieux caractérisée est celle dont la *Basse* finit sur la *médiante* portant accord de *sixte*, et la 1re partie sur la *dominante* (premiers exemples)

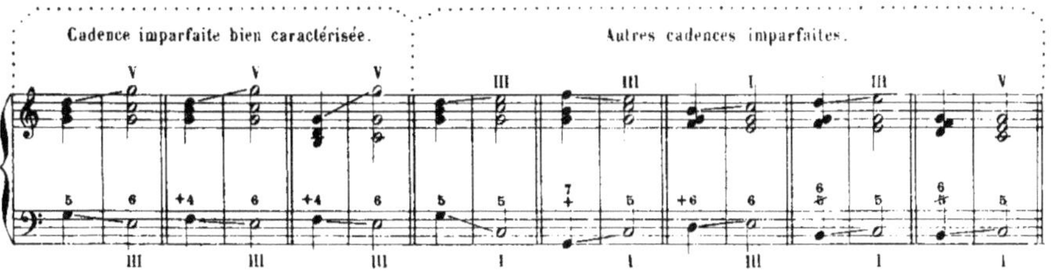

§ 38.—La cadence *melodique imparfaite* se fait surtout dans les cas suivants:

1º lorsqu'une phrase aboutissant à l'*accord de tonique* se répète immédiatement, avec plus ou moins d'exactitude, et qu'on ne veut pas, dès la première fois, lui donner un *sens tout-à-fait terminé*, le réservant pour la seconde fois;

2º comme terminaison de l'un des premiers membres d'une phrase. (Dans ce cas elle équivaut à une *demi-cadence*. Voir ci-après, § 45

(*) (**) Exemples extraits des Solféges de E. DURAND, publiés avec l'autorisation de Mᵐᵉ A. NOËL, Edʳ-Propriétaire
a. b. Ces cadences sont rendues *imparfaites* par la *partie supérieure*.

3º lorsque, vers la fin d'un *morceau* ou seulement d'une *période*, on veut faire désirer la *cadence finale* et ne pas *finir de suite.*

§ 39.—Il arrive, cependant, qu'on termine quelquefois un morceau par la *tierce* ou par la *quinte* de la *tonique* à la partie *supérieure prédominante*.

Ces sortes de *terminaisons mélodiques,* qui font de la *cadence parfaite* une *cadence imparfaite*, peuvent avoir leur raison d'être:

1º dans la *musique de chant,* lorsqu'il s'agit de rendre l'*expression de certaines paroles,* dont le sens est *admiratif* ou *interrogatif;* ou bien dont le caractère *mystérieux* ou *rêveur* laisse l'*esprit en suspens* et s'oppose à une conclusion définitive.

2º dans la *musique instrumentale,* quand on veut exprimer les *mêmes choses* sans le secours des paroles.

§ 40.—Mais il y aurait *faute* à terminer ainsi *vaguement* une phrase ayant le *sens affirmatif,* comme, par exemple,

<table>
<tr><td>sur ces paroles de Jean de Paris:
"Cette auberge est à mon gré,"<br>"M'y voici, j'y resterai."</td><td>ou celles-ci, des Mousquetaires de la Reine:
"On vous trompe, j'en fais serment."</td></tr>
</table>

L'expression de ces deux phrases exigeait impérieusement la *cadence absolument parfaite,* que les auteurs n'ont pas manqué d'employer.

CADENCE ROMPUE et CADENCE ÉVITÉE

§ 41.—La *cadence harmonique rompue* est celle qui a lieu lorsque l'*accord de dominante* est immédiatement suivi de l'un de ceux du 2me, du 4me ou du 6me degré; de ce *dernier* le plus souvent.

§ 42.—La *cadence évitée* est celle qui a lieu lorsque l'*accord de dominante* est suivi d'un *accord modulant* quelconque, consonant ou dissonant.

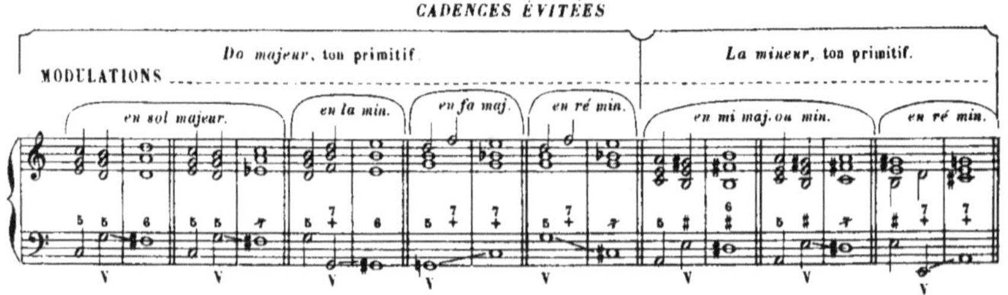

§ 43.—Comme la cadence imparfaite, la cadence *rompue* et la cadence *évitée* se font souvent à la fin d'*une phrase* ou d'un *membre de phrase,* quand on ne veut pas leur donner un *sens achevé.*

§ 44.—La cadence *rompue* et la cadence *évitée* ont cela de particulier qu'elles *brisent* le *sens musical* d'une manière *inattendue.*

Il en est qui sont d'*un effet saisissant;* celles-ci conviennent principalement à la musique dont le *caractère* est *dramatique,* qu'elle soit vocale ou *instrumentale.*

DEMI-CADENCES

CADENCE A LA DOMINANTE

§ **45.** — La *chute* de la *basse* sur le 5me degré portant l'un de ses accords *fondamentaux*: 5, $\frac{7}{4}$ ou $\frac{9}{7}$, constitue la *cadence à la dominante*, quel que soit d'ailleurs l'accord qui ait précédé.

Cette cadence, qui n'est qu'un *repos momentané*, marque, le plus souvent, *la moitié* de la phrase ou de la période; de là, son nom de *demi-cadence*, c'est-à-dire: cadence de *demi-phrase* ou de *demi-période*.

§ 46.—Ce *repos a la dominante* est quelquefois amené par une *modulation* (plus ou moins déterminée) à la *quinte supérieure* ou à la *quarte inférieure*.

§ 47.—Bien que cette *modulation* s'opère parfois sous forme de *cadence parfaite* empruntée au *ton de la dominante*, on sent fort bien que celle-ci n'est pas une *cadence de conclusion*, qu'elle n'indique qu'un *repos momentané*, et qu'en un mot, elle n'a pas d'autre signification qu'une simple *cadence à la dominante*; nous l'appellerons, par cette raison, cadence parfaite *à la dominante*.

REPOS SUR LE 4me DEGRÉ

§ 48.—Une autre *demi-cadence*, moins usitée que la précédente, et pourtant d'un très bon effet, est celle qui a lieu sur l'*accord parfait* du *4me degré* précédé de celui de la *tonique*.

§ 49.—De même que le *repos à la dominante,* le repos à la *sous-dominante* peut être amené par une *modulation,* plus ou moins déterminée, mais *passagère.*

Ces deux *demi-cadences* peuvent avoir lieu sur un *premier renversement.*

CADENCE PLAGALE

§ 50.—La *cadence plagale* la plus usitée est celle dont la basse va du 4me degré au 1er ; elle s'emploie, ordinairement, à la suite de la *cadence parfaite,* comme pour *confirmer la fin* du morceau déjà déterminée par cette dernière.

§ 51.—On pourrait comparer la *cadence plagale* ainsi employée à l'*Amen* qui succède à une *prière* dont le sens est déjà *complet.*

CADENCES ou TERMINAISONS MÉLODIQUES

§ 52.—On nomme *cadence mélodique* ou *terminaison mélodique* la *chute* de la phrase musicale, dans la *partie mélodique principale* ou *prédominante*.

§ 53.—Il y a peu de *cadences mélodiques* dont le sens ne puisse être modifié, ou même entièrement changé, par la basse et l'harmonie.

§ 54.—Quand la *mélodie* est entendue *seule*, l'oreille interprète ces *cadences* dans le sens le *plus simple*, le *plus naturel*.

Par exemple, si l'on est dans le ton de *do*,

ces terminaisons  feront l'effet de *cadences parfaites*,

et celles-ci  de cadences *à la dominante*.

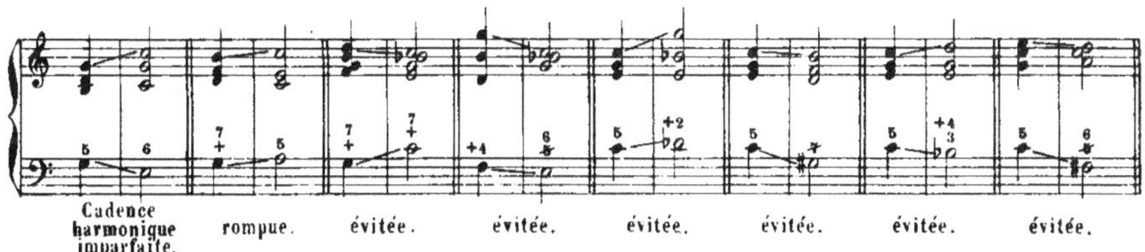

§ 55.—Mais ces *terminaisons* pourraient être transformées, par l'harmonie, en cadences *imparfaites, rompues* ou *évitées*.

§ 56.—De leur côté, certaines *terminaisons mélodiques* peuvent modifier le sens de certaines *cadences harmoniques*.

Voici, par exemple, une formule de *cadence parfaite* bien caractérisée:

si, à la terminaison mélodique: qui finit sur la *tonique*, nous substituons

celle-ci: qui finit sur la *tierce*, ou cette autre: qui finit sur la *quinte*,

la cadence devient *imparfaite*, puisque ces deux terminaisons ont le sens *inachevé*.

20

§ **57.**—Nous pouvons aussi, sans rien changer à la *basse* ci-dessus, faire de la *cadence parfaite* une *cadence évitée,* en substituant au *dernier accord parfait* celui de 7me *de dominante,* qui fait moduler en *Fa*.

§ **58.**—Des observations qui précèdent, il résulte que les rapports peuvent être de deux sortes entre une *cadence mélodique* et la *cadence harmonique* dont on l'accompagne; savoir: 1º ou ces deux cadences ont le *même sens* et le *sens total* en est bien *caractérisé;* 2º ou bien, elles ont *un sens différent*, et le *sens total* s'en trouve *plus ou moins changé* ou *affaibli.*

CADENCES SIMPLES — CADENCES FIGURÉES

TERMINAISONS MASCULINE ET FÉMININE

§ **59.**—Les *cadences simples* sont celles qui se font sans aucun ornement.

§ **60.**—Les *cadences figurées* sont celles dont les *dessins mélodiques* renferment des notes de passage ou des ornements: *broderies, appoggiatures, anticipations* ou *échappées.*

§ **61.**—Il en est dont la *terminaison* est *masculine*, et d'autres dont la *terminaison* est *féminine.*

§ **62.** Il serait impossible de donner un *tableau complet* des *cadences mélodiques,* à cause de l'infinie variété des aspects sous lesquels elles peuvent se présenter.

D'ailleurs, au point de vue de la composition de la *mélodie,* ce qui importe surtout c'est de savoir donner aux *fins de phrases* le caractère *concluant* ou le caractère *suspensif* qui leur convient selon le cas; ce qui ne présente aucune difficulté.

MÉLODIE et HARMONIE

§ **63.**—Pris dans son acception la plus large, le mot **mélodie** signifie: *musique chantante* ou musique *mélodique*, ce qui revient au même.

Toute *musique chantante* est donc **de la mélodie**, qu'elle soit *vocale* ou *instrumentale*.

Ainsi, l'on dit: *dessin mélodique*, pour *dessin chantant*, *trait mélodique*, pour *trait chantant*, etc.

§ **64.**—Mais **une mélodie** proprement dite est un *morceau de chant*, d'une certaine forme, écrit pour *une seule voix*.

§ **65.**—Cependant, on donne parfois le titre de **mélodie** à un morceau pour *instrument solo*, avec ou sans accompagnement, quand ce morceau est entièrement *chantant* et dans la forme d'une *mélodie vocale*. Ainsi, il y a des **mélodies** pour le *violon*, pour le *violoncelle*, pour le *hautbois*, etc.

§ **66.**—En résumé, il ne faut pas confondre **une mélodie** avec **de la mélodie**.

§ **67.**—D'autre part, on sait que l'**harmonie** est la science des *accords*, et qu'une *suite d'accords* produit de l'**harmonie**.

§ **68.**—Grâce à l'extrême vulgarisation du **piano**, cet instrument accompagnateur par excellence, on n'imagine guère, de nos jours, une **mélodie** (vocale ou instrumentale) dépourvue d'accompagnement: **harmonie** et **mélodie** sont ainsi devenues *deux compagnes inséparables*.

§ **69.**—Aussi, d'une manière générale et *sauf spécification du contraire*, quand nous parlerons d'une composition quelconque, nous supposerons toujours que **mélodie** et **harmonie** marchent de front et concourent l'une et l'autre au bon effet, à la bonne ordonnance de cette composition.

§ **70.**—D'ailleurs, une *mélodie* bien construite implique, nécessairement, une *bonne harmonie;* et réciproquement, une *harmonie* bien établie porte en elle les éléments d'une *bonne mélodie*. Fort souvent, l'une et l'autre se présentent simultanément à l'esprit du compositeur, qui les conçoit ainsi *tout d'une pièce*.

§ **71.**—Après avoir constaté qu'une *mélodie bien faite* comporte toujours une *bonne harmonie*, nous ajouterons que, si cette mélodie, se suffisant à elle-même, pouvait au besoin se passer d'accompagnement, elle aurait, à nos yeux, *un mérite de plus*.

ÉLÉMENTS ESSENTIELS
de la mélodie

§ **72.**—Les éléments principaux de la **mélodie** sont:

1° l'*intonation*, qui résulte de la *diversité des sons* et du passage de l'un à l'autre.

2° le *rythme*, qui résulte des *diverses combinaisons* obtenues par le mélange des *valeurs de notes* et des *silences*.

§ **73.**—Le *rythme* et l'*intonation* sont aussi indispensables à la *mélodie*, que le sont à la peinture le *dessin* et la *couleur*.

§ **74.**—Et à ce propos nous ferons observer que la *mélodie* peut avoir sa *couleur* sans le secours de l'**harmonie**.

AIR OU MÉLODIE SUR UNE SEULE NOTE

§ **75.**—On ne saurait faire *une mélodie*, ni même *le plus petit air* avec *un seul son*.

A la vérité, ROSSINI s'amusa bien, un jour, à composer un *morceau de chant* très développé sur *une seule note;* mais l'intérêt de ce morceau était tout entier dans l'*accompagnement;* et malgré la *diversité des rythmes* ingénieusement combinés par l'illustre compositeur pour la *partie de chant*, celle-ci ne constituait qu'une sorte de *déclamation notée*, et non ce qu'on peut appeler une **mélodie**. (Ce morceau n'ayant pas été publié, nous ne pouvons, à notre grand regret, en donner le moindre fragment.)

AIRS SUR DEUX, TROIS OU QUATRE NOTES

§ **76.** — *Deux notes* offrent si peu de ressources mélodiques que, malgré les différentes *formes rythmiques* qu'on pourrait leur donner, malgré les *harmonies diverses* dont on pourrait les accompagner, on ne saurait aller bien loin avec des moyens aussi restreints.

§ **77.** — Avec *trois* ou *quatre notes,* on peut créer, non des mélodies développées, mais des *petits airs* de quelques mesures.

J. J. ROUSSEAU a laissé dans ses *Consolations,* un air de seize mesures, composé par lui avec les *trois premiers degrés* de la gamme majeure.

De son côté, BOÏELDIEU a fait, pour l'opéra: *Charles de France,* un air de vingt-quatre mesures avec les *quatre premiers degrés* de *la majeur.*

AIRS SUR CINQ OU SIX NOTES

§ **78.** — Les airs qui roulent sur *cinq ou six notes* sont assez nombreux.

HALÉVY a introduit, dans l'ouverture des *Mousquetaires de la Reine,* un très beau *solo de cor* qui ne contient que les *cinq premiers degrés* de la gamme. Il est vrai que ce n'est qu'*une phrase* de huit mesures, qui se décompose en deux membres de quatre mesures, dont trois sont absolument identiques dans les deux membres.

Le premier motif de la *mélodie* de REBER intitulée: l'*Échange,* est composé sur *cinq notes* (de la *sensible* à la *sous-dominante,* mode majeur) et se meut dans un espace de *quinte diminuée* (p. 86)

Dans **Aïda,** VERDI fait jouer aux *trompettes* une *marche* très colorée, très originale, sur les six notes.

(*) Cet instrument transpose ce qui est écrit à 2 tons plus bas.

§ 79.—Les clairons, ne donnant que les notes de *l'accord parfait* ainsi disposées: 

il en résulte que toutes leurs *sonneries* sont, forcément, bâties sur ces *cinq notes*, et surtout sur les *quatre notes supérieures*.

§ 80.—Parmi les *anciennes chansons populaires*, il en est beaucoup qui sont faites avec cinq ou six notes seulement. Il en est de même des *airs de chasse*.

AIRS SUR CINQ NOTES

AUTRES CHANSONS POPULAIRES SUR CINQ NOTES:

"*J'ai du bon tabac*". —— "*C'est le Roi Dagobert*"

(*) Le *Clairon* transpose à un ton plus bas.
(**) La *Trompe de Chasse* transpose à une *septième au dessous*.

AIRS SUR SIX NOTES

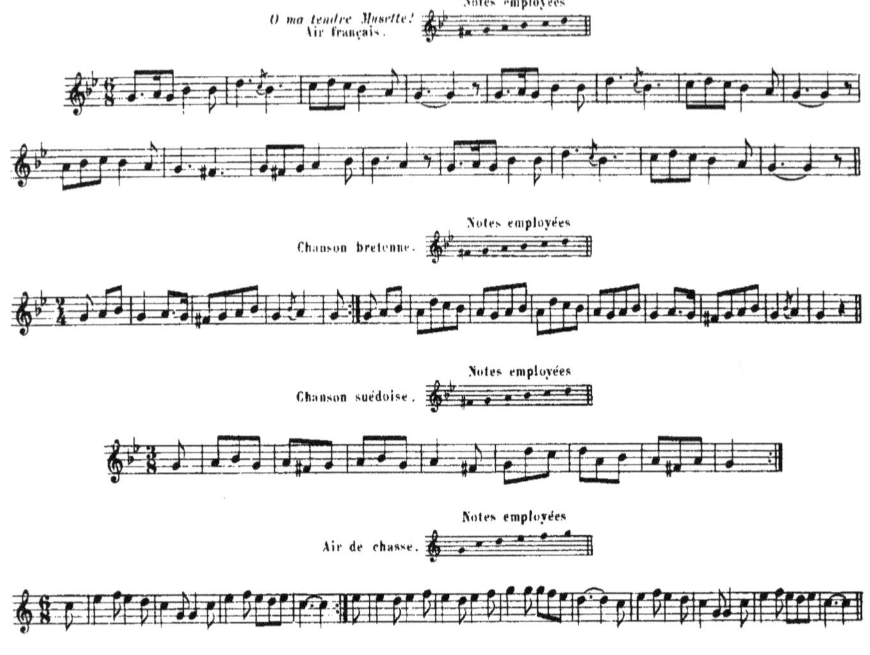

AUTRES *CHANSONS POPULAIRES* SUR *SIX NOTES*

"Au clair de la lune" — "Ah! vous dirai-je, maman"

AIRS SUR SEPT, HUIT NOTES ET PLUS

§ **81.**—On conçoit que, plus on a d'*étendue* et de *sons* à sa disposition, plus les ressources sont grandes pour varier et développer les idées.

§ **82.**—En ce qui concerne l'*étendue* d'une *mélodie vocale* du *grave* à *l'aigu*, il est bon d'observer que, plus cette étendue est bornée, plus la mélodie a des chances de se *vulgariser,* parce qu'elle entre plus facilement dans *toutes les voix.*

C'est le cas des *anciens airs populaires*, qui dépassaient très rarement l'étendue d'*une octave,* et qui, comme nous le disons plus haut, se renfermaient souvent dans les limites d'*une quinte* ou d'*une sixte.*

§ **83.**—Sans se condamner à n'employer qu'une étendue aussi limitée dans les *compositions vocales,* il est bon, quand on écrit pour des *voix ordinaires,* de ne pas dépasser *une douzième, une treizième* tout au plus; et encore faut-il n'user que très sobrement des *notes extrêmes,* au grave et à l'aigu, et se maintenir le plus possible dans la *région moyenne* de la voix pour ne pas fatiguer le chanteur. Cette *région moyenne* est ce qu'on appelle *la tessiture vocale,* laquelle, habituellement, n'a pas plus d'une *octave.* (Voir p.239)

§ **84.**—Les notes *sur-aiguës* ou *sous-graves,* qu'on rencontre quelquefois dans les *opéras,* sont écrites pour des *voix exceptionnelles,* dont on dispose rarement en dehors des théâtres de musique.

PHRASÉOLOGIE MUSICALE

RYTHMES SIMPLES — RYTHMES COMPLIQUÉS

§ 85.—Dans ses *leçons de lecture musicale*, HALÉVY donne cette définition de la mesure : « La mesure, c'est *l'ordre* dans le temps. »

En effet, *sans ordre, sans mesure, sans rythme, pas de musique;* car, dans ces conditions, une suite de sons musicaux ne serait plus qu'un *chaos,* quelque chose *d'informe; ce* serait de la couleur *sans dessin,* des mots *sans suite.*

§ 86.—La *mesure* et le *rythme* sont donc indispensables à la musique, pour qu'elle ait *un sens.* Mais, un *rythme quelconque, mal ordonné,* ne saurait constituer de véritable musique. Pour être bon, un rythme doit *faire sentir* la mesure, et pour cela faire distinguer les temps forts des temps faibles, leurs parties fortes de leurs parties faibles.

Il faut encore qu'il fasse saisir le *commencement* et la *fin* de chaque *phrase* et de chaque *membre de phrase;* sans quoi, le discours musical serait inintelligible.

§ 87.—Dans une *mélodie franche,* naturelle, ne puisant pas son originalité dans des *rythmes recherchés,* la bonne distribution des *valeurs de notes* dans la mesure permet de *distinguer facilement,* sans le secours d'aucun accompagnement, le *temps fort* des autres temps, la *partie forte* de chaque temps, des autres parties du même temps.

§ 88.—Dans les rythmes formés de *valeurs inégales,* cette bonne distribution consiste à placer, sur le *temps fort,* une note *relativement longue;* et, sur les autres temps, des notes *plus brèves.*

N. B.—On sait, en effet, que le *1er temps* d'une mesure quelconque est appelé *temps fort,* parce que, pour faire sentir le commencement de cette mesure, on *appuie* plus fortement sur ce temps que sur aucun des autres. Or, il est évident que les *valeurs longues,* sur lesquelles, en raison de leur durée, on peut appuyer davantage, se prêtent mieux que les *valeurs brèves* à une *forte accentuation.*

DISTRIBUTION RATIONNELLE DES VALEURS DE NOTES DANS LA MESURE

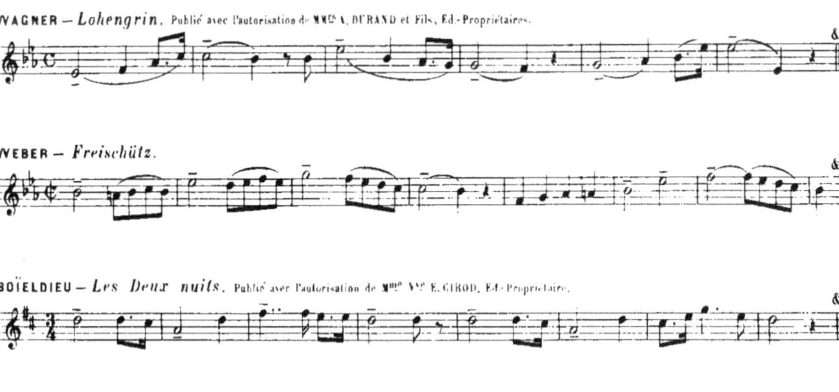

§ **89.**—Avec certains *rythmes exceptionnels,* la mesure ne serait pas saisissable, si la partie qui les contient était *seule* exécutée.

Tels sont ceux des exemples suivants, qui ont besoin, pour être compréhensibles, qu'un *accompagnement* vienne *accentuer* les *temps* qui ne sont pas marqués par la mélodie elle-même.

HALÉVY — *L'Eclair,* (Trio du 1er Acte) Publié avec l'autorisation de MM. H. LEMOINE et Cie. Ed.-Propriétaires.

HÉROLD — *Zampa.* Publié avec l'autorisation de Mr L. GRUS, Ed.-Propriétaire.

Sans l'accompagnement de ces *deux motifs,* ne pourrait-on pas, à la seule audition, les comprendre ainsi?

§ **90.**—Quand la mesure a été *bien établie,* l'accentuation peut être déplacée *momentanément,* sans que l'auditeur en éprouve aucun trouble, aucune incertitude.

VALEURS ÉGALES

§ 91.—Dans les *rythmes* en *valeurs égales*, plusieurs signes peuvent concourir à la détermination de la mesure, à défaut d'un accompagnement quelconque:

A.—En premier lieu, l'*harmonie* implicitement contenue dans la *mélodie*:

HÉROLD — *Zampa*. 2ᵈ Acte (Duo de Daniel et Rittal Publié avec l'autorisation de Mᵉ L.GRUS. Éd. Propriétaire.

B.—puis, l'*accentuation* plus ou moins prononcée des *temps*, selon qu'ils sont *forts* ou *faibles* (ce qu'une bonne exécution doit donner;)

E. DURAND — *Traité d'harmonie*. A. LEDUC, Éd.-Propriétaire.

C.—enfin, en ce qui concerne particulièrement la *musique de chant*, l'arrangement des *paroles*, dont les *accents principaux* (surtout à la chute des vers) tombent généralement sur les *temps forts*.

BOÏELDIEU — *Les Deux nuits* (Air de Victor) Publié avec l'autorisation de Mᵐᵉ Vᵉ E.GIROD, Éd.-Propriétaire.

D.—Mais cette condition dernière est sujette à *exception*: ainsi, dans l'exemple tiré de *Zampa* que nous donnons ci-dessus, la *fin de chaque vers* tombe sur le 3ᵐᵉ temps, non sur le 1ᵉʳ.

Donc, si ce n'était l'accompagnement, il ne resterait là, pour bien déterminer la mesure, que l'*accentuation* du *temps fort*, dans l'exécution, et l'*harmonie sous-entendue*, qui, dans le cas présent, ne ferait aucun doute pour une oreille exercée.

HÉROLD — *Zampa*. L. GRUS, Éd.-Propriétaire.

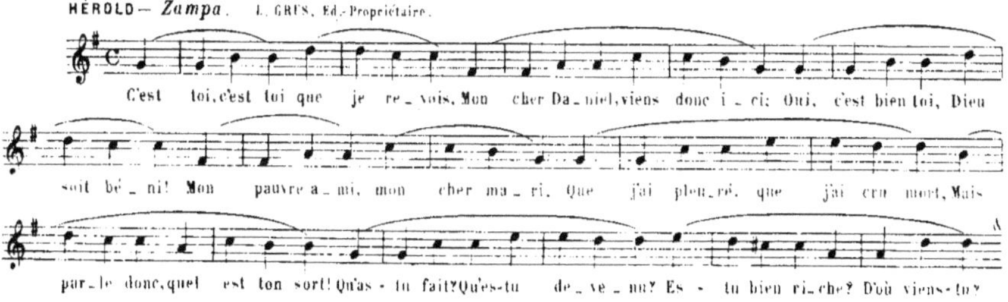

MANIÈRES DIVERSES DE NOTER, COMME MESURE,
une même pensée musicale.

§ **92.**—Il y a souvent plusieurs manières de *noter* une même pensée musicale.

Certains auteurs font entrer en *une mesure* ce que d'autres eussent écrit *en deux*.

A.—Voici, par exemple, un thème d'HAYDN dont chaque *membre de phrase* est écrit en *deux mesures*, et finit au *temps faible* quand sa terminaison est *masculine*, et *après ce temps* quand elle est *féminine*.

Mais l'auteur aurait pu, en donnant *quatre mesures* à chaque *membre de phrase*, faire tomber sur le *temps fort* les terminaisons *masculines*, et sur le *temps faible* les terminaisons *féminines*.

B.—Voici, d'autre part, une mélodie de SCHUBERT écrite à *quatre temps*, dont chaque *membre de phrase* vient expirer au 3me ou au 4me temps des *mesures paires*, selon que la terminaison est *masculine* ou *féminine;* de sorte que la *phrase* et le *morceau* lui-même finissent au 3me temps, au lieu de finir sur le 1er.

En faisant de *chaque mesure* à *quatre temps deux mesures* à deux temps, on obtient une *notation* plus rationnelle, qui fait tomber sur le *temps fort* les terminaisons *masculines* et sur le *temps faible* les terminaisons *féminines*.

§ **93.**—C'est ainsi que, parfois, il peut être utile, pour mieux se rendre compte de la *carrure* des phrases, de *dédoubler* les mesures *longues* ou *lentes*, et d'en supposer *deux* au lieu *d'une*.

§ **94.**—D'autres fois, au contraire, il convient de mettre en *une mesure* ce qui était écrit en *deux*, pour se rendre compte de la *carrure* de la phrase.

Voici un fragment bien connu de la *Valse des Roses* de MÉTRA:

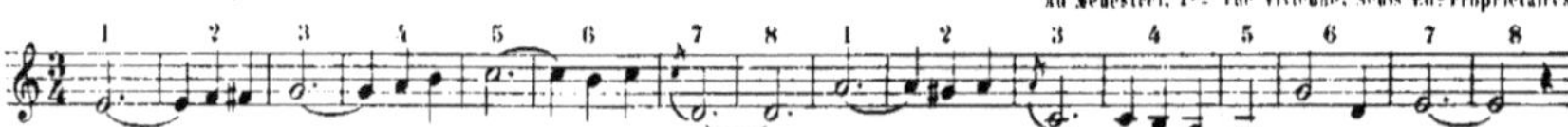

Cette valse est bien *notée* comme il convient.

Cependant, chaque *membre de phrase* ayant sa *chute* à la 7me mesure, il semblerait que la phrase ne doit pas être *carrée*. (Or, dans les *airs de danse*, la carrure est indispensable.)

Mais, pour vérifier *cette carrure*, nous avons le moyen proposé plus haut:

Mettons donc *deux mesures* à $\frac{3}{4}$ dans *une mesure* à $\frac{6}{4}$, et nous verrons que la *chute* de chaque *membre de phrase* tombe bien sur le 1er temps de la 4me mesure, et que, par conséquent, la phrase est parfaitement *carrée*.

FORME MÉTRIQUE ET FORME NON-MÉTRIQUE

§ **95.**—Il y a en musique, comme en littérature, *deux formes* de langage, qui sont:
1º la *forme métrique*, qu'on peut comparer *aux vers;*
2º la *forme non-métrique*, qu'on peut comparer à *la prose.*

§ **96.**—On nomme *forme métrique*, celle qui résulte de la *structure symétrique* des phrases et des membres de phrase, dans leurs rapports de *proportions* et de *dimension.*

§ **97.**—On nomme *forme non-métrique*, celle où n'existe pas cette *symétrie.*

§ **98.**—Dans la forme *métrique*, les *cadences*, assez fréquentes, établissent une *démarcation* très nette entre les diverses phrases ou les divers *membres* de phrase. (Ex. *A*)

MOZART— *Rondo de la 7e Sonate.*

§ **99.**—Dans la forme *non-métrique*, les *cadences* sont plus rares, généralement *moins mar-quées*, et par suite, les phrases y sont moins nettement définies.

CHERUBINI— *Solfège du Conservatoire.*

§ **100.**—D'après ce qui vient d'être dit, on doit comprendre que la *forme métrique* est la plus saisissable, celle qui se grave le mieux dans la mémoire; c'est aussi *la plus usitée*.

§ **101.**—La forme *non-métrique* s'emploie surtout dans le *contrepoint*, (Ex. B.) la *fugue* ou le genre *fugué* (Ex. C.) ainsi que dans le *plain-chant* (Ex. D.).

On sait que la musique du *plain-chant* n'est point, à proprement parler, une *musique mesurée*.

DÉBUTS ET FINS DE PHRASES
avec mesures incomplètes

Avant de nous occuper de la division des *phrases métriques*, il importe d'en examiner le commencement et la *fin*.

§ **102.**—Une *phrase mélodique* peut commencer sur une *partie quelconque de la mesure ou du temps*.

§ **103.**—Quand elle est attaquée *sur le 1er temps* de la mesure, celle-ci fait, nécessairement, partie de la *carrure*.

§ **104.**—Lorsque la *mesure d'attaque* d'une phrase débute par un ou plusieurs *silences* dont la valeur totale représente *au moins un quart* de cette mesure, celle-ci reste, généralement, *en dehors de la carrure*, laquelle ne part que de la mesure suivante.

Voici, cependant, une phrase dont la *1ᵉ mesure* compte dans la *carrure,* bien qu'elle commence par un *silence* qui vaut *plus qu'un quart* de cette mesure, puisqu'il en vaut le *tiers.*

§ **105.**—Quand le *silence* qui précède l'*attaque* de la phrase est d'une valeur *inférieure au quart de la mesure,* celle-ci fait, le plus souvent, partie de la *carrure.*

PHRASES dont la 1ᵉ mesure ENTRE DANS LA CARRURE
malgré le SILENCE qui rend cette mesure INCOMPLÈTE

§ **106.**—S'il est des cas où la *première mesure* d'une phrase n'entre pas dans la *carrure,* par la raison que cette mesure est *incomplète,* il n'en est pas de même de la *dernière,* qui compte toujours, quels que soient le *nombre* et la *valeur* des *silences* qui la terminent.

PHRASE DE 4 MESURES extraite de la Sonate Op 27 de BEETHOVEN

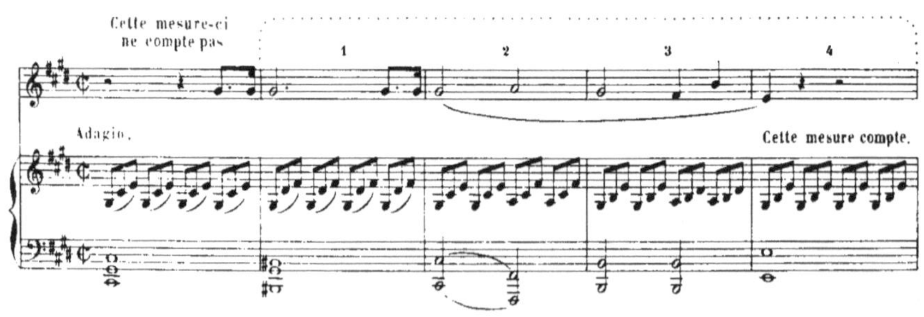

TERMINAISONS MASCULINE ET FÉMININE

§ 107.—On sait qu'en poésie une *rime* est *féminine* quand elle se termine par une *syllabe sonore* suivie d'une *syllabe muette*, celle-ci ne comptant pas dans la mesure, comme dans ces *deux vers* de douze pieds:

1 2 3 4 5 6 7 8 9 10 11 12
Un brick appareillait dans un des ports de NANtes.
1 2 3 4 5 6 7 8 9 10 11 12
Et des femmes en pleurs, des filles, des aMANtes.....etc

§ 108.—La *rime* est *masculine* lorsqu'elle finit nettement sur une *syllabe sonore*, sans que celle-ci soit suivie d'*aucune syllabe muette*, comme dans ces *deux autres vers* de douze pieds, qui font suite aux deux premiers:

1 2 3 4 5 6 7 8 9 10 11 12
Erraient dans les rochers, tout le long de la MER:
1 2 3 4 5 6 7 8 9 10 11 12
Puis, dansant une ronde, elles chantaient cet AIR:

(Brizeux)

§ 109.—De même, en musique, la *terminaison* est *féminine*, quand, après un *appui* sur le *temps fort* ou sur une partie *relativement forte* de la mesure, elle expire sur une partie *plus faible*.(Voir, dans l'exemple suivant, le commencement des mesures trois et cinq aux mots: *Nantes* et *amantes*)

§ 110.—La *terminaison* est *masculine*, lorsqu'elle finit carrément sur le *temps fort*, (Même exemple, 1er temps des mesures six, sept et neuf) ou sur une partie de la mesure *relativement forte*.

N. B.—Il est à remarquer que la *terminaison féminine* s'adapte parfaitement au *vers féminin*, et qu'il en est de même de la *terminaison masculine* par rapport au *vers masculin*.

DIVISIONS DIVERSES ET CLASSIFICATION
des phrases métriques.

§ 111.—La *division* d'une phrase en *membres de phrases* peut être *binaire, ternaire, quaternaire* ou *bi-quaternaire*.

Elle peut aussi être *mixte*.

Voici en quoi consistent ces diverses *divisions*.

§ 112.—La division *binaire* est celle où l'on procède par membres de *deux* mesures.

§ 113.—La division *ternaire* est celle où l'on procède par membres de *trois* mesures.

§ 114.—La division *quaternaire* est celle où l'on procède par membres de *quatre* mesures.

§ 115.—La division *bi-quaternaire* est celle où l'on procède par membres de *huit* mesures.

§ **116.**—La division *mixte* est un mélange des divisions *binaire* et *ternaire,* ou des divisions *ternaire* et *quaternaire,* produisant des *phrases* ou des *membres* de phrase de cinq ou sept mesures, etc.

PHRASE DE 5 MESURES

PHRASE DE 7 MESURES

§ **117.**—Il y a trois espèces de *phrases métriques,* savoir:

1º les phrases *carrées;* 2º les phrases *régulières* non-carrées; 3º les phrases *irrégulières* ou *exceptionnelles.*

MUSIQUE ET PHRASES CARRÉES

§ 118.—La *musique carrée* est celle où l'on procède par *phrases* ou *membres de phrases* de quatre mesures.

Le nombre total des mesures contenues dans une *phrase carrée* est donc divisible par *quatre*.

Il y a des *phrases carrées* de quatre, huit, douze, seize mesures, etc.

PHRASE DE 8 MESURES composée de 2 MEMBRES DE 4

BEETHOVEN—*Scherzo de la Sonate* Op.2. Nº 2.

PHRASE DE 12 MESURES composée de 3 MEMBRES DE 4

CHOPIN—Fragments de la *Mazurka* Op.7. Nº 1.

PHRASE DE 16 MESURES composée de 4 MEMBRES DE 4

MOZART—Fragments du Menuet de la *Symphonie en mi♭*

§ 119.—*Deux membres de phrase de deux mesures équivalent à un membre de quatre.*

PHRASE CARRÉE DE 8 MESURES
composée de 4 MEMBRES DE 2 MESURES qui équivalent à 2 MEMBRES DE 4

ROSSINI — 1ᵉʳ Acte de *Guillaume Tell*. Publié avec l'autorisation de Mᵉ L.GRUS. Ed.-Propriétaire.

§ 120.—*Un membre de phrase de huit mesures équivaut à deux membres de quatre.*

PHRASE CARRÉE DE 16 MESURES
composée de 2 MEMBRES DE 8 MESURES qui équivalent à 4 MEMBRES DE 4

GOUNOD — Valse de *Faust*. Publié avec l'autorisation de Mᵉ CHOUDENS, Ed.-Propriétaire.

PHRASES RÉGULIÈRES NON CARRÉES

§ 121.—Ce qui fait la *bonne carrure* d'une phrase, c'est moins le *nombre* de mesures dont elle est composée, que la *distribution symétrique* de ses *membres* et la *périodicité* des *cadences* ou des *césures* qui les terminent.

§ 122.—On nomme *phrases régulières*, celles dont les *principaux repos* (cadences ou césures) se présentent *périodiquement*, à des distances symétriques.

§ 123.—Les *phrases carrées* sont, nécessairement, des *phrases régulières;* mais il est des *phrases régulières* qui ne sont pas ce que nous appelons des *phrases carrées,* en ce sens qu'elles ne sont pas divisées par *membres* de quatre mesures.

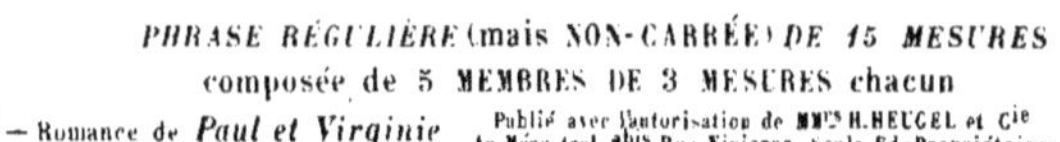

PHRASES IRRÉGULIÈRES ou EXCEPTIONNELLES

§ 124.—On nomme *phrases irrégulières*, celles dont les différents *membres* sont *inégaux.* D'après cela, les *phrases* de cinq, sept, onze ou treize mesures sont, infailliblement *irrégulières.* Mais elles peuvent être *bonnes,* cependant, soit qu'elles correspondent entre elles *symétriquement,* soit que les *cadences* y soient distribuées et amenées de manière à *masquer* ce qu'elles ont d'*irrégulier.*

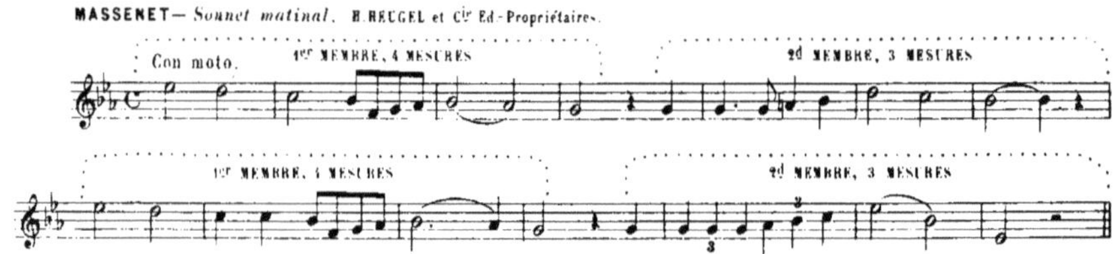

§ 125.—Les *phrases carrées* étant *les plus usitées,* et même, pour *certains genres* de musique, les *seules* qui y soient admises, il convient de les étudier tout d'abord.

DE LA STRUCTURE DES PHRASES
et de leurs dimensions

DIVISIONS BINAIRE ET QUATERNAIRE

PHRASES DE QUATRE MESURES

§ **126.**—Il est rare qu'on puisse faire tenir une *phrase entière* dans *quatre mesures ordinaires*, à moins que cette phrase ne soit *fort courte*, comme cela se voit souvent dans les *chansons populaires*.

Il est à remarquer, d'ailleurs, que, dans la plupart de ces chansons, on *répète* textuellement la *petite phrase de quatre mesures* qui, sans cela, paraîtrait *trop courte*.

Cette répétition a lieu: soit immédiatement (1ᵉ exemple;) soit après une *petite phrase de milieu*. (2ᵈ Ex.)

§ **127.**—Dans un *mouvement lent*, quatre grandes mesures à trois ou à quatre temps peuvent contenir une phrase assez développée, comprenant parfois *deux membres de phrases* de deux mesures chacun.

§ **128.**—Mais, fort souvent, la phrase de *quatre mesures* à *quatre temps* pourrait s'écrire plus rationnellement, en *huit mesures* à *deux temps;* ce qui ferait quatre mesures pour *chaque membre*.

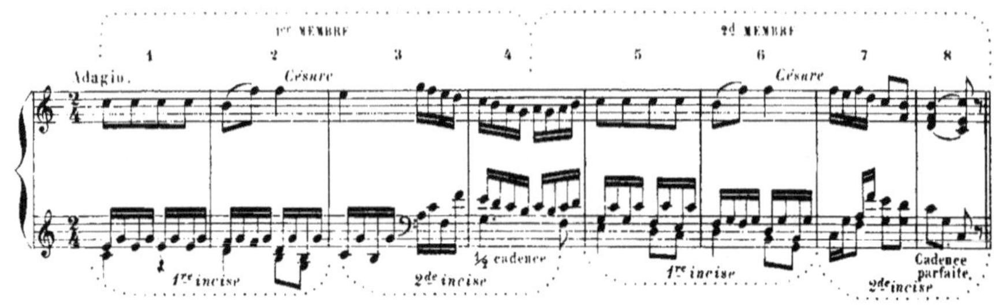

§ **129.**—*OBSERVATION.* — Il est à remarquer qu'indépendamment des *repos principaux* qui terminent les *deux membres de phrase* de l'**Adagio de Mozart** qui précède, il y a *deux repos plus faibles*, à la fin des mesures 1 et 3 de l'exemple à quatre temps, 2 et 6 de l'exemple à deux temps.

Ces *petits repos* partagent chaque membre de phrase en *deux incises*, dont la démarcation est établie, non par une *cadence harmonique*, mais par une simple *césure*.

§ **130.**—En général, les phrases *bien carrées* sont ainsi divisibles par *petits fragments* égaux. (Voir, ci-après, le § 131, lettre C.)

PHRASES DE HUIT MESURES—PÉRIODES DE SEIZE

§ **131.**—Les phrases de *huit mesures*, très usitées, sont ordinairement divisées en *deux membres* de *quatre mesures* chacun.

A.—Chaque *membre de phrase* doit, en principe, se terminer par *une cadence;* ce qui fait *un repos* à la quatrième mesure, et un autre, *plus marqué*, à la huitième.

B.—Outre ces *deux repos principaux*, il est bon que *deux repos* plus faibles aient lieu à la deuxième et à la sixième mesure, ce qui divise chaque *membre de phrase* en *deux parcelles* ou *incises* de *deux mesures* chacun.

C.—De la sorte, tous ces *points de repos* sont placés *symétriquement*, de deux en deux mesures; ils partagent la phrase en quatre petits *fragments égaux*. C'est cette *régularité* dans la division de la phrase qui constitue sa *bonne carrure* et la rend facilement intelligible.

§ 132. — *Deux phrases* de huit mesures ainsi conformées peuvent produire une *période de* seize mesures.

PHRASES DE DOUZE MESURES

§ 133. — Les phrases de *douze mesures* se composent, le plus souvent, de *trois membres* de quatre mesures, lesquels se divisent parfois en *deux incises*.

N.B. — Il y a aussi des phrases de douze mesures qui se divisent en quatre membres de trois. Celles-ci appartiennent à la *division ternaire*. (Voir ci-après § 142.)

§ 134.—Une phrase de douze mesures s'obtient, quelquefois, en *répétant*, plus ou moins exactement, les *quatre dernières* d'une phrase de *huit* qu'on n'a pas voulu terminer définitivement dès la première fois.

PHRASE DE 12 MESURES
obtenue par la répétition des 4 dernières d'une phrase de 8 avec *variante*

CHOPIN.—Fragment de la *Mazurka*, Op. 7, N° 1.

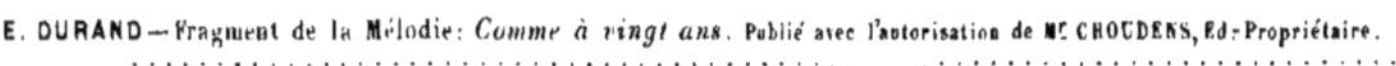

PHRASES DE SEIZE MESURES — PÉRIODES DE TRENTE DEUX

§ 135.—Les phrases de *seize mesures* se composent, ordinairement, de *quatre membres* de quatre mesures, lesquels peuvent eux-mêmes être divisés en *deux incises*.

E. DURAND.—Fragment de la Mélodie: *Comme à vingt ans*. Publié avec l'autorisation de M. CHOUDENS, Éd.-Propriétaire.

§ 136.—*Deux phrases de seize mesures* peuvent produire **une période** de trente deux.

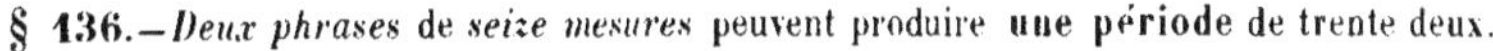
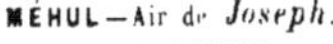

N. B.—C'est par la *répétition immédiate* des mesures 9, 10, 11 et 12, que sont obtenues les mesures 13, 14, 15 et 16, de chacune des deux phrases qui précèdent.

§ 137.—Une phrase de trente deux mesures, peut quelquefois, par elle-même, constituer une *période*. (Se rappeler cette phrase chantante de *l'Invitation à la Valse*, de WEBER, qu'on trouvera à la page 207.)

(Voir aussi (§ 14) le célèbre *Largo* de HAENDEL.)

PHRASES DE VINGT MESURES

§ 138.—Une phrase de *vingt mesures* s'obtient souvent en répétant les *quatre dernières mesures* d'une phrase de *seize*, qu'on n'a pas voulu terminer définitivement dès la première fois.

DIVISION TERNAIRE

PHRASES DE TROIS, SIX ET DOUZE MESURES

§ 139.—S'il est rare qu'une *phrase entière* puisse entrer dans quatre mesures *ordinaires*(§ 126), il est plus rare encore qu'elle tienne en *trois mesures*.

Pourtant, voici, en *trois mesures*, la première phrase de l'*Ave Maria* de SCHUBERT; mais il est bon d'observer que ce sont de *grandes mesures*, et que le mouvement en est *très lent*.

Cette *petite phrase* se compose d'un 1ᵉʳ membre de *deux mesures*, terminé par une *cadence rompue*, et d'un 2ᵈ membre d'*une seule mesure*, finissant par une *cadence parfaite*.

§ 140.—Voici encore une *mélodie* de SCHUBERT, notée à $\frac{12}{8}$ par l'auteur, et composée de *deux phrases* ayant chacune *trois mesures;* mais, il eût été plus rationnel d'écrire cette *mélodie* à $\frac{6}{8}$, ce qui eût donné *six mesures* pour chaque phrase. (Voir § 92)

PHRASES DE SIX MESURES

§ 141.—Les phrases de *six mesures* peuvent se diviser de quatre manières:

1º en *trois membres* de *deux* mesures (ce sont les plus usitées;)
2º en *deux membres* de *trois* mesures;
3º en *un membre* de *quatre* et *un* de *deux* et *vice versa;*
4º en *un seul membre* de *six* (ceci est très rare.)

2 PHRASES DE 6 MESURES

d'abord 1 membre de 2 et 1 membre de 4, puis 1 membre de 4 et 1 membre de 2

E. DURAND — *Traité d'Harmonie.* (Leçon N° 372) A. LEDUC, Ed-Propriétaire.

2 PHRASES DE 6 MESURES à 1 seul membre

BEETHOVEN — Menuet du *Quintette*, Op.4.

PHRASES DE DOUZE MESURES (4 MEMBRES DE 3)

§ **142.**—Les phrases de douze mesures, qui, le plus souvent, se composent de trois membres de quatre, (§ 133) peuvent, quelquefois, être formées de quatre membres de trois mesures.

E. DURAND — *Solfège à 2 voix.* Publié avec l'autorisation de M. A. NOËL, Ed-Propriétaire.

CAS PARTICULIERS

MESURES A DOUBLE-EMPLOI — MESURES COMPLÉMENTAIRES

MESURES A DOUBLE-EMPLOI

§ **143.**—Nous appelons *mesure à double-emploi,* celle qui sert à la fois de *mesure finale* à une phrase et de *mesure initiale* à la phrase suivante, de telle sorte qu'elle compte *pour deux* dans la *carrure.*

Telle est la **huitième** mesure de l'exemple suivant, sur laquelle *finit* la première phrase, pendant que *commence* la deuxième; celle-ci n'étant, d'ailleurs, pendant les cinq premières mesures, qu'une *répétition* de la première, avec de légères variantes.

§ **144.**—Pour mieux démontrer ce *double-emploi* de la 8ᵐᵉ mesure de l'exemple précédent, et pour en faire saisir plus clairement le sens, nous disposons ci-dessous le même exemple pour *deux pianos* ou pour *deux groupes* d'instruments quelconques.

§ 145.—Des faits analogues au précédent se rencontrent assez souvent dans les *passages dialogués de duos, trios* ou autres *morceaux d'ensemble*, où l'auteur a évité de *prendre des temps*, d'une phrase à l'autre, afin d'obtenir *plus de chaleur* et un *intérêt plus soutenu*.

MESURES COMPLÉMENTAIRES

§ 146.—Nous appelons *mesures complémentaires*, celles qui, dans l'accompagnement, sont ajoutées à la *phrase mélodique* pour lui donner une *carrure* qui, sans cela, lui ferait défaut.

C'est ainsi que, dans l'exemple suivant, la 8me mesure (qui n'est qu'un écho de la 7me) complète la *phrase* et la rend *carrée*, tandis que, sans cette *mesure complémentaire*, la *phrase* n'aurait que sept mesures et serait *boiteuse*.

§ 147.—Ces sortes d'*échos* se font quelquefois, sans nécessité absolue, à la suite de *phrases* qui sont *complètes* par elles-mêmes, et tout simplement par pure *fantaisie*, ou pour donner le temps au chanteur de respirer à son aise. Ce ne sont plus, dès lors, des mesures *complémentaires*, mais des mesures *supplémentaires* qui ne comptent pas dans la *carrure*.

§ 148.—D'autres fois, des *mesures supplémentaires*, occupées par de *petites ritournelles*, sont nécessaires pour permettre de prendre *certains repos* que réclame la *bonne déclamation* des paroles ou le *caractère* du morceau.

§ 149.—Dans l'exemple qui précède, *deux vers* expriment *une pensée complète;* il est donc bien naturel, et même nécessaire, de prendre des *repos* de deux en deux vers; et il serait vraiment mauvais de *débiter* le tout sans *aucun arrêt*, comme nous l'indiquons ci-dessous.

§ 150.—Voici une autre *chanson* dont le *caractère* justifie les *repos prolongés* et les *ritournelles;* lesquels, en ajoutant deux mesures à chaque membre de phrase, en font des *membres de six mesures*, au lieu de quatre qu'ils auraient sans cela.

<hr>

(*) Cette 1re mesure ne compte pas dans la *carrure* (§ 104), chaque phrase est de *quatre mesures*, lesquelles sont suivies de *petites ritournelles* d'une ou deux mesures, qui prolongent d'autant la phrase.

DE LA MODULATION

MUSIQUE UNITONIQUE et MUSIQUE MODULANTE

§ **151.**—Certains instruments (par exemple, le *clairon* et la *trompe de chasse*,) ne pouvant donner que des *sons* qui appartiennent *tous* à une *même tonalité*, il en résulte que la musique composée pour ces instruments doit, nécessairement, être *unitonique*.

§ **152.**—Les *chansons populaires* et les *rondes enfantines* ont, pour la plupart, des *airs unitoniques*, ceux-ci étant plus à la portée des intelligences auxquelles ils s'adressent que ne le seraient des *airs modulants*.

§ **153.**—Mais, en dehors des cas précédents, il est très rare qu'un *morceau* (fut-il fort court) soit, d'un bout à l'autre, *unitonique*.

§ **154.**—Cependant, voici une *charmante mélodie* de SCHUBERT qui ne sort pas du ton de *la* ♭ majeur, ritournelle comprise.

§ **155.**—Sont également *unitonique:* 1º L'air de J.J. ROUSSEAU *"Que le jour me dure"* 2º l'air de *"Charles de France"* par BOÏELDIEU; (Voir ces deux airs à la page 22) 3º l'*Hymne anglais* (God save the Queen;) 4º l'air *"O ma tendre musette"*.

§ **156.**—De ce qui précède, on doit conclure: qu'un morceau très court (*chanson* ou *romance*) peut, à la rigueur, se passer de *modulation*.

§ **157.**—Mais, un *morceau développé,* qui se cantonnerait ainsi dans *une seule tonalité* et dans *un seul mode,* tomberait bientôt dans la *monotonie;* car, la *diversité* des *tons* et des *modes* est aussi nécessaire à la musique que celle des *rythmes,* pour obtenir cette *variété* que réclame toute œuvre *artistique* ou *littéraire* ayant quelque importance.

§ **158.**—Ainsi que nous l'avons déclaré au début de cet ouvrage, nous supposons qu'avant de se livrer à la *composition,* on s'y est préparé par une étude sérieuse de l'*harmonie*. Or, l'étude de l'*harmonie* comprenant celle de la *modulation* (*) l'élève compositeur doit connaître déjà les *divers procédés* au moyen desquels on peut passer d'*un ton à un autre*. C'est pourquoi nous nous bornerons, ici, à dire quel usage on doit faire de la *modulation,* tout en rappelant les *règles générales* auxquelles elle est assujettie.

(*) E. DURAND. *Traité complet d'harmonie,* Pages 132 à 182, 224 à 227, 256 à 259, 270 à 275, 283, 284 et 475.

§ 159.—On sait qu'on nomme *modulation* ou *transition*, l'opération qui consiste à conduire d'un *mode à l'autre*, ou *d'une tonalité à une autre*, au moyen d'un ou plusieurs *accords transitifs*, qui préparent ou déterminent le *nouveau ton* en détruisant le sentiment du *premier*.

§ 160.—Une *liaison mélodique* peut, quelquefois, tenir lieu d'*accords transitifs* pour amener la *modulation* d'une tonalité à une autre.

MODULATIONS
aux tons voisins, aux tons homonymes et aux tons éloignés, passagères ou définitives

§ **161.**—*Toute modulation* est possible, *toute modulation* est faisable. On peut donc aller , plus ou moins rapidement, d'un *ton quelconque* (majeur ou mineur) à n'importe *quel autre ton* de l'un ou l'autre mode.

§ **162.**—Les *modulations* les *plus usitées* sont celles qui ont lieu aux *tons voisins.* Ce sont les plus naturelles, les plus faciles à effectuer, celles qui font le moins oublier le *ton principal* et qui se prêtent le mieux au retour de ce ton.

§ **163.**—On sait que les *tons voisins* sont: 1° ceux qui ont la *même armature* de clef (c'est-à-dire: un *ton majeur* et son *relatif mineur;*) 2° ceux dont l'*armature* ne diffère que par *un seul signe d'altération* de même nature en plus ou en moins, quand même la *structure* de leurs *gammes* nécessiterait deux ou trois notes dissemblables, comme, par exemple, *la* mineur qui n'a *rien à la clef,* et *mi* mineur qui a *un dièse.*

PHRASE en LA MAJEUR (ton principal *prédominant*) avec *MODULATIONS PASSAGÈRES* à ses tons voisins: RÉ MAJEUR, SI MINEUR et FA # MINEUR

§ **164.**—Les *modulations* qui, comme les précédentes, ne font qu'*effleurer* les *tonalités* par lesquelles on passe, pour revenir immédiatement au *ton primitif,* ne sont que des *modulations passagères* qui ne détruisent pas l'*unité tonale,* et laissent au *ton principal* sa *prédominance.*

Autre exemple de modulations passagères aux tons voisins, avec prédominance du ton principal.

§ **165.**—Les *modulations* entre *tons homonymes* (ceux qui, ayant la même tonique, ne diffèrent que de *mode,*) ces modulations, disons-nous, sont également faciles à effectuer; et l'on peut, sans difficulté, passer alternativement d'*un mode* à l'autre.

§ **166.**—On dit que deux *tons* sont *éloignés,* quand ils ont *plusieurs accidents* de différence dans l'armature de la clef.

§ **167.**—Les *tons éloignés* qui ont le plus de *rapports sympathiques* après les *tons voisins* et les *homonymes,* sont ceux qui diffèrent de *trois, cinq,* ou surtout de *quatre accidents* dans l'armature de la clef; et cela, principalement, quand le *point de départ* est de *mode majeur.*

§ **168.**—On peut *moduler passagèrement* à une *tonalité éloignée.*

§ **169.**—*OBSERVATIONS*—Les *modulations* aux *tons éloignés,* parfois *plus piquantes,* mais souvent plus compliquées que celles aux tons *voisins* ou *homonymes,* font un effet d'autant plus grand qu'on en est plus *sobre.* En les prodiguant, on leur ôte de leur prix: il convient donc de *n'en pas abuser.*

§ 170.—Une *modulation* est considérée comme *définitive*, quand on s'établit pour quelque temps dans le *nouveau ton* (ExempleA,) ou qu'on passe à un *troisième*, sans revenir tout de suite au pre- mier (Exemple B.)

PHRASE DE 10 MESURES en LA MAJEUR (*ton principal*)
MODULATION en MI MAJEUR (ton voisin) suivie d'une *PHRASE DE 12 MESURES*
dans ce dernier *ton*

MODULATION de MI ♭ MAJEUR (*ton principal*) à SI ♭ MAJEUR (ton voisin) d'où l'on s'établit en SOL ♭ MAJEUR (*ton éloigné*) pendant 6 mesures, pour aboutir à une *demi-cadence* en MI ♭ MINEUR, avant de rentrer en MI ♭ MAJEUR

TONALITÉS ET MODULATIONS AU DÉBUT DU MORCEAU

§ **171.**—En principe, on doit *commencer* un morceau par sa *tonalité principale*, et la *bien établir* avant de *moduler*.

§ **172.**—Mais on peut, dès la *première phrase*, introduire une ou plusieurs *modulations passagères*, pourvu que les dites *modulations* n'ébranlent pas la *tonalité principale* au point de lui faire perdre sa *prédominance* et de détruire ainsi l'*unité tonale* de cette phrase.

1ʳᵉ PHRASE d'un morceau en SOL MINEUR
avec *MODULATIONS PASSAGÈRES* en DO MINEUR et LA ♭ MAJEUR

CAS EXCEPTIONNELS

MODULATIONS HÂTIVES

§ **173.**—Comme exemples de *modulations hâtives*, voici le début de deux *scherzos* bien connus, dont la *modulation* au ton de la *dominante* se produit dès la seconde mesure.

TON PRINCIPAL— LA ♭ MAJEUR

TON PRINCIPAL—RÉ ♭ MAJEUR

Mais, il convient d'observer: 1° que le *scherzo* en *la* ♭ fait suite à l'*andante con variazioni*, qui lui-même est en *la* ♭ *majeur,* et que conséquemment, le *ton principal* se trouve *préparé* d'avance; 2° que de son côté, le *scherzo* en *ré* ♭ est attaqué immédiatement après l'*adagio* en *do* ♯ mineur, *synonyme* de *ré* ♭, et que par conséquent, si le *mode* change à l'attaque du *scherzo,* le *ton* du moins en est *bien préparé.*

---

§ 174.—Il est rare que la *tonalité principale* ne soit pas celle par laquelle débute le *premier motif* d'un morceau.

Voici cependant la *première phrase* de la **Marche nuptiale** du *Songe d'une nuit d'été* de **MENDELSSOHN,** qui commence par le ton de *mi mineur,* bien que le morceau soit en **do** *majeur.* Il est vrai que les *sonneries de trompettes,* qui la précèdent et y conduisent, accusent nettement le ton de **do.**

Voici, en outre, une *mélodie* de **SCHUBERT** qui commence en *ré* mineur alors que sa *tonalité principale* est *do* majeur :

§ 175.—A moins d'avoir un *talent éprouvé,* il serait imprudent de s'autoriser de ces exemples (tout excellents qu'ils sont) pour les imiter.

Des musiciens de génie tels que **BEETHOVEN, MENDELSSOHN** et **SCHUBERT,** (sûrs de leur science) ont pu se permettre ces *hardiesses;* mais un *élève* qui voudrait en faire autant risquerait fort de se fourvoyer.

MODULATIONS SIMPLES — MODULATIONS COMPOSÉES

§ 176.—Les *modulations simples* sont celles où l'on va *directement* du *ton primitif* à celui qu'on veut atteindre, sans passer par *aucune autre tonalité.*

§ 177.—Les *modulations composées* sont celles où l'on touche, en passant, à *une* ou *plusieurs tonalités intermédiaires* plus ou moins définies.

MODULATION COMPOSÉE de SI ♭ MAJEUR à RÉ MAJEUR
en passant par les *tons majeurs Fa, sol* ♭ et *mi* ♭

§ **178.**—On peut, à volonté et selon les *développements* qu'on veut donner à la *période modulante*, prendre, tantôt le *plus court chemin* et tantôt le *plus long* pour aller d'*une tonalité à une autre*.

§ **179.**—C'est ainsi qu'une *modulation* entre *tons voisins*, qui pourrait être *simple, immédiate* et *directe*, peut aussi se faire en passant par une ou plusieurs *autres tonalités* plus ou moins définies, et devenir de la sorte, une *modulation composée*.

MODULATION COMPOSÉE de MI ♭ MAJEUR à SOL MINEUR, son *voisin*

en passant par DO MINEUR, leur *voisin commun*

§ **180.**—Par contre, une *modulation* entre *tons éloignés* qui souvent, ne s'opère que *graduellement*, et en passant par plusieurs *tonalités intermédiaires*, peut aussi se faire en *quelques accords*, et assez rapidement, si l'on emploie certains *artifices harmoniques* tels que l'*équivoque*, le *changement de mode* ou l'*enharmonie*.

MODULATION de SI ♭ MAJEUR en RÉ MAJEUR

(5 mesures de moins que dans l'exemple du § 177)

CHANGEMENTS DE TON OU DE MODE

§ **181.**—Lorsqu'on *attaque* une phrase dans un *autre ton* ou un *autre mode* que ceux de la phrase précédente, sans *aucune préparation* mélodique ou harmonique, ce n'est plus ce qui s'appelle *moduler*, puisqu'on passe, *sans transition*, d'un *ton* ou d'un *mode* à l'*autre*, c'est tout simplement, *changer de ton* ou de *mode*.

§ **182.**—Ces *changements* peuvent avoir lieu pour passer d'*une phrase à l'autre* ou d'un *membre de phrase* au *membre suivant;* mais c'est principalement à la *suite d'une période* ou d'un *motif achevé*, que l'on *attaque* ainsi un *nouveau ton*, sans le lier aucunement avec le ton qui le précède.

§ **183.**—De même que les *modulations* proprement dites, les *changements de ton* ou de *mode* les plus naturels, les plus faciles et, par ces raisons, les plus usités, sont ceux qui se font, d'une part: aux *tons voisins* du *ton primitif;* d'autre part, à son *homonyme* (ce qui ne constitue qu'un **changement de mode;**) et enfin, entre *tons* qui, n'étant ni *voisins* ni *homonymes*, diffèrent de trois, de cinq, ou surtout de quatre accidents dans l'armature de la clef; et cela principalement entre *tons majeurs*.

§ **184.**—Quant aux *changements de ton* dont le *point de départ* est en *mode mineur*, s'ils n'ont pas lieu entre *tons voisins* ou *homonymes*, ils se font presque toujours à l'aide de l'*équivoque*.

§ **185.**—Parmi ces *changements de ton*, l'un des plus naturels est celui qui a lieu au *ton majeur* placé à la *quinte juste supérieure* du *ton mineur primitif;* c'est-à-dire, au ton de *sa dominante* (mode majeur.)

EXEMPLES DES CHANGEMENTS DE TON OU DE MODES LES PLUS USITÉS

D'un TON MAJEUR à son RELATIF MINEUR

MOZART—*Sonate en la mineur* (Rondo alla turca)

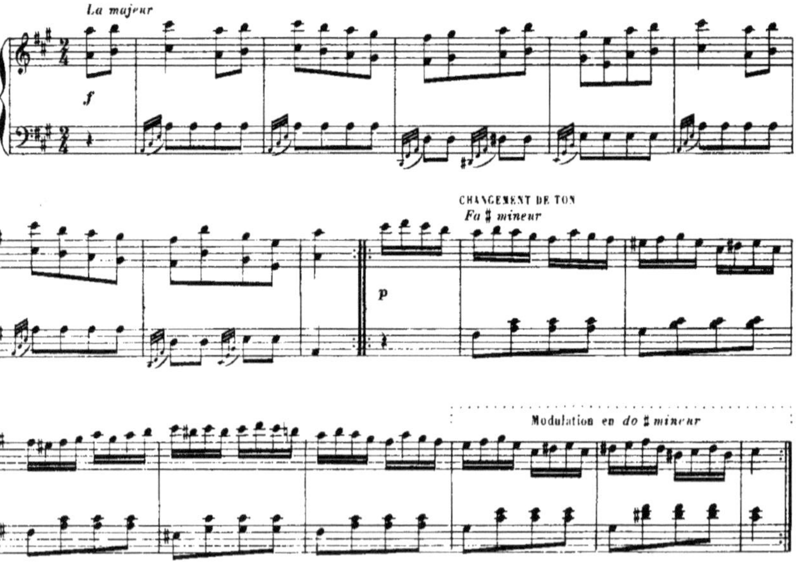

D'un TON MINEUR à son RELATIF MAJEUR

D'un TON MAJEUR à celui de sa SOUS-DOMINANTE, même mode

AD. ADAM — *Si j'étais Roi!* (Ballet) A. LEDUC. Ed.-Propriétaire.

D'un TON MINEUR à celui de sa SOUS-DOMINANTE, même mode

GOUNOD — *Faust* (1ʳᵉ Scène) Publié avec l'autorisation de Mᶜ CHOUDENS, Ed.-Propriétaire.

D'un TON MAJEUR à son HOMONYME MINEUR

ROSSINI — *Moïse* (Air de Ballet) Publié avec l'autorisation de Mᶜ PH. MAQUET, Ed.-Propriétaire.

A.L. 9892.

D'un TON MINEUR à son HOMONYME MAJEUR

De SI ♭ MAJEUR (2 bémols) à DO ♭ MAJEUR (7 bémols) — 5 accidents de différence

De LA MINEUR à SOL ♯ MINEUR — 5 accidents de différence

ALLIANCE ET ALTERNANCE DE DEUX TONALITÉS
dans une même phrase

§ **186.** — Il y a une telle *affinité* entre certains tons, qu'une *phrase* (même la première ou la dernière d'un morceau) peut être composée mi-partie de l'un, mi-partie de l'autre.

Tels sont, notamment, un *ton majeur* et son *relatif mineur*.

Début d'un morceau en LA ♭ MAJEUR
allant alternativement du *ton principal* à son *relatif mineur*

§ 187.—Voici le commencement d'un morceau dont le ton principal est *sol* majeur, mais qui, après un *repos à la dominante* du ton de *mi* mineur (8ᵐᵉ mesure) passe, alternativement et plusieurs fois de suite, de ce *dernier ton* (*mi* mineur) à celui de sa *dominante* (*si* majeur)

§ 188.—Cette *alternance* parait très *naturelle* et s'obtient sans effort; ce qui prouve qu'on peut passer facilement d'un *ton mineur* à celui de sa *dominante* (mode majeur) et *vice versa.* (§ 185)

E. DURAND — *Légende* pour le piano. Publié avec l'autorisation de Mᵐᵉ Vᵉ E. GIROD, Éd-Propriétaire.

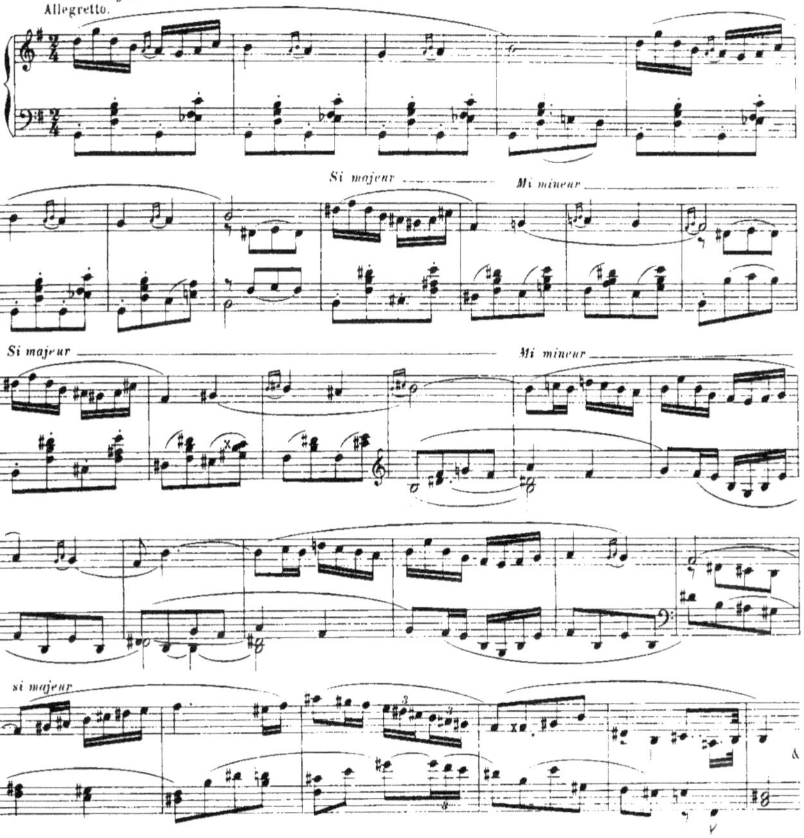

PHRASE en SOL MINEUR allant alternativement du TON PRINCIPAL à son RELATIF MAJEUR

E. DURAND — *Sous d'autres cieux.* Mélodie. Publié avec l'autorisation de Mʳ CHOUDENS, Éd-Propriétaire.

§ **189.**—Souvent aussi, le ton de la *sous-dominante* alterne avec le *ton principal*.

1ʳᵉ **PHRASE** d'un *Allegro* en DO MINEUR
Alternance du TON PRINCIPAL (*Do* min.) et de celui de sa SOUS-DOMINANTE (*Fa* min.)
BEETHOVEN—*Sonate pathétique.*

§ **190.**—Cette association du ton de la *sous-dominante* au *ton principal* se rencontre fréquemment dans les **Codas.**

CODA d'un *Andante* en FA MAJEUR —— Alternance des tons de FA et de SI ♭
MOZART— *Sonate en la mineur.*

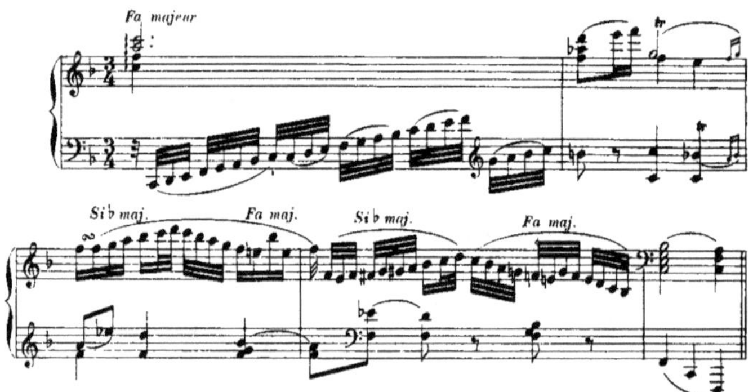

CODA d'un *Allegro* en MI ♭ MAJEUR —— Alternance des tons de MI ♭ et LA ♭
HUMMEL— *Sonate en mi ♭.*

ENHARMONIE

§ 194.—*L'enharmonie* se pratique dans les cas suivants:

1º pour *moduler rapidement* à certaines *tonalités très éloignées* (Exemple A)

2º pour *substituer*, à un *ton* trop chargé de *dièses* ou de *bémols*, un *ton* plus facile et plus usité (Exemples *B.C.*)

§ 192. —On ne peut faire tout le tour du *cadran tonal*, dans un sens ou dans l'autre, (branche des *dièses* ou branche des *bémols*) sans être obligé de pratiquer l'*enharmonie* à un moment donné.

§ **193.**—Mais, comme tout *changement enharmonique* est une *complication*, il ne faut pas en user inutilement.

Ainsi, quand une *modulation* n'est que *passagère*, et qu'elle ne conduit pas à des *tonalités tout-à-fait inusitées*, il est superflu d'employer l'*enharmonie*. Tel est le cas de l'exemple suivant, où nous avons préféré conserver le ton de *sol ♯ majeur* pendant quatre mesures, plutôt que de *substituer* à ce ton celui de *la ♭* bien plus usité, parce que cette *substitution* eût entraîné deux *changements enharmoniques* coup-sur-coup; ce qui eût compliqué l'*écriture musicale* et sa *lecture*, tout en donnant une apparence d'*hétérogénéité* aux tonalités employées.

§ **194.**—Les *rapports réciproques* des tonalités entre elles sont si nombreux, il y a tant de *manières diverses* de passer de l'une à l'autre, qu'il serait impossible d'en faire l'*énumération complète*. On pourrait remplir un *gros volume* d'exemples de *modulations* sans épuiser la somme des *combinaisons possibles*.

C'est pourquoi l'on ne saurait trop s'exercer dans l'*art difficile* de moduler. Aussi, conseillons-nous aux *instrumentistes*, en général, et particulièrement aux *pianistes*, de prendre l'habitude, quand ils étudient leur instrument, de faire toujours, pour passer d'un morceau à l'autre, la *modulation* qui convient pour conduire du *premier ton* au *second*, en s'appliquant à *accorder* leur modulation avec le *genre* de ces morceaux de manière à en bien ménager la *transition*.

§ **195.**—Evidemment il est plus aisé de *déterminer une modulation* sur un instrument comme le *piano*, l'*orgue* ou la *harpe*, où les *accords* sont praticables sous toutes les formes, que sur une *flûte*, un *hautbois* ou un *basson*, qui ne peuvent faire qu'*une seule note* à la fois.

Mais, à défaut d'*accords plaqués*, on peut, du moins, sur un instrument quelconque, jouer des accords *brisés* ou *arpégés*; et l'on a, de plus, à sa disposition, les *liaisons mélodiques* qui, multipliées au besoin, peuvent conduire à tous les tons, quel que soit celui d'où l'on part.

Ces moyens, quoique bornés, offrent à qui sait s'en servir, des ressources suffisantes pour opérer *n'importe quelle modulation*.

Les instruments à archet: *violon, alto* et *violoncelle*, ont, de plus, la faculté de faire certains accords en *doubles, triples* et *quadruples cordes*.

APPLICATION DE CERTAINES

RÈGLES DE L'HARMONIE

A LA COMPOSITION

DES DIFFÉRENTES ESPÈCES DE PARTIES MÉLODIQUES

§ **196.**—Pour appliquer à la composition certaines *règles de l'harmonie*, il est nécessaire de se rendre compte du rôle plus ou moins important que remplit, dans l'*ensemble harmonique*, chacune des *parties mélodiques* dont cet ensemble est formé.

§ **197.**—Il existe, en effet, plusieurs espèces de parties mélodiques;
on les divise:

1º en *parties réelles* et *parties de redoublement;*
2º en *partie principale* ou *prédominante* et *parties d'accompagnement* ou de *remplissage.*

PARTIES RÉELLES

§ **198.**—On nomme *partie réelle*, toute partie qui concourt à l'*ensemble harmonique*, et qui diffère des autres parties du même ensemble.

L'exemple suivant ne contient que des *parties réelles.*

PARTIES DE REDOUBLEMENT

§ **199.**—On nomme *partie de redoublement*, ou simplement *redoublement*, toute partie qui ne fait que reproduire, à l'*unisson* ou à l'*octave* et *simultanément*, le dessin d'une autre partie, sans rien ajouter à l'harmonie.

Dans l'exemple suivant, le 2ᵈ violon *redouble* l'alto et réciproquement.

A.L.9892.

PARTIE PRINCIPALE

§ **200.**—On nomme *partie principale* ou mélodie *prédominante* celle qui se détache de l'ensemble par un *contour mélodique* plus accusé, *plus saisissant* que celui des autres parties. (Ex. *A.* 1er violon; Ex. *B.* 2d violon et alto.)

PARTIE DE REMPLISSAGE

§ **201.**—On nomme *partie de remplissage*, partie *accessoire* ou partie *secondaire*, celle qui ne fait que *compléter* ou *renforcer* l'harmonie, sans avoir par elle-même un intérêt mélodique particulier. (Ex. *A.* 2me et 3me parties; Ex. *B.* 1er violon.)

N. B.—En aucun cas, la Basse n'est considérée comme partie de remplissage.

PARTIES D'ACCOMPAGNEMENT

§ **202.**—On nomme *parties d'accompagnement*, celles qui, laissant à découvert la *mélodie prédominante*, se bornent à accompagner cette dernière, soit en *accords plaqués* ou *brisés*, soit par des *dessins quelconques*.

§ 203.—Lorsque, dans une *succession d'accords*, aucune partie ne se détache de l'ensemble, soit par le *rythme*, soit par le *contour mélodique*, ce sont les *deux parties extrêmes* qui doivent être considérées comme *parties principales*.

§ 204.—La *mélodie prédominante* peut passer d'une partie à une autre, et dès lors, chacune de ces parties devient, à son tour, *partie principale*.

§ 205.—Il peut y avoir, à la fois, *plusieurs parties principales*.

MUSIQUE ÉCRITE A PLUSIEURS PARTIES RÉELLES

§ 206.—Sauf de très rares exceptions, les *leçons d'harmonie*, et surtout les exercices de *contre-point*, ne se composent que de *parties réelles;* c'est pourquoi on y défend absolument les *octaves* et les *unissons consécutifs*, qui appauvrissent l'harmonie en confondant momentanément deux parties.

§ 207.—Les *morceaux* écrits pour plusieurs voix ou plusieurs instruments: *duos, trios, quatuors* ou *chœurs*, le sont ordinairement à deux, trois ou quatre *parties réelles*, et dès lors, cette règle de l'harmonie y est généralement observée.

§ **208.**—Il est rare qu'on écrive à plus de quatre *parties réelles,* même quand on dispose d'un *grand nombre* de voix ou d'instruments; et c'est accidentellement qu'on arrive à en employer cinq ou six.

§ **209.**—Au contraire, le nombre des *parties réelles* est souvent réduit à trois ou à deux, soit qu'on fasse taire les autres parties, soit qu'on en *redouble* une ou plusieurs.(Ex.page 75)

§ **210.**— Quelquefois, même, *toutes les parties* marchent, pour un moment, à l'*unisson* ou à l'*octave,* ne formant ensemble qu'*une seule partie réelle* (Ex.page 76, troisième et quatrième mesures.)

REMARQUE

§ **211.**— A la cinquième mesure, les *deux basses,* chantant à l'*unisson,* se confondent momentanément, en une *seule partie;* ce qui réduit à *trois* le nombre des *parties réelles,* pendant la durée de cette mesure.

(*) On sait que la musique *notée en clef de sol* pour le ténor est à *une octave trop haut* pour sa voix; et que, par conséquent, il la chante à *une octave au-dessous* de ce qui est écrit. Il faut donc baisser d'*une octave* cette partie de *ténor;* c'est pourquoi nous l'avons surmontée des mots: *ottava bassa* (octave basse)

REMARQUES

§ **212.**—Pendant douze mesures, l'*alto* et le *violoncelle* se taisant, il reste *deux parties*, 1ʳ et 2ᵈ violons, jouant en *duo*. Pendant les douze mesures suivantes, les quatre instruments jouent à la fois, mais il n'y a pourtant que trois *parties réelles*, les deux violons ne comptant que pour *une*, attendu qu'ils font la même chose: l'un redoublant l'autre à l'octave.

§ 213. —Dans la *musique d'orchestre*, les *silences* et les *redoublements de parties* sont nécessairement très fréquents; on pourrait même dire qu'on est forcé d'avoir constamment recours à l'un ou à l'autre de ces moyens si ce n'est à *tous les deux;* car, pour donner à chacun des instruments d'un orchestre *une partie réelle*, différente de toutes les autres, il faudrait pouvoir écrire à seize, dix-huit, vingt parties et plus, ce qui est matériellement impossible.

REMARQUES

§ 214.—Dans l'exemple qui précède, le premier membre de phrase, écrit, en apparence, à dix parties, n'a, pourtant, que *trois parties réelles*.

Chacune de ces trois parties est *redoublée plusieurs fois,* soit à *l'unisson,* soit à *l'octave grave* ou à *l'octave aiguë,* par divers instruments, de sorte qu'elles sont jouées *simultanément,* savoir:

Puis, tour-à-tour, ces divers instruments se taisent, et les combinaisons suivantes se succèdent:

4º Enfin, tout l'orchestre reprend à *quatre parties réelles,* avec de *nombreux redoublements.* (Voir la fin de l'exemple)

(*) On sait que la *Contrebasse* joue, à l'octave plus bas, ce qui est écrit.

OCTAVES ET UNISSONS CONSÉCUTIFS

§ **215.**—On a vu (§ 210) comment, dans la musique d'ensemble (vocale ou instrumentale) certains *dessins mélodiques* peuvent être exécutés par plusieurs parties à la fois, ce qui produit, entre ces parties, des *octaves* ou des *unissons consécutifs*.

§ **216.**—Cependant, dans les *traités d'harmonie* et de *contrepoint*, ces suites d'*unissons* ou d'*octaves* sont absolument défendues.

D'où provient donc cette apparente contradiction entre la règle et la pratique?

§ **217.**—C'est que, comme nous le disons plus haut (§ 206) les *leçons d'harmonie* et de *contrepoint* ne se composent que de *parties réelles*, c'est-à-dire de parties qui, toutes, doivent être toujours *différentes* les unes des autres, chacune remplissant un rôle particulier dans l'ensemble.

§ **218.**—Or, quand l'oreille s'est habituée aux *richesses harmoniques* produites par l'*accord* de ces parties diverses, si tout-à-coup, deux de ces parties, se confondant en une seule, se mettent à marcher, accidentellement, à l'*unisson* ou à l'*octave*, il en résulte un *appauvrissement de l'harmonie* qui cause une sensation pénible.

§ **219.**—Mais quand il y a *parti pris,* et que les *redoublements* à l'*octave* ou à l'*unisson* ne font que *renforcer* un *dessin mélodique* et lui donner *plus de relief,* sans rien retrancher de l'*harmonie,* ceci ne constitue pas une *pauvreté,* bien au contraire.

§ **220.**—Le *piano* et l'*orgue,* instruments polyphoniques qui, chacun à sa manière, résument, plus ou moins, toute espèce de *musique d'ensemble,* jouissent du même privilège que l'*orchestre,* en ce qui concerne les *redoublements de parties* à l'*octave*.

§ **221.**—Quant aux *unissons,* un *piano seul* ne pouvant en donner la sensation, *il n'existe* pas, pour cet instrument, d'*unissons consécutifs*.

EXEMPLES DE REDOUBLEMENTS qu'on peut se permettre AU PIANO
malgré les suites d'octaves qu'ils produisent

A.L.9892.

CHANT DE LA 1ᵉ PARTIE DOUBLÉ à l'8ᵛᵉ *grave* par une PARTIE INTERMÉDIAIRE,
puis, MÊME REDOUBLEMENT de *cette dernière* par la BASSE

SCHUMANN— *Feuillets d'Album* (Romance)

CHANT DE LA 1ᵉ PARTIE DOUBLÉ à l'8ᵛᵉ *grave* par la BASSE

STEPHEN HELLER—Op. 85. *Tarentelle* en la ♭. Publié avec l'autorisation de Mᵉ H. HAMELLE, Éd-Propriétaire.

BASSE DOUBLÉE à l'8ᵛᵉ par la *partie supérieure*, d'abord partiellement, puis totalement.

BEETHOVEN— *Sonate*. Op. 10. Nᵒ 1.

QUINTES CONSÉCUTIVES

§ 222.—Ainsi que les *octaves*, les *quintes consécutives* sont généralement défendues en *harmonie* comme en *contrepoint*. Mais la raison de cette défense n'est pas la même pour ces dernières que pour les premières.

Comme nous l'avons dit précédemment, les *octaves consécutives* sont défendues à cause de la *pauvreté harmonique* qu'elles produisent, tandis que la prohibition des *quintes consécutives* vient de ce que leur effet est généralement *dur*.

§ 223.—Donc, *octaves consécutives:* **pauvreté;** *quintes consécutives:* **dureté.**

§ 224.—Seulement, cette *dureté* est plus ou moins grande selon la manière dont les *quintes* se succèdent; et, de plus, elle peut être *atténuée* et *adoucie* par certaines dispositions des accords employés, ainsi que par la *nature même* de ces accords.

DES CAUSES QUI PEUVENT ATTÉNUER LE MAUVAIS EFFET
DE DEUX QUINTES CONSÉCUTIVES

§ 225.—L'*atténuation* du mauvais effet de *deux quintes consécutives* peut tenir à des *causes diverses.*—De ces diverses causes, les plus fréquentes sont:

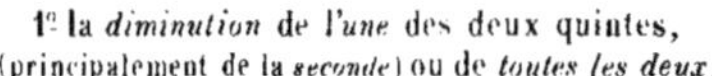

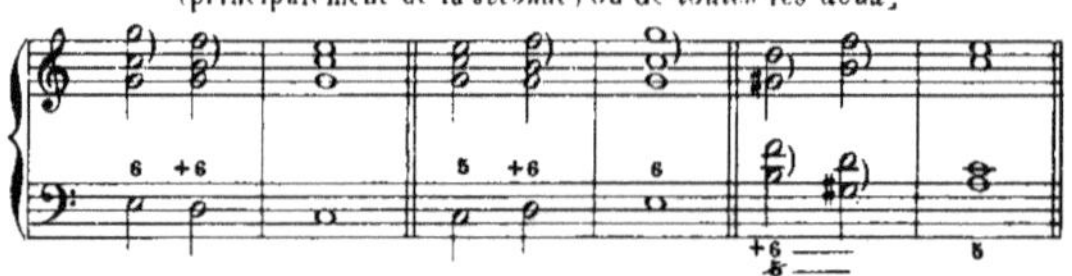

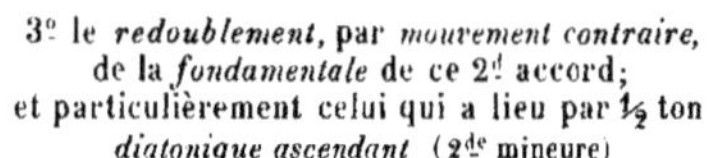

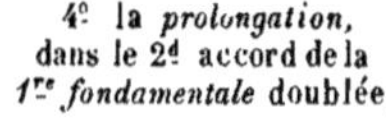

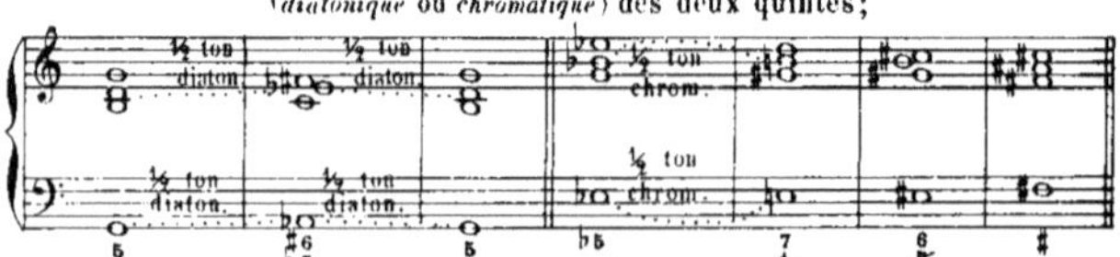

BEETHOVEN— 1re Symphonie. (1er morceau)
MOZART— Le Nozze di Figaro (N° 7, Terzetto)
MOZART.— Sonate en la majeur.
MOZART— Le Nozze di Figaro (Final du 1er Acte)
SCHUMANN— Ronde (Album pour la Jeunesse)
SCHUMANN— 1er Choral pour Piano.
BEETHOVEN— Sonate Op 2, N° 2.
H. BERTINI— Etudes caractéristiques.
MOZART— Le Nozze di Figaro (N° 7, Terzetto)
WEBER— Concert-Stück
BEETHOVEN— Op. 7 Sonate en mib majeur

§ **226.** —En dehors des cas précités, il est prudent d'éviter les *quintes consécutives;* et l'on aurait tort d'imiter, en cela, certains *jeunes compositeurs* qui, systématiquement, se complaisent à faire des *suites de quintes* d'un effet souvent détestable; effet auquel, sans doute, ils se sont *habitués;* car, *on s'habitue à tout,* même à la *laideur.*

§ **227.** —On trouve, certainement, dans les *œuvres des Maîtres,* parfois *deux* ou *trois quintes consécutives;* mais, c'est exceptionnellement, et toujours elles se présentent dans des conditions qui les rendent acceptables.

§ **228.** —En tout cas, il en est des fautes de *quintes* et d'*octaves,* comme de toutes les *licences:* on ne doit se les permettre qu'après s'être bien assuré qu'elles ne font pas un mauvais effet. Or, pour cela, il faut un *goût très sûr* basé sur l'*expérience.*

De la DISPOSITION des PARTIES D'ACCOMPAGNEMENT
et de leurs rapports avec les parties principales

§ 229.—Dans tout *morceau de musique* écrit *avec accompagnement,* tel qu'en général : un *air,* une *mélodie,* un *solo instrumental,* un *duo,* etc, il y a lieu d'établir une distinction entre les *parties principales* et les *parties accompagnantes,* au point de vue de leurs *rapports harmoniques.*

§ 230.—Entre les diverses *parties de l'accompagnement,* ces rapports doivent être aussi *corrects* que si c'étaient des *parties principales.* Elles jouissent, également, des mêmes *libertés,* des mêmes *licences* que ces *dernières,* et toutes les *règles* que nous venons d'exposer (§§ **206 à 228**) leur sont applicables.

§ 231.—Quant aux *rapports réciproques* des parties principales avec les parties d'accompagnement, on leur accorde une *certaine indépendance,* particulièrement en ce qui concerne les *octaves* et les *unissons consécutifs.*

§ 232.—Ainsi, *deux octaves* ou *deux unissons,* qui se présentent *accidentellement* entre la *mélodie* et l'accompagnement, ne sont à éviter qu'avec la *basse seulement.*

Par exemple,
il faut
préférer ceci:

à cela:

§ 233.—Il arrive même, fort souvent, que la *partie supérieure de l'accompagnement* ne fait que *doubler* les *notes principales* de la *mélodie,* si ce n'est la *mélodie* tout entière.

§ **234.**—Les anciens auteurs: RAMEAU, GLÜCK, GRÉTRY, etc, doublaient presque toujours le *chant,* par la *partie supérieure* de l'accompagnement.

§ **235.**—Ce *mode d'accompagnement,* bien que d'un usage moins fréquent de nos jours, n'est pas abandonné, cependant.

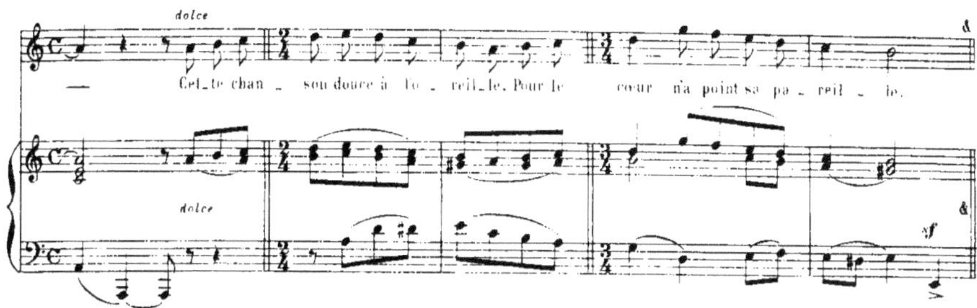

§ **236.**—Quelquefois, et de *parti-pris*, on double le *chant* par la *partie grave* de l'*harmonie*, de telle sorte que ce *chant* devient sa propre *basse*.

Ceci se fait, surtout, quand le *chant* est écrit pour *basse* ou *baryton*.

E. DURAND—*La chanson de l'Ermite* (Mélodie pour Basse ou Baryton) A. LE BEAU, Éditeur.

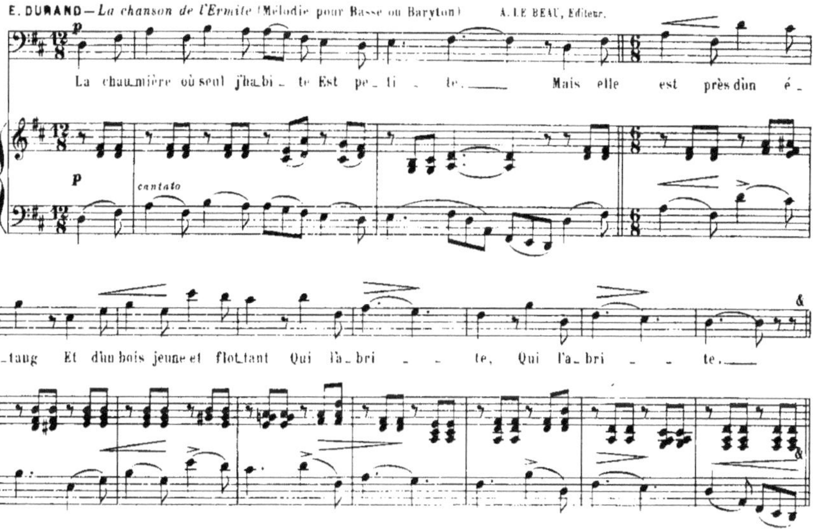

MASSENET—*Pensée d'automne* (Mélodie pour Baryton) Publié avec l'autorisation de MM. H. HEUGEL et Cie. Au Ménestrel, 2bis, Rue Vivienne, Seuls Éd. Propriétaires.

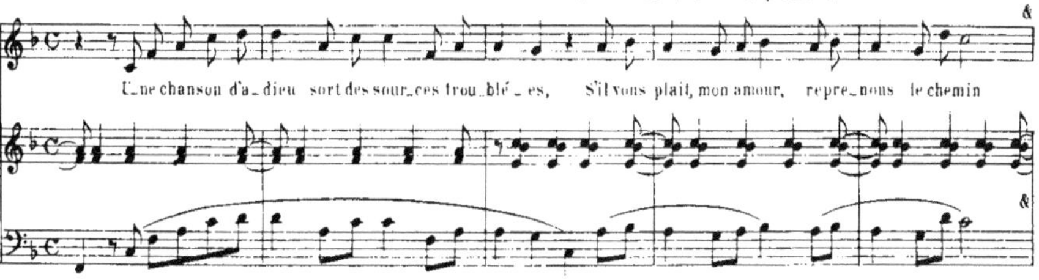

§ **237.**—Mais, quand le *chant* est dans la *région supérieure de l'harmonie,* les rapports de la *Basse* avec ce *chant* doivent être ceux de *deux parties réelles;* ce qui exclut la faculté de faire des *octaves consécutives* entre ces deux parties. (Voir les exemples des §§ **233** et **234**.)

§ **238.**—En général, les *parties d'accompagnement* forment, dans leur ensemble et par *elles-mêmes,* une *harmonie complète* (ou, tout au *moins satisfaisante*) sans le concours de la *partie principale.*

Cette *harmonie* peut se présenter sous forme d'*accords plaqués;* (Voir les 3 exemples des §§ **234** et **235** qui précèdent;) elle peut se présenter sous forme d'*accords brisés* ou arpégés (Voir l'exemple du § **233**.)

§ **239.**—Parfois, cependant, la *mélodie* compte comme *partie essentielle* de l'harmonie, l'accompagnement ne fournissant que des *accords incomplets.*

FUGUE ET CANON

DE LA FUGUE

§ 240.—La **fugue** est un genre de *composition* d'une espèce particulière, qu'on ne doit aborder qu'après avoir fait une étude sérieuse du *contrepoint*, dont elle est en quelque sorte, le *couronnement*.

Les traités de *contrepoint et fugue* sont assez nombreux. Pour ne parler que des ouvrages composés en *langue française*, il y a ceux de CHÉRUBINI, de FÉTIS et de REICHA. Il y a aussi le *cours de contrepoint* de notre ancien Maître FRANÇOIS BAZIN; mais, celui-ci ne comprend pas l'étude de la **fugue**.

§ 241.—Sans prétendre donner sur cette matière, un *travail complet*, qui, à lui seul, remplirait tout un volume, nous ne saurions nous dispenser de fournir quelques explications sur la *contexture de la fugue*, qui, au point de vue du *développement des idées*, peut servir de *modèle* à tout morceau de musique sérieuse ayant quelque importance.

L'étude de la *fugue* est, en effet, la meilleure préparation pour acquérir l'*art de développer une idée* et d'en tirer *tout le parti possible*; car, ainsi qu'on va le voir, *tous les éléments* qui concourent à la composition d'un morceau de cette nature, doivent *émaner*, directement ou indirectement, de l'*idée première* ou *thème principal* que l'on nomme **sujet**.

Voici, d'ailleurs, comment s'exprime CHÉRUBINI à cet égard (Cours de contrepoint et fugue, page 106.)

"Tout ce qu'un bon compositeur doit savoir peut trouver place dans la *fugue*; elle est le *type* "de tout morceau de musique; c'est-à-dire que: quelque morceau qu'on compose, pour qu'il soit bien "conçu, bien régulier, pour que la conduite en soit bien entendue; il faut que, sans avoir précisément "le *caractere* et les formes de la *fugue*, il en ait l'*esprit*."

§ 242.—Les *éléments constitutifs* plus ou moins importants d'une *fugue* sont: 1º le *sujet*, thème principal; 2º la *réponse*, conséquence du sujet; 3º le ou les *contre-sujets*; 4º les *épisodes* ou *divertissements*; 5º le *stretto* ou la *strette*; 6º la *Pédale*.

§ 243.—Avant d'entrer dans des explications sur chacun de ces éléments, il importe de faire observer qu'il y a plusieurs espèces de *fugues*, dont les deux principales sont la *fugue du ton* ou *fugue tonale* et la *fugue réelle*.

§ 244.—Il y a aussi la *fugue d'imitation*; mais celle-ci, par sa *fantaisie*, échappant plus ou moins à la *règle*, nous ne pouvons traiter ici que de la *fugue d'école*, c'est-à-dire: celle qu'on enseigne dans les *Conservatoires*.

§ 245.—Nous ajouterons: qu'une *fugue* peut être *vocale* ou *instrumentale*, qu'il y en a à deux, trois, quatre parties et *plus*; et que toutes ces *parties* doivent être *concertantes*.

DU SUJET

§ 246.—"Le *sujet*, ou *thème* de la fugue, ne doit être ni *trop long* ni *trop court*; sa di-"mension doit être telle qu'il puisse aisément se graver dans la mémoire, et que l'oreille le saisisse "et le reconnaisse avec facilité, dans les différentes *parties* et les différents *modes* où le compo-"siteur l'a placé." (CHÉRUBINI)

§ 247.—D'après ce principe, un *sujet* peut avoir de *deux* à *huit* mesures, (rarement davantage) selon le *nombre des temps* que ces mesures renferment, et le mouvement qu'on leur donne.

§ **248.**—De la *structure du sujet* dépend la *nature de la fugue;* ainsi, le *sujet* d'une *fugue du ton* est autrement conçu que *celui* d'une *fugue réelle,* comme on le verra ci-après.

§ **249.**—La *tonique* et la *dominante* étant les meilleures *notes d'attaque,* les meilleurs *points de repos,* c'est ordinairement par l'une de ces *deux notes* que commencent et finissent les *sujets de fugue.*

Sujet commençant et finissant par la *tonique.*

Sujet commençant par la *tonique* et finissant par la *dominante.*

Sujet commençant par la *dominante* et finissant par la *tonique.*

§ **250.**—Il est des *sujets* qui finissent par la *tierce* de la *tonique* ou par *celle* de la *dominante.* On doit attribuer à ces *terminaisons* le même sens que si elles avaient lieu sur leurs *fondamentales respectives.*

Sujet finissant par la *tierce* de la *tonique.*

Sujet finissant par la *tierce* de la *dominante.*

§ **251.**—Quant aux *sujets,* d'ailleurs *très rares,* qui débutent par un *degré* autre que le *1er* ou le *5me,* voici comment FÉTIS s'exprime à leur égard, dans son *traité:* "Quelques auteurs ont fait "des *fugues* dont les *sujets* ne commencent ni par la *tonique,* ni par la *dominante,* quoique la marche "de leur composition les portât à moduler de l'une à l'autre de ces *cordes principales.*—L'effet ordi-"naire de ces sortes de *sujets* est de laisser de l'incertitude sur le *ton,* pendant presque toute leur "durée, et de rendre *douteuse l'entrée* de la *réponse.*"

Voici, cependant, un fort joli *sujet* de CHERUBINI, qui commence par la *médiante,* et dont la *tonalité* est, dès l'abord, parfaitement établie.

COMMENT ON PEUT RECONNAITRE LA NATURE D'UNE FUGUE PAR LA STRUCTURE DU SUJET

FUGUE DU TON OU FUGUE TONALE

§ **252.**—Doit être considérée comme *fugue du ton:* 1º toute fugue dont le *sujet* commence ou finit par la *dominante.*

2º toute fugue dont le *sujet* finit par la *tierce* de la *dominante.*

3º toute fugue dont le *sujet,* commençant par la *tonique,* se porte tout d'abord, plus ou moins directement vers la *dominante.*

FUGUE RÉELLE

§ 253.—Doit être considérée comme *fugue réelle,* toute fugue dont le *sujet,* commençant par la *tonique,* se porte, tout d'abord, vers *d'autres notes que la dominante,* et revient, pour finir, sur la *même tonique* qu'au point de départ ou sur sa *tierce.*

Sujet de *fugue réelle,* en *fa* ♯ mineur commençant et finissant par la *tonique.*

Sujet de *fugue réelle* en *ré* majeur commençant par la *tonique* et finissant par sa *tierce.*

DE LA RÉPONSE

§ 254.—La réponse est une *imitation* du sujet, plus ou moins *exacte* selon la nature de la **fugue.**

§ 255.—Dans la *fugue réelle,* c'est une *imitation exacte,* parce que la *réponse* se maintient, d'un bout à l'autre, à la *quinte supérieure* ou à la *quarte inférieure* du *sujet.*

§ 256.—Dans une *réponse* de *fugue du ton,* certains *fragments du sujet* sont imités à la *quarte,* alors que d'autres le sont à la *quinte,* ce qui produit, en somme, une *imitation inexacte.*

REMARQUES

§ 257.—Après avoir constaté la *conformité absolue* du *sujet* et de la *réponse* du premier exemple, on observera que, dans le second, certains *intervalles mélodiques* de la *réponse* ont *un degré de moins* que ceux qui leur correspondent dans le *sujet: quarte* au lieu de *quinte, unisson* ou intervalle *nul* au lieu de *seconde,* et enfin *seconde* au lieu de *tierce* (nous indiquons ces intervalles par une petite croix:+) d'autres fois, c'est un *degré de plus* au lieu d'un *degré de moins.*(Début de la *fugue* en *ré* mineur p.101.)

§ 258.—Les *changements* qu'on apporte ainsi à la *mélodie* du *sujet* pour obtenir une *réponse tonale,* prennent le nom de *mutation.*

§ 259.—Certaines *réponses tonales* n'exigent qu'une *seule mutation,* d'autres en demandent *deux,* celle qui précède en a *trois.*

§ 260.—En raison de ces *mutations,* la *réponse* ne reste pas, d'un bout à l'autre, à *égale distance* du *sujet:* elle en est tantôt à la *quarte,* tantôt à la *quinte,* ainsi que nous venons de le dire. (§ 256)

N.–B.—Les chiffres placés entre ces deux portées indiquent les *distances* qui se trouvent entre le *sujet* et la *réponse.*

§ 261.—Ajoutons qu'en ce qui concerne le *rythme* du *sujet,* sous aucun prétexte il ne doit subir la *moindre modification* dans la *réponse,* quelle que soit la nature de la *fugue;* sinon, le *sujet* serait *mal imité* par la *réponse,* ce qui ne doit pas être.

§ 262.—De toutes ces observations on peut conclure ce qui suit:

1º Quand on a reconnu qu'un *sujet* est celui d'une *fugue réelle,* la *réponse* en est toute trouvée: c'est l'*imitation exacte* du *sujet* à la *quinte juste supérieure* ou à la *quarte juste inférieure;* en d'autres termes, c'est le *sujet* lui-même transposé dans le *ton de la dominante.*

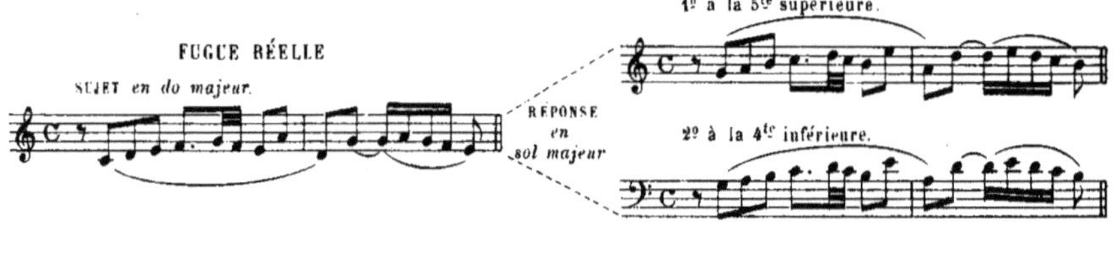

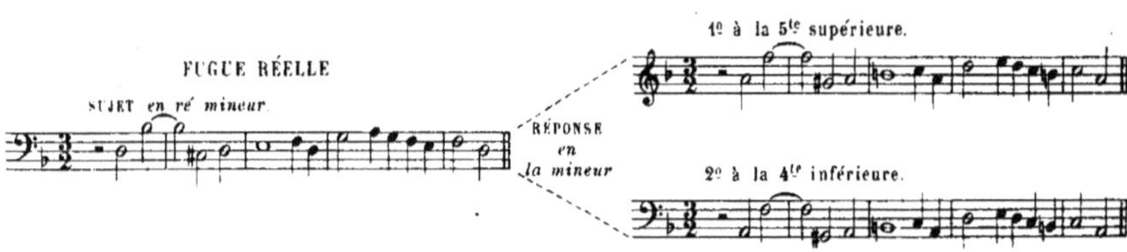

§ 263.—Mais, s'il s'agit d'une *fugue du ton,* la *réponse* peut être moins facile à trouver puisque, pour l'obtenir, il faut *changer* un ou plusieurs des *intervalles mélodiques* du sujet. Or, la question est de savoir *où* et *comment* l'on devra faire ces *mutations.*

Le cadre de cet ouvrage ne nous permettant pas de nous étendre sur tous les *cas particuliers* qui peuvent se présenter, *tant ils sont nombreux,* nous allons, du moins, exposer les *principales règles* qui sont suivies pour la formation des *réponses tonales.*

PRINCIPE GÉNÉRAL

§ 264.—Tout *fragment du sujet* qui appartient à la *tonique,* soit comme *accord,* soit comme *tonalité,* doit être reproduit dans la *réponse* par un *fragment semblable* appartenant à la *dominante,* soit comme *tonalité,* soit comme *accord;* et réciproquement, tout *fragment du sujet* qui appartient à l'accord ou au *ton* de la *dominante* doit être reproduit dans la *réponse* par un *fragment semblable* appartenant à pareil titre au *ton principal.*

Dans le premier cas (*réponse* à la *tonique* par la *dominante,*) c'est une *transposition* à la *quinte supérieure* ou à la *quarte inférieure* (Voir l'exemple ci-dessous 1er et 3me fragment.)

Dans le second cas (*réponse* à la *dominante* par la *tonique,*) c'est une *transposition* à la *quarte supérieure* ou à la *quinte inférieure* (Voir le même exemple, 2me fragment.)

Supposons ce *sujet* de *fugue tonale,* divisé en 3 fragments.

Au *1er fragment* du sujet (*fa majeur,* ton principal) on répond par un *fragment semblable* au ton de la *dominante, do* majeur.

Au *2me fragment* (ton de la *dominante, do* majeur) on répond par un *fragment semblable* dans le *ton principal, fa* majeur.

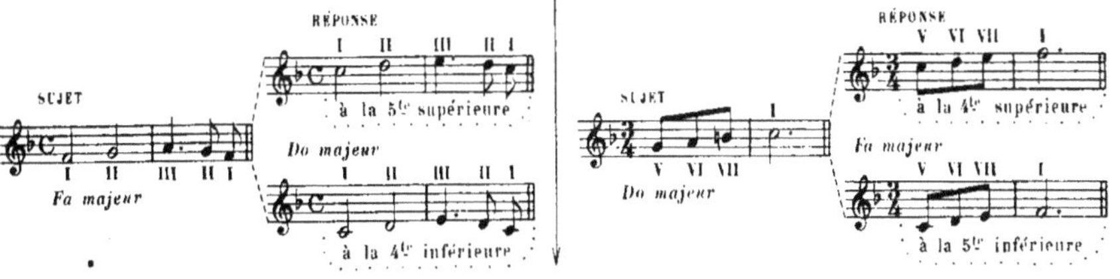

Au *3me fragment* (*fa majeur,* ton principal) on répond par un *fragment semblable* dans le ton de la *dominante, do* majeur.

Ce qui donne, en totalité, la *réponse* suivante:

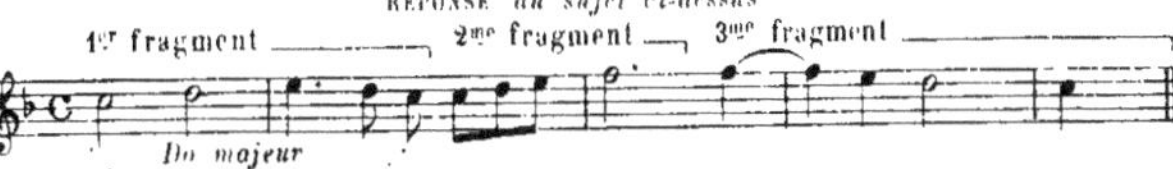

§ 265.—En conséquence du *principe général* que nous venons d'étudier, il y a lieu d'établir les règles suivantes, concernant le *commencement* et la *fin* du *sujet* et de la *réponse.*

Il a été dit (§ 249) que les *sujets de fugues* commencent et finissent généralement par la *tonique* ou par la *dominante.*

Il a été dit aussi (§ 250) que *certains sujets* finissent par la *tierce* de la *tonique* ou par celle de la *dominante.*

Et enfin, (§ 251) qu'il est des *sujets* (très rares, il est vrai) qui commencent par la *médiante,* tierce de la *tonique.*

§ **266**. — Pour *commencer* et pour *finir*, on répond:

1° à la *tonique* par la *dominante* et à la *dominante* par la *tonique*.

2° à la *médiante, tierce* de la *tonique,* par la *note sensible, tierce* de la *dominante*, et réciproquement. (Voir plus loin, § **271**, l'exception concernant le *mode mineur*.)

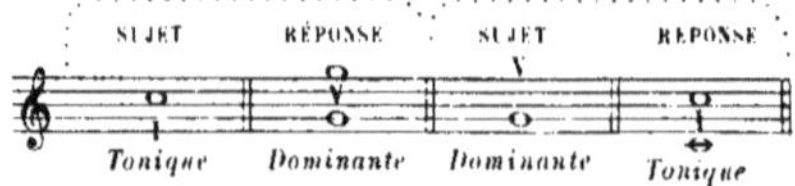

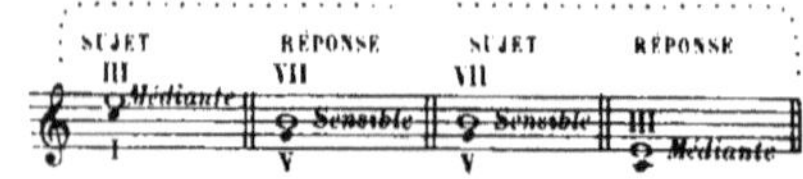

§ **267**. — Si, dès le début, le *sujet* se porte directement de la *tonique* à la *dominante* en *montant*, la *réponse* doit se porter de la même façon, de la *dominante* à la *tonique*.

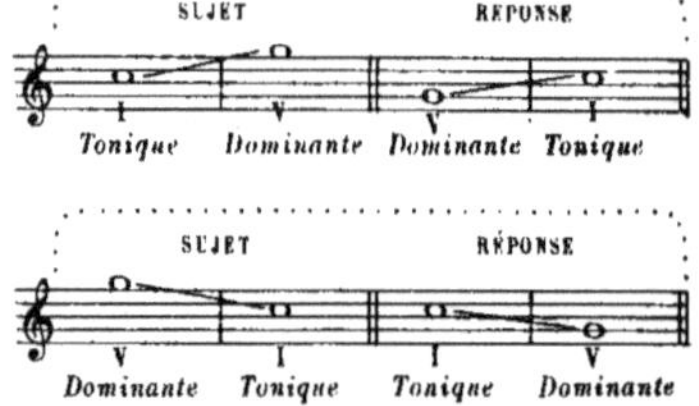

§ **268**. — Si le *sujet* commençant par la *dominante*, se porte directement à la *tonique* en *descendant*, la *réponse* doit se porter, de la même manière, de la *tonique* à la *dominante*.

§ **269**. — Dans l'un et l'autre cas, le *sujet* parcourt une *quinte* et la *réponse* une *quarte* seulement. Cet intervalle de la *réponse* est donc *plus serré*, plus petit d'un *degré* que celui du *sujet*. Il en résulte que, s'il se trouve une ou plusieurs *notes intermédiaires* entre les deux notes à distance de *quinte* du *sujet*, il faut, dans la *réponse* qui ne parcourt qu'une *quarte*, serrer l'un des *intervalles* formés par toutes ces notes, c'est-à-dire: faire une *seconde* à la place d'une *tierce*, ou un *unisson*, intervalle nul, à la place d'une seconde.

§ **270**. — Si, contrairement aux exemples précédents, c'est le *sujet* qui ne parcourt qu'une *quarte*, en montant de la *dominante* à la *tonique* ou en descendant de la *tonique* à la *dominante*, c'est la *réponse* qui parcourt une *quinte*.

En montant   En descendant

Dans ce cas, s'il y a des *notes intermédiaires*, l'un des intervalles formés par ces notes devra être *élargi* dans la *réponse*.

MODE MINEUR

§ 271. — Pour conserver au *mode mineur* tout son caractère, on doit répondre :

1º à la *tierce mineure* de la *tonique* par la *tierce mineure* de la *dominante,* non par la *note sensible* du ton principal;

2º au *demi-ton descendant* qui se trouve du 6ᵐᵉ au 5ᵐᵉ degré, par le *demi-ton descendant* qui se trouve du 3ᵐᵉ au 2ᵈ ;

3º au *demi-ton ascendant* de la *sensible* à la *tonique,* par un *demi-ton ascendant* du *4ᵐᵉ degré haussé* au 5ᵐᵉ (Le *4ᵐᵉ degré* ainsi *altéré* devient *note sensible* du ton de la *dominante.)*

N.B. — Dans le cas ci-dessus on répond au mouvement descendant de *sixte mineure* par un mouvement descendant de *quinte diminuée.*

4º à l'intervalle mélodique de *septième diminuée* du ton principal, par l'*intervalle semblable* emprunté au *ton mineur* de la *dominante.*

REMARQUES

§ 272. — Pour satisfaire à ces exigences du *mode mineur,* on est quelquefois obligé de *transgresser* la règle générale concernant les rapports du *sujet* et de la *réponse.* Ainsi, à la fin du dernier exemple ci-dessus, au lieu de *répondre* à la *dominante* par la *tonique,* on y répond par le *2ᵈ degré,* afin d'avoir, dans la *réponse,* les mêmes *intervalles mélodiques* que dans le *sujet:* la *septième diminuée* et les deux *demi-tons.*

§ 273. — Lorsque le *sujet mineur* monte par *degrés conjoints* de la *tonique* à la *dominante,* ou qu'il descend de même de la *dominante* à la *tonique,* on se sert, dans la *réponse,* de la *gamme mineure 2ᵈᵉ* forme: *6ᵐᵉ degré haussé* pour monter, *7ᵐᵉ degré baissé* pour descendre.

§ 274. — Si le *sujet* appelle dans la *réponse,* la *modulation* au *ton mineur* de la *dominante,* comme cela a lieu le plus souvent, le *7ᵐᵉ degré baissé* du ton principal devient *médiante* dans le nouveau ton.

CONTRE - SUJET

§ 275.—Le *contre-sujet* est un *second thème* qui doit être combiné avec le *sujet* et la *réponse* de manière à pouvoir les accompagner tantôt à l'*aigu*, tantôt au *grave*.

§ 276.—Cette combinaison est ce qu'on appelle un *contrepoint renversable* à l'*octave*, ou bien encore, un contrepoint *double, triple* et *quadruple*, selon qu'il y a deux, trois ou quatre *parties renversables*. (Voir notre Traité d'harmonie, page 204)

§ 277.—Une *fugue* a parfois *deux contre-sujets;* il en est même qui en ont trois, mais c'est assez rare.

§ 278.—Les *contre-sujets* ne doivent ressembler ni au *sujet*, ni à la *réponse*. Chacun d'eux doit avoir, autant que possible, une *physionomie* différente de celle des autres, afin que *sujet* et *contre-sujets* ne soient pas confondus entre eux; et aussi, parce que la *variété* de leurs *dessins mélodiques* offre des ressources plus grandes à la composition des *divertissements*.

§ 279.—On verra ci-après, qu'en effet, les *thèmes* dont on se sert pour composer les *passages épisodiques* d'une fugue sont puisés, tantôt dans le *sujet* ou la *réponse*, tantôt dans les *contre-sujets*.

CHERUBINI— Fugue chromatique à 4 parties et à 3 contre-sujets traitée en fugue réelle[*]

OBSERVATIONS

§ 280.—Dans les trois exemples qui précèdent, on peut observer que les *contre-sujets* ne sont jamais attaqués *qu'après le sujet.*

§ 281.—Il doit en être toujours ainsi: En sa qualité de *thème principal,* le *sujet* doit être attaqué le *premier,* afin d'attirer à lui l'attention et d'être aisément reconnu chaque fois qu'il se représente.

On verra plus loin (§ 305) que, dans ce but, on fait, le plus souvent, entendre d'abord *seul* le *sujet tout entier;* et que les *contre-sujets* ne font leur apparition qu'après l'attaque de la *réponse* et successivement.

(*) A propos de ce *sujet chromatique,* l'auteur dit : "Le *sujet* de cette *fugue* appartient à la *fugue du ton,* puisqu'il descend "d'abord de la *tonique* à la *dominante;* la *réponse* devrait donc aller de la *dominante* à la *tonique.* Mais cette *réponse* aurait "rendu le travail des *contre-sujets* très difficile, et y aurait nécessité de fréquents changements. On a donc jugé à propos de "la traiter en *fugue réelle.*" Il est bon de retenir cet aveu d'un grand maitre, qui, malgré sa sévérité bien connue, préfère sacrifier la règle au goût, n'oubliant pas qu'une *fugue,* malgré sa *forme architecturale,* est avant tout, un *morceau de musique.*

MUTATIONS DANS LES CONTRE-SUJETS

§ **282.**—On a vu (§§ **256** à **259**) que dans la *fugue du ton*, pour obtenir la *réponse tonale*, on est toujours obligé de faire subir *une* ou *plusieurs mutations* à la phrase qui constitue le *sujet*.

§ **283.**—Si les *contre-sujets* accompagnent la *réponse* au moment où se produisent ces *mutations*, il peut être nécessaire de leur en faire subir à eux-mêmes, soit pour obtenir une *bonne harmonie*, soit pour ne pas mettre le *contre-sujet* en contradiction avec le *sujet* au point de vue de la *tonalité*.

Réponse contenant deux mutations. (A et B)

Contre-sujet contenant également deux mutations aux mêmes endroits. (A et B)

OBSERVATION—Il n'était pas possible d'*imiter exactement*, pour accompagner la *réponse*, le *contre-sujet* qui accompagne d'abord le *sujet;* car, cela eut produit l'*abominable cacophonie* que voici:

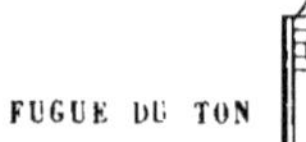

Contre-sujet contenant deux mutations (C et D) en conséquence de celles de la *réponse*. (Mêmes passages.)

OBSERVATION— Au point de vue *harmonique*, on pouvait, ici, *répondre* exactement au *contre-sujet* proposé; mais, au point de vue *tonal* c'eut été *fautif,* parce que cela eut donné le *ton de fa* pour le fragment *C*, alors que, selon les règles de la *fugue tonale*, il doit être en *do*, ton de la *dominante*

DES ÉPISODES OU DIVERTISSEMENTS

§ 284.—On nomme *épisode* ou *divertissement* toute *phrase incidente* introduite dans une *fugue* pour reposer du *sujet*.

§ 285.—C'est au moyen des *divertissements* qu'on *module* d'un ton ou d'un mode à un autre ton ou un autre mode, et qu'on promène le *sujet*, la *réponse* et les *contre-sujets* à travers les *diverses tonalités* par lesquelles on veut les faire passer.

§ 286.—Les *divertissements* ont donc un double but : 1º conduire *d'un ton à un autre* d'une manière intéressante ; 2º jeter de la *diversion*, de la *variété*, au milieu des *reprises* plusieurs fois répétées, du *sujet*, de la *réponse* et des *contre-sujets*.

§ 287.—Sans *divertissements*, la *fugue* ne pourrait se développer ; car on en serait réduit à *répéter* sans relâche le *sujet* et la *réponse*, ce qui ne tarderait pas à devenir fastidieux et insupportable.

§ 288.—Pour composer les divertissements, on prend pour *thèmes* tour-à-tour des *fragments* du *sujet*, de la *réponse* ou des *contre-sujets*.

§ 289.—Parmi les *dessins* qu'on peut extraire ainsi de ces *sujet* et *contre-sujets*, il convient de choisir ceux qui se prêtent le mieux aux *modulations* dont on a besoin, en même temps qu'à des combinaisons intéressantes : *imitations, canons,* (*) *renversements de parties*, etc.

§ 290.—D'ailleurs, rien n'oblige à prendre toujours pour *thèmes* des fragments exacts ; et l'on peut, parfois, en *modifier le dessin* sans le défigurer ; en obtenir des *déductions*, des *dérivés*, et s'en servir pour jeter de la *variété* dans les *divertissements*.

Voici, par exemple, un *sujet* de CHERUBINI et son *contre-sujet*.

DIVERTISSEMENTS

L'auteur a pris pour *thème* de son *premier divertissement* la *tête* de ce *contre-sujet* (A) en y ajoutant un *second dessin* (B.) Chaque partie fait entendre ce *thème* à son tour, ce qui produit des *imitations*. Puis, c'est un *dérivé* du dessin A, pris par *mouvement contraire*, qui se déroule en *imitations* aux *deux parties supérieures* (C.) pendant que la *Basse* continue, sans modification, la fin du *dessin A* par elle commencé. Le tout forme, à partir de la lettre C, une *marche d'harmonie* descendante, qui se termine par une *modulation* au ton de la *dominante, ré* majeur.

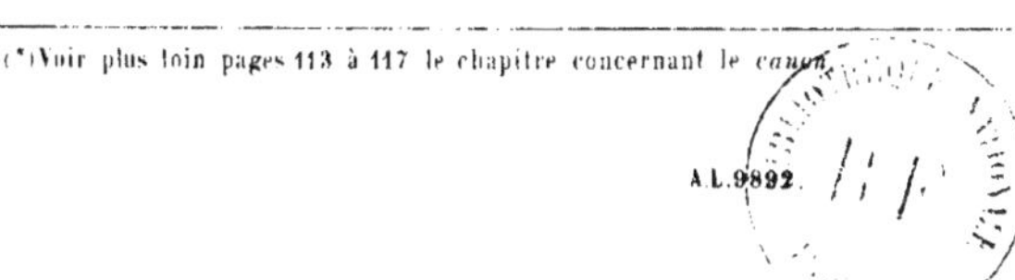

(*) Voir plus loin pages 113 à 117 le chapitre concernant le *canon*.

DU STRETTO OU DE LA STRETTE

§ **291.**—Le mot *strette* est la traduction française du mot italien *stretta*, féminin du mot *stretto* qui veut dire *serré*. Les mots *stretto* et *strette*, qu'on emploie tour-à-tour et indifféremment pour désigner la *péroraison* d'une *fugue*, doivent être pris dans le sens de *rapprochement*.

§ **292.**—Jusqu'au *stretto*, la *réponse* ne fait son *entrée* qu'après l'achèvement complet du *sujet*, ou, au plus tôt, sur sa *note finale*. Il en est de même de la *rentrée* du *sujet* venant à la suite de la *réponse*.

§ **293.**—Mais, dans le *stretto*, on *rapproche* ces rentrées; les faisant se suivre d'assez près pour que *sujet* et *réponse* puissent marcher ensemble un moment, l'un n'ayant sur l'autre qu'une avance d'une ou *deux mesures*, ou même d'*un* ou *deux temps* seulement.

§ **294.**—Un *sujet de fugue* doit être construit de manière à fournir un *bon stretto*. Il faut se préoccuper de celui-ci en composant celui-là.

(*)(**) Les 3me et 4me *rentrées* ne pouvant se faire ainsi *rapprochées* par le *sujet* et la *réponse*, tels qu'ils étaient précédemment, l'auteur les a *légèrement modifiés* en ce qui concerne leur premier *intervalle mélodique*; et, de plus, il a pris le *sujet* par *mouvement contraire*.

§ 295.—Certains *sujets* se prêtent à plusieurs *strettes;* dans ce cas, on les fait de plus en plus *serrées.*

(*) Cette *liaison mélodique* ajoutée au *sujet* pour le *relier* à la *réponse* est ce qu'on appelle la *queue du sujet;* elle peut servir de *thème* à certains *épisodes* ou *divertissements.*

DE LA PÉDALE

§ 296.—On se rappelle qu'on nomme *pédale,* un son *soutenu* ou *répété* avec persistance, pendant la durée duquel on fait entendre *différents accords,* dont quelques-uns peuvent lui être *étrangers,* non seulement comme *agrégations,* mais encore comme *tonalité.*

§ 297.—La *pédale* la plus usitée, celle qui est considérée comme faisant *partie intégrante* d'une *fugue complète,* c'est la *pédale inférieure de dominante* que l'on place vers la fin du *stretto.*

§ 298.—Sur cette *pédale de dominante,* on doit faire passer le *sujet* et la *réponse* en forme de *stretle* aussi *serrée* que possible, laquelle *strelle* peut commencer par la *réponse.*

§ 299.—On peut encore, avant ou après cette *strette,* faire passer sur la *pédale* des *divertissements:* imitations, canons, progressions, etc.

§ 300.—Après quoi, la *conclusion* de la *fugue* s'impose et s'achève, habituellement, en quelques mesures (plus ou moins, selon la volonté du compositeur.)

§ 301.—Quelquefois aussi, à la suite de la *cadence finale,* on prolonge la *tonique* à la *Basse,* sous forme de *pédale,* tandis que les *parties supérieures* se terminent par une *Coda* de quelques mesures.

§ 302.—Enfin, rien ne s'oppose à ce qu'on introduise d'autres *pédales* (supérieures, médiaires ou inférieures) dans le courant de la *fugue,* pourvu qu'elles ne soient pas de trop longue durée.

DIVISION ET CONDUITE DE LA FUGUE

§ 303.—Une *fugue* se compose de *trois périodes principales:* La 1ᵉ, qui ne *module* guère qu'à la *dominante,* comprend l'*exposition* et la *contre-exposition,* reliées entre elles par un *divertissement;* la 2ᵐᵉ comprend les développements qu'on obtient en faisant passer le *sujet,* la *réponse* et les *contre-sujets* par diverses *tonalités,* lesquelles sont amenées par des *divertissements modulants;* enfin, la 3ᵐᵉ se compose du *stretto* tout entier, lequel, de même que l'*exposition* et la *contre-exposition,* passe, alternativement, du *ton principal* à celui de la *dominante,* sans s'éloigner beaucoup de ces deux tons.

PREMIÈRE PÉRIODE

EXPOSITION, DIVERTISSEMENT ET CONTRE-EXPOSITION

EXPOSITION

§ 304.—Il y a *deux sortes d'expositions,* c'est-à-dire: deux manières de commencer une *fugue.*

§ 305.—La première consiste à faire entendre d'abord le *sujet seul,* dans une partie quelconque, et à faire entrer, successivement, chacune des autres parties par la *réponse* ou par le *sujet,* dans l'ordre suivant.

1ʳᵉ entrée,	2ᵐᵉ entrée,	3ᵐᵉ entrée,	4ᵐᵉ entrée,
SUJET	RÉPONSE	SUJET	RÉPONSE

§ **306.**—Après avoir fait *son entrée* par le *sujet* ou par la *réponse*, chaque partie se continue, ordinairement, par un *contre-sujet*. Puis, celles de ces parties qui sont entrées les premières, peuvent poursuivre leur marche au moyen de *dessins mélodiques quelconques*: elles deviennent, alors,
ce qu'on appelle des *parties de remplissage* ou parties *ad libitum*, dont l'objet principal est de
compléter l'harmonie.

Toutes les parties ayant fait entendre, l'une après l'autre, le *sujet* ou la *réponse*, l'exposition
de la *fugue* est terminée.

§ **307.**—Dans la *seconde manière* de commencer une *fugue*, au lieu d'en faire entendre *seul* le
sujet tout entier, on l'accompagne, dès l'abord, de son *contre-sujet*, ou (s'il y en a plusieurs) successivement de *tous*. Les *entrées successives* des parties se font alors dans cet ordre.

FUGUE A UN SEUL CONTRE-SUJET

1re entrée.	et peu après.	2me entrée.	3me entrée,	et peu après,	4me entrée,	Puis, viennent
SUJET;		CONTRE-SUJET;	RÉPONSE;		CONTRE-SUJET;	les RENTRÉES dans le *même ordre*.

FUGUE A DEUX CONTRE-SUJETS

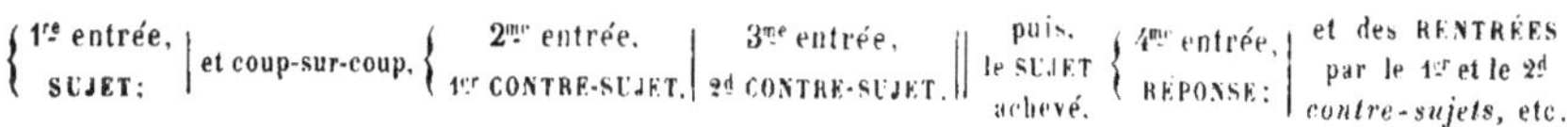

| 1re entrée, SUJET: | et coup-sur-coup, | 2me entrée. 1er CONTRE-SUJET. | 3me entrée, 2d CONTRE-SUJET. | puis, le SUJET achevé. | 4me entrée, RÉPONSE: | et des RENTRÉES par le 1er et le 2d contre-sujets, etc. |

CHERUBINI

FUGUE A TROIS CONTRE-SUJETS

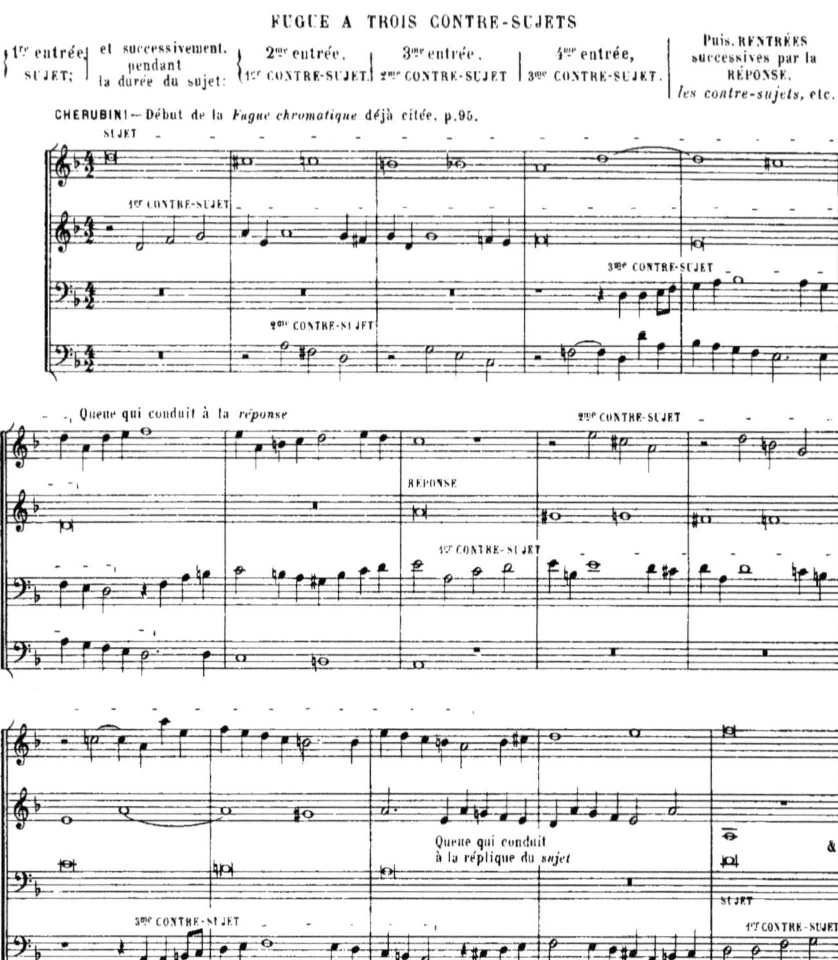

DIVERTISSEMENT ET CONTRE-EXPOSITION

§ 308.—A l'inverse de l'exposition qui débute par le *sujet* et finit par la *réponse*, la *contre-exposition* commence par la *réponse* et finit par le *sujet*. On conçoit, dès lors, la nécessité de placer entre elles un *divertissement*, puisque, sans cet *intermède*, la *réponse* arriverait *deux fois de suite*, dans le même ton et sans interruption, ce qui ne manquerait pas de devenir fastidieux.

§ 309.—Le plus souvent, dans la *contre-exposition,* on se borne à faire entendre une seule fois la *réponse* et une seule fois le *sujet,* pour ne pas les répéter à satiété.

(Voir ci-après, page 106 l'*exposition* (A à B) le 1er *divertissement* (B à C) et la *contre-exposition* (C à D) de la *fugue* en *si* b majeur)

DEUXIÈME PÉRIODE

MODULATIONS

§ **310.**—Après l'*exposition* et la *contre-exposition*, on entre dans la *période des modulations*.

§ **311.**—Ces *modulations* se font presque exclusivement aux *tons voisins* du *ton principal;* mais on peut, cependant, passer par des *tons éloignés,* pourvu que cet éloignement soit de *courte durée*.

§ **312.**—Ainsi que nous l'avons dit plus haut, c'est pendant cette *deuxième période* qu'on fait passer le *sujet* et la *réponse* par diverses *tonalités* des *deux modes*.

§ **313.**—Quant à l'*ordre* dans lequel ces *tonalités* doivent se succéder, il n'a *rien d'absolu*, et l'auteur est libre de suivre, à cet égard, la marche qui lui convient.

§ **314.**—Néanmoins, le *sujet* et la *réponse* ayant été entendus, dans le *mode primitif*, six ou huit fois, pendant l'*exposition* et la *contre-exposition*, il semble que, rendu à ce point, il serait temps de les faire passer par le *mode opposé,* pour en *varier la couleur,* et obtenir, par ce moyen, une *diversion* devenue nécessaire.

§ **315.**—Ainsi, en supposant que le *ton principal* soit celui de *si ♭ majeur,* on pourrait se diriger, tout d'abord, vers son *relatif, sol mineur,* pour y faire entendre le *sujet,* et de là, passer au ton de **ré** *mineur* pour la *réponse*. Après quoi, repassant par si ♭ *majeur* ou **sol** *mineur,* on pourrait faire entendre le *sujet* en mi ♭ *majeur,* puis, en **do** *mineur,* avant de revenir au *ton principal,* pour y faire le *repos* à la *dominante,* qui précède, ordinairement, l'attaque du *stretto*.

Mais, nous le répétons, on peut procéder *tout autrement*.

§ **316.**—Il est bien entendu que ces *répétitions réitérées* du *sujet* et de la *réponse* doivent *alterner* avec des *divertissements* plus ou moins développés.

(Voir la suite de la *fugue en si* ♭, de **D.** à **K.**)

TROISIÈME PÉRIODE

STRETTO

§ **317.**—L'attaque du *stretto* a quelque analogie avec le début de l'*exposition,* en ce sens que l'on recommence à faire entendre le *sujet seul,* ou accompagné tout au plus d'un *contre-sujet*. Puis, c'est la *réponse;* et, de nouveau, *sujet* et *réponse* qui servent de *rentrées* aux différentes parties.

§ **318.**—Mais, ainsi que nous l'avons expliqué (page 98) on *rapproche* beaucoup ces *rentrées* dans le *stretto;* ce qui fait qu'à un moment donné, les *parties* ont vraiment l'air de *se poursuivre* et de *se fuir* tour-à-tour, d'où le nom de *fugue* qu'on donne au morceau.

§ **319.**—Quand le *sujet* se prête à plusieurs *strettes,* on doit les faire de plus en plus *serrées,* de manière à ce que l'intérêt aille en *augmentant*.

§ **320.**—Ces *strettes* peuvent être séparées par des *divertissements,* qui, eux-mêmes, doivent être de plus en plus animés.

§ 321.—Il est assez rare que dans le *stretto,* on puisse conduire *jusqu'au bout,* parallèlement, le *sujet* et la *réponse.* On est presque toujours obligé de les *tronquer* l'un ou l'autre, si ce n'est l'un et l'autre.

Qu'on se rappelle le *sujet* de CHERUBINI que nous avons donné, page **103.**

On ne pouvait le développer sur la *réponse* sans faire une *suite d'octaves* défendue.

Pour éviter cette *faute grave,* il a fallu *tronquer* le *sujet* ainsi qu'il suit.

§ 322.—Il y a des *sujets* qui ne fournissent aucun *stretto véritable,* ce qui est un *grand défaut.*—Quand ce cas se présente, il faut bien se résigner à n'avoir qu'un *faux stretto.* pour cela, il convient de choisir l'endroit le plus favorable pour faire entrer la *réponse* peu après le *sujet,* mais, seulement, lorsque celui-ci est suffisamment indiqué pour être reconnu. Puis, on modifie la suite de ce *sujet* autant que cela est nécessaire pour qu'il puisse marcher en *bonne harmonie* avec la *réponse.*

§ 323.—Le *faux stretto* se fait, parfois encore, pour commencer la *troisième période,* lorsque, le *stretto véritable* étant *très serré,* on veut le ménager, le réserver pour la *fin.*

§ 324.—En ce qui concerne les *pédales* qui peuvent entrer dans la composition du *stretto,* nous n'avons rien à ajouter à ce qui a été dit aux §§ **297** à **304,** auxquels nous renvoyons. (Voir le *stretto* de la *fugue* ci-après, de K à la fin.)

E. DURAND— *FUGUE DU TON à 4 parties et à 2 contre-sujets, composée sur un* SUJET DONNÉ (*)

——— **1re PÉRIODE** ———

N.B.—Le 1er *contre-sujet* ne fait pas son entrée dès le début de cette *fugue,* pour permettre au *sujet* d'attirer sur lui seul l'attention. Au contraire, le 2d *contre-sujet,* d'un caractère moins tranché, peut, sans distraire du *sujet,* entrer utilement dans la 3me mesure, afin de marquer le *temps fort* de la mesure suivante.

(*) Cette *fugue* fut écrite par l'auteur de cet ouvrage alors qu'il était élève dans la classe de composition d'HALÉVY, au Conservatoire. C'est donc une *fugue d'école.*

SUJET
Queue
2d CONTRE-SUJET
1er CONTRE-SUJET
Queue
2d CONTRE-SUJET
1er CONTRE-SUJET
RÉPONSE
B.—DIVERTISSEMENT ayant pour
Queue
thème la queue du sujet.

C — CONTRE-EXPOSITION

— 2ᵐᵉ PÉRIODE —

D — DIVERTISSEMENT ayant pour *thème* la tête du 1ᵉʳ contre-sujet

E — SUJET au relatif mineur et sa **RÉPONSE**

2! CONTRE-SUJET
1er CONTRE-SUJET
Queue
RÉPONSE mineure

F—MODULATIONS et retour au ton principal. Fin de la réponse.
2! CONTRE-SUJET
Queue
2! CONTRE-SUJET
Fin du 1er contre-sujet

SUJET et 1er CONTRE-SUJET RENVERSÉS marchant ensemble et tenant lieu de DIVERTISSEMENT
SUJET RENVERSÉ
1er CONTRE-SUJET RENVERSÉ
Pédale médiaire de dominante.

G—SUJET au ton de la SOUS-DOMINANTE (mi b majeur)
SUJET
1er CONTRE-SUJET

H— DIVERTISSEMENT pris dans le 1er contre-sujet
I— SUJET en DO MINEUR
1er CONTRE-SUJET
relatif de MIb et voisin de SIb MAJEUR
Modulation
Retour au ton principal (si b maj)
J— SUJET RÉTROGRADE et par mouvement contraire combiné avec le 1er contre-sujet
1er CONTRE-SUJET
DIVERTISSEMENT et repos à la DOMINANTE

—— 3me PÉRIODE ——

K—STRETTO

N.B.—Ce 1ᵉʳ *stretto* n'est qu'un *faux stretto*, lequel est destiné à ménager le *stretto véritable* (lettre M) et à permettre de *développer* suffisamment cette *période*, pour qu'elle soit proportionnée au reste du morceau.

A.L.9892.

OBSERVATIONS

Ainsi que nous l'avons dit plus haut, ce morceau est une *fugue d'école*, c'est-à-dire une *fugue d'étude*, qui, comme telle, devait avoir tous les *développements* exigés par le *programme scolaire*, savoir: 1.º *exposition* et *contre-exposition* reliées entre elles par un *divertissement;* 2.º *modulations* à tous les *tons voisins*, pour y faire entendre le *sujet* ou sa *réponse;* 3.º enfin, le *stretto complet*, y compris la *pédale* obligatoire.

Mais, de *tels développements* (98 grandes mesures à quatre temps) seraient excessifs pour *certaines fugues:* celles, par exemple, qu'on introduit parfois dans une *messe*, un *oratorio* ou un *opéra;* aussi ces *fugues* sont-elles rarement complètes.

C'est ainsi que, dans la *Messe de Requiem* de MOZART, la belle fugue du *Kyrie eleison* dont nous donnons le commencement comme *exemple*, au § **307**, ne contient ni *contre-exposition* ni *stretto*. Cette *fugue* n'a, en tout, que 52 mesures.

DU CANON

§ 325.—On nomme **Canon**, un morceau de musique composé de telle sorte que *deux, trois, quatre parties* ou plus entrent *successivement* et à distance égale l'une de l'autre, chacune d'elles reproduisant *exactement* le *chant* ou *motif* qui a été proposé par la première.

§ 326.—L'*imitation* formant **Canon** se fait, le plus souvent, à l'*unisson* ou à l'*octave;* mais elle peut se faire aussi à la *quarte* ou à la *quinte*.

§ 327.—Le *Canon sans fin* ou *perpétuel* est celui qui, n'ayant *pas de conclusion*, est combiné de manière à ce qu'on puisse *revenir* dans chaque partie et sans s'arrêter, de la *fin* de l'*imitation* au *commencement;* ce qui s'indique, généralement, par le *Da Capo*.

§ 328.—On peut ainsi, sans interruption, recommencer le *Canon* autant de fois que l'on veut: de là, son nom de *Canon perpétuel*, ou *infini*, ou *circulaire*.

§ 329.—Dans le *Canon sans fin* (et conséquemment *sans Coda*,) toutes les parties exécutant absolument le *même motif* d'un bout à l'autre, il suffit d'écrire celui-ci *une seule fois*, sur *une seule ligne*, et d'indiquer, par des *chiffres* ou par des *lettres*, le moment où chaque partie doit faire son *entrée*, ce qui doit arriver de *mesure en mesure*, ou de deux en deux ou de quatre en quatre, d'une manière uniforme.

Même *canon* écrit sur quatre portées pour en mieux faire voir la *structure* et l'*ensemble* des parties.

N.B.—Les *quatre fragments* dont se compose le *motif* tout entier, sont indiqués dans toutes les parties, par les chiffres 1, 2, 3, 4.

CANON SANS FIN *à l'unisson*

dont les 4 parties entrent successivement, de 4 en 4 mesures

MÊME CANON *écrit sur 4 portées*

A.L. 9892.

§ **330.**—Voici comment on s'y prend pour composer un *Canon* comme celui-ci:

Etant donné le *premier fragment* (A) de quatre mesures,

il faut en trouver un deuxième (B) de même dimension, qui forme, avec le 1ᵉʳ, une *bonne harmonie* à deux parties;

puis, on en cherche un troisième (C) qui se marie bien avec les deux premiers;

et enfin, un quatrième (D) qui s'accorde avec les trois autres et renforce l'*harmonie*.

Accords produits par l'ensemble des quatre fragments qui composent le *motif* du *canon* ci-dessus.

CANONS à deux parties et *une seule mesure* d'intervalle.

N.B.—Ces sortes de *canons* se composent, forcément, *mesure par mesure*

CANON à *la quarte inférieure*

A.L. 9892.

OBSERVATION.—On ne peut obtenir un *tel canon* (par *mouvement contraire* et *imitation exacte* de tous les intervalles du *thème*) qu'en se basant sur les *gammes* suivantes, opposées l'une à l'autre. (Nous les donnons dans le *ton* du *canon* ci-dessus, pour qu'on puisse les comparer plus facilement.)

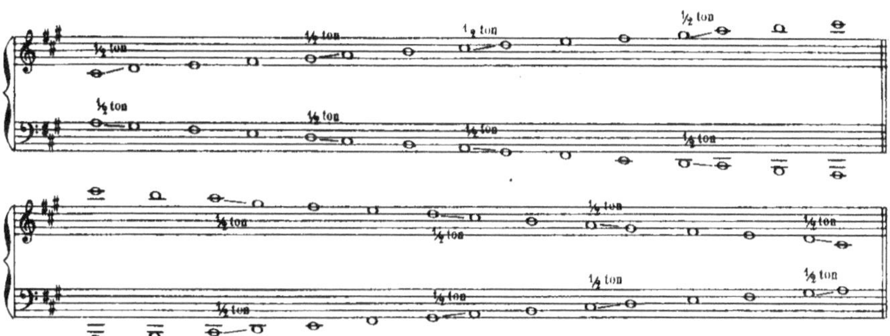

REMARQUE—Il convient d'observer que, dans ces *gammes* qui marchent en *sens inverse*, les *tons* et les *demi-tons* se correspondent exactement, et sans aucune exception. C'est là ce qui produit, d'un bout à l'autre du *conséquent*, des intervalles identiquement *pareils* à ceux de l'*antécédent*.

FIN DE LA PREMIÈRE PARTIE

DEUXIÈME PARTIE

MUSIQUE INSTRUMENTALE

DEUXIÈME PARTIE

MUSIQUE INSTRUMENTALE

§ 331.—Cet ouvrage n'étant pas un *traité d'instrumentation,* nous n'entrerons pas dans de grands détails sur la *technique* des divers instruments dont nous aurons à nous occuper. Il existe sur ces matières d'excellents ouvrages dont nous recommandons l'étude aux élèves qui veulent écrire de la *musique instrumentale.* (*)

Nous nous bornerons donc à indiquer l'*étendue* et le *diapason* des *instruments* usités pour la *musique de chambre:* piano, violon, alto et violoncelle.

DU PIANO

§ 332.—Le *piano* est, après les *grandes orgues,* l'instrument qui possède l'*étendue* la plus considérable: elle comprend *sept octaves* et se divise par *demi-tons,* ce qui fait un total de quatre-vingt-cinq *notes* ou *sons* différents.

ÉTENDUE DU PIANO

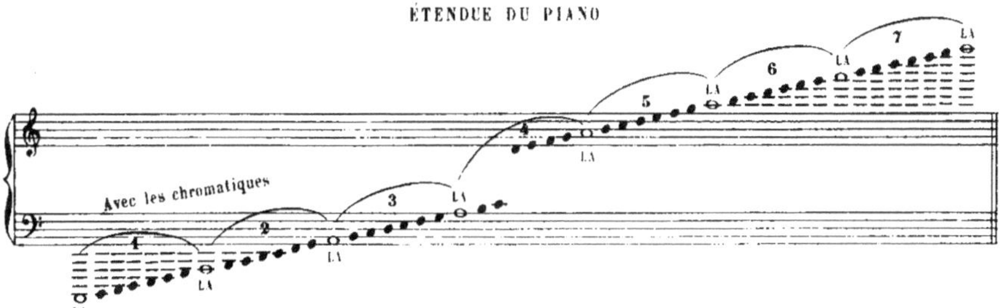

§ 333.—Le *piano* est l'instrument par excellence de l'harmoniste, du compositeur. Grâce à ses qualités *polyphoniques* qui permettent à *un seul exécutant* de faire entendre jusqu'à *dix* notes à la fois, le *piano* résume tout, même l'*orchestre.*

C'est sur le *piano* que le compositeur essaie ses *œuvres* (qu'elles soient vocales ou instrumentales;) c'est par son secours qu'il s'assure du *bon effet* de certaines *successions d'accords,* de certaines *modulations,* de l'alliance parfaite de l'*harmonie* avec la *mélodie,* etc.

D'autre part, le *piano* possède une *littérature musicale* des plus riches; les plus *grands Maîtres* ont écrit pour lui des *chefs-d'œuvre* nombreux; la fréquentation de ces *chefs-d'œuvre* contribue puissamment à ouvrir les *idées,* développer l'*imagination* et former le *style.*

Aussi, conseillons-nous l'*étude du piano* aux jeunes gens qui se destinent à la *composition.* Et s'ils ne peuvent prétendre à la *virtuosité,* qu'ils prennent, du moins, une habitude suffisante du *clavier* pour qu'il leur soit possible de se rendre compte, par eux-mèmes, des effets d'ensemble de leurs *compositions.*

(*) *Nouveau traité d'instrumentation* par F.A.GEVAERT *et Traité pratique d'instrumentation* par E.GUIRAUD.

DU QUATUOR D'INSTRUMENTS A CORDES

§ **334.**—Le *quatuor* d'instruments a cordes se compose: d'un *1ᵉʳ violon*, d'un *2ᵈ violon*, d'un alto et d'un *violoncelle* ou *basse*. (*)

§ **335.**—L'*étendue* de ces instruments, dont la *limite est fixe* pour le *grave*, n'a *rien d'absolu* pour l'*aigu*, parce que, dans cette *région*, elle dépend de l'habileté plus ou moins grande des exécutants.

VIOLON

§ **336.**—Le *violon* s'écrit invariablement en clé de *sol*.

Il est prudent de ne pas faire dépasser le *sol* aigu au *2ᵈ violon*.

ALTO

§ **337.**—L'*alto* s'écrit habituellement en clé d'*ut 3ᵐᵉ*; mais les *notes aiguës* s'écrivent parfois en *clé de sol*.

VIOLONCELLE

§ **338.**—Le *violoncelle* s'écrit en clé de *fa 4ᵐᵉ* pour les sons du *grave* et du *médium*; en clé d'*ut 4ᵐᵉ* pour les *sons aigus*, et en clé de *sol* pour les sons *sur-aigus*.

REMARQUES ET OBSERVATIONS

§ **339.**—Pour cet instrument, HAYDN ne dépasse guère le *la* du diapason; aussi, se sert-il presque exclusivement de la clé de *fa*; MOZART écrit les passages élevés en *clé de sol*, à une 8ᵛᵉ au-dessus du *diapason réel*.

§ **340.**—BEETHOVEN écrit les *notes élevées* du *violoncelle*: tantôt en clé d'*ut 4ᵐᵉ*, tantôt en clé de *sol*, et même, bien que très rarement, en clé d'*ut 3ᵐᵉ*.

(*) La *basse*, qu'il ne faut pas confondre avec la *contrebasse*, n'est pas autre chose qu'un *violoncelle*.

§ 341.—Il est important de faire remarquer que, chez *Beethoven*, comme chez *Mozart*, les passages en clé de *sol* sont écrits à une *octave au-dessus* du diapason où ils doivent être exécutés.

COUPES ET DIMENSIONS
des morceaux de musique

§ 342.—La *forme générale* d'un morceau de musique, ses divisions, les proportions de ses diverses parties, tout cela s'exprime par le mot **coupe**.

§ 343.—Les différentes manières de *couper* un morceau peuvent se diviser en *quatre classes principales*, savoir:

1º la petite *coupe binaire;* 2º la petite *coupe ternaire;*
3º la grande *coupe binaire;* 4º la grande *coupe ternaire.*

PETITES COUPES BINAIRE ET TERNAIRE

§ 344.—On nomme *petite coupe binaire,* celle qui ne se compose que de *deux périodes* peu développées, comme la *romance,* le *thème* à variations, etc.

PETITE COUPE BINAIRE

§ **345.** — On nomme *petite coupe ternaire*, celle qui se compose de *trois périodes* peu développées, dont la troisième n'est que la répétition de la première, comme le *rondo*, la *cavatine*, etc.

PETITE COUPE TERNAIRE

GRANDES COUPES BINAIRE ET TERNAIRE

§ **346.** — On nomme *grande coupe binaire*, celle qui se compose de *deux parties principales*, dont chacune contient *plusieurs périodes*; comme l'**allegro** d'une *sonate*, d'un *trio* ou d'un
quatuor classiques. (Voir, page 129, l'*allegro* de BEETHOVEN.)

§ **347.** — On nomme *grande coupe ternaire*, celle qui se compose de *trois parties principales* (chacune contenant *plusieurs périodes*) dont la 3me partie n'est que la *répétition* de la *première*, comme, par exemple, le 4me *Impromptu* de SCHUBERT en *mi* ♭ et les 5me et 6me *Polonaises* de CHOPIN.

COUPE LIBRE OU INDÉTERMINÉE ET COUPE DE RETOUR

§ **348.** — La coupe *libre* ou *indéterminée* est celle dont les *périodes*, plus ou moins nombreuses, ne sont pas distribuées, d'une manière régulière, en *deux* ou en *trois parties*. Cette
coupe se trouve principalement, dans certains *airs déclamés*. (Voir l'air d'*Aïda*, p. 282.)

§ **349.** — On nomme *coupe de retour*, celle où l'on *répète* souvent le *principal motif*, mais,
chaque fois, après une *nouvelle période*, comme dans le *rondo instrumental* et dans certains
airs de Ballets. (Il y a encore la *division par groupes* dont il sera parlé plus loin. (§§ **538** à **541**.)

ŒUVRES CLASSIQUES
de musique instrumentale

A — La *forme générale* de toutes les *œuvres classiques de musique instrumentale* est à peu près la même. Qu'elles s'appellent *sonate, trio, quatuor* ou *symphonie*, elles se composent toujours de *trois* ou *quatre morceaux* de caractères différents, ayant chacun *une coupe déterminée*. Il y a la coupe de l'*allegro*, la coupe de l'*adagio*, la coupe du *menuet*, la coupe du *rondo*, etc.

B — La *plus simple* des œuvres de ce genre étant la *sonate* pour *piano seul*, c'est elle que nous prendrons pour *type* de la musique classique instrumentale au point de vue de la *forme générale*. Nous n'aurons plus, ensuite, qu'à mentionner, au sujet des autres, ce qu'elles ont de particulier.

DE LA SONATE

§ **350.** — Une *sonate* est une *suite* de deux, trois ou quatre morceaux composés pour *un* ou pour *deux* instruments.

§ **351.** — On compte deux espèces de *sonates:* la *sonate classique* ou *sonate régulière*, construite selon les règles, sur un *plan déterminé;* et la *sonate-fantaisie*, qui s'affranchit plus ou moins de ces règles de construction.

Nous prendrons pour *type* la *sonate classique*, parce qu'elle offre une *base plus solide* à l'enseignement que la *sonate-fantaisie*, livrée aux *caprices* du compositeur.

§ **352.** — Il y a des *sonates* pour *piano seul*, (à deux et à quatre mains) il y en a pour *orgue*, pour *piano et violon, piano et violoncelle*, etc.

§ **353.** — Tous les morceaux d'une *sonate* étant destinés à être exécutés *consécutivement*, il est nécessaire qu'il y ait entre eux, à la fois, de la *variété* et de l'*unité:* variété de *forme*, de *mouvement*, de *ton* ou de *mode*, pour éviter la monotonie; unité de *style*, sans laquelle il ne saurait y avoir d'*œuvre homogène*.

§ **354.** — Bien qu'ils soient conçus de manière à pouvoir *se faire suite*, les différents numéros d'une *sonate* sont, en général, *indépendants* les uns des autres: c'est-à-dire que chacun d'entre eux est un *morceau complet*. Dans ces conditions, ils peuvent tous être joués *séparément*.

En effet, il arrive fort souvent (même au concert) qu'on fait entendre *un* ou *deux* morceaux d'une *sonate* qui en a *trois* ou *quatre*.

SONATES DES COMPOSITEURS CLASSIQUES
HAYDN, MOZART, BEETHOVEN, HUMMEL, etc.

§ **355.** — La plupart des sonates d'HAYDN renferment *trois* morceaux; mais il en est quelques-unes qui n'en ont que *deux*.

§ **356.** — Presque toutes les sonates de MOZART sont de *trois* morceaux; celles de BEETHOVEN et de ses continuateurs en contiennent ordinairement *quatre*.

§ **357.** — Voici l'ordre habituel dans lequel se succèdent ces divers morceaux:

SONATE à 2 numéros
1 — *Andante, Adagio ou Largo*.
2 — *Allegro, Allegretto ou Presto*.

SONATE à 3 numéros
1 — *Allegro*.
2 — *Andante, Adagio ou Largo*.
3 — *Allegro, Allegretto ou Presto*.

SONATE à 4 numéros
1 — *Allegro*.
2 — *Andante, Adagio ou Largo*.
3 — *Minuetto ou Scherzo*.
4 — *Allegro ou Presto*.

EXCEPTIONS

§ **358.**—Parfois, cependant, mais rarement, cet ordre est interverti.

Ainsi, par exemple, la sonate en La *majeur* de MOZART, comprend *trois morceaux* qui se suivent dans cet ordre:

La sonate Op. 26 de BEETHOVEN, qui contient *quatre morceaux,* débute, comme celle de MOZART, par un **Andante** con variazioni, auquel succèdent: un *Scherzo,* une *Marche funèbre* et un *Allegro.*

La sonate en **Mi** ♭ *majeur* de MOZART commence par un **Adagio,** suivi de deux *Menuets* (dont le second tient lieu de *trio* au premier) et se termine par un *Allegro.*

La sonate Op. 27. N° 2 de BEETHOVEN débute également par un *Adagio,* suivi d'un *Allegretto* en forme de *menuet* avec *trio,* et se termine par un *Presto agitato.*

Du reste, cette œuvre est intitulée par l'auteur: *Sonata* quasi una *Fantasia* (presque une fantaisie)

§ **359.**—Quelquefois aussi, le 1ᵉʳ *allegro* est précédé d'une *introduction* de quelques mesures en *mouvement lent.* Mais, nous le répétons, ces cas sont *exceptionnels.*

BEETHOVEN—Op. 78

(Voir le 1ᵉʳ morceau de la *Sonate Pathétique,* dont l'*Introduction* est beaucoup plus développée.)

ALLEGRO

ÉLÉMENTS FONDAMENTAUX ET PLAN DÉTAILLÉ

§ **360.**—L'**allegro**, premier morceau d'une *sonate*, se compose de *trois grandes périodes*.
Savoir:

1º la période d'*exposition;*
2º la période du *travail thématique;*
3º la période de *répétition.*

§ **361.**—Ce premier morceau se divise en *deux parties.*

§ **362.**—La *première partie* n'est autre chose que la *période d'exposition.*

§ **363.**—La *seconde partie*, plus développée, comprend le *travail thématique* et la *période de répétition*.

§ **364.**—La *première partie* se joue deux fois de suite, sous forme de *reprise;*

§ **365.**—Elle est consacrée à l'exposition des *thèmes* ou *motifs* qui, avec leurs développements, servent à bâtir le morceau *tout entier.*

§ **366.**—Elle doit renfermer *deux thèmes principaux*, sans préjudice des *phrases incidentes* (traits ou dessins mélodiques) destinées à les relier entre eux, et qui sont autant de *petits thèmes* dont on peut tirer parti par la suite.

CARACTÈRE DES DEUX THÈMES PRINCIPAUX

§ **367.**—Il importe que, sans être *disparates*, les *deux thèmes* soient d'*allure différente;* que chacun d'eux ait une *physionomie* qui le distingue de l'autre, et qu'ensemble ils fournissent matière à d'*intéressants développements;* car, le plus souvent, les *divertissements* sont, en grande partie, composés de *fragments* de ces *deux thèmes.*

ÉPISODES OU DIVERTISSEMENTS

§ **368.**—On a vu (§ 284) qu'on nomme *épisode* ou *divertissement*, toute *phrase incidente* introduite dans une *fugue* pour reposer du *sujet.*

§ **369.**—Ces mots conservent le même sens quand il s'agit d'une *phrase* ou d'un *groupe de phrases*, intercalées entre les *thèmes principaux* d'un morceau quelconque, pour conduire de l'un à l'autre, en préparer les *diverses tonalités*, ou compléter, sous forme de **Coda**, le *thème* qu'on vient de faire entendre.

§ **370.**—*En un mot, tout ce qui n'est pas l'un des thèmes principaux* est *divertissement* ou *épisode.*

§ **371.**—Voici quelle est la *marche* ordinairement suivie dans la *conduite* d'un **Allegro** de sonate.

PREMIÈRE PARTIE

PÉRIODE D'EXPOSITION

§ **372.** — On fait entendre d'abord le *1ᵉʳ thème*, qui, nécessairement, est dans le *ton prin-cipal* de la *sonate*.

(Voir, page 129 ci-après, les huit premières mesures de la *sonate* en *Sol* majeur Op. 14. Nᵒ 2. de BEETHOVEN, dont nous donnons pour exemple l'*allegro* tout entier.)

§ **373.** — Puis, on se dirige, en *modulant*, vers le *2ᵈ thème*, lequel doit être dans un *autre ton* que le *premier*.

(Voir plus loin, à ce sujet, les *remarques et observations complémentaires* §§ **384** à **394**.)

§ **374.** — Le passage intermédiaire, qui sert de *liaison* entre les *deux thèmes*, est ce qu'on appelle un *épisode* ou *divertissement*.

§ **375.** — On donne également à ce *premier épisode* le nom de *transition*, parce que c'est par lui que se *prépare* ou s'*effectue* la *modulation* au ton du *2ᵈ thème*. (Voir les dix-sept mesures *épiso-diques* B. à C. de notre exemple.)

N. B. — Le *début* du 1ᵉʳ épisode de l'*allegro* de BEETHOVEN que nous donnons pour *modèle*, fait de prime-abord l'effet d'une *Coda* ajoutée au *1ᵉʳ thème;* mais, au lieu de *conclure*, il se dirige bientôt vers le ton du *2ᵈ thème*, lequel est celui de *Ré* majeur, c'est-à-dire : le *ton de la dominante* du *ton principal*.

Ceci est conforme à l'*ancienne tradition* qui voulait que, le *1ᵉʳ thème* étant *majeur*, le *second* fût entendu, dans l'*exposition*, au *ton de la dominante*.

(Voir les huit mesures de C. à D. même exemple.)

§ **376.** — A la suite du *2ᵈ thème*, un *2ᵐᵉ épisode* termine la *première partie* de l'*allegro*, de manière à en favoriser la *reprise*.

§ **377.** — Ce *2ᵐᵉ épisode* est une sorte de *Coda* ajoutée au *2ᵈ thème*. On l'appelle *groupe de cadences*, parce que, généralement, il finit par plusieurs *cadences* plus ou moins parfaites, qui, en affirmant bien la *fin* de la *première partie*, établissent nettement une *démarcation* entre celle-ci et la *seconde*.

(Voir les trente mesures *épisodiques* de D. à E.)

SECONDE PARTIE

PÉRIODE DU TRAVAIL THÉMATIQUE

§ **378.** — La *seconde partie* de l'*allegro* débute par un *3ᵐᵉ épisode*, qui, à partir de BEE-THOVEN, est devenu le plus important de tous, en raison des *développements* qu'on lui donne et du *travail intéressant* qu'il renferme.

§ **379.** — C'est surtout dans ce *grand divertissement* qu'on peut se livrer aux caprices de l'i-magination : *s'éloigner du ton principal* par des modulations plus fréquentes, plus hardies, employer le *genre fugué :* imitations, canons, etc, et toute *combinaison intéressante* ayant pour sujet un frag-ment quelconque des *thèmes* ou *dessins* déjà exposés dans la première partie.

§ **380.** — On peut aussi y introduire un *trait*, un *chant*, un *dessin nouveau*, et le prendre pour *sujet* de nouvelles combinaisons.

§ 381.—Quelles que soient les *tonalités* par lesquelles on passe pendant sa durée, il faut, de toute nécessité, que le *3me épisode* ramène au *ton primitif;* car c'est dans *ce ton* qu'on doit *répéter* les *principaux thèmes* déjà entendus.

(Voir, pages 131-132, lettres E à F, la période du *travail thématique.*)

PÉRIODE DE RÉPÉTITION

§ 382.—La 3me période commence par la rentrée du *1er thème* dans le *ton primitif principal.*

§ 383.—A partir de cette *rentrée du 1er thème*, et jusqu'à la fin du morceau, on ne fait plus guère que *répéter tous les motifs* de la première partie de l'*allegro*, y compris les *divertissements;* en y apportant, toutefois, les modifications suivantes:

1° le *2^d thème*, et la *coda* qui le suit, doivent être reproduits dans le *ton principal*, et non dans celui où, primitivement, on les a fait entendre.

2° les *deux thèmes* étant, maintenant, reproduits dans *un seul et même ton*, l'*épisode intermédiaire* n'a plus pour objet de conduire *d'un ton à un autre* comme la première fois, mais seulement de reposer des *thèmes principaux* et de jeter de la *diversion* au moyen de quelques *modulations*, nécessairement *convergentes*, puisque, partant du *ton principal*, il s'agit d'y revenir.

Si donc, on se sert, pour ce *divertissement*, des mêmes *motifs* que la première fois, il est nécessaire d'en *modifier la marche* dans ce sens.

(Voir, page 132, à partir de la lettre F., la *période de répétition.*)

C—2d THÈME (Ré majeur, ton de la dominante)
D— 2d ÉPISODE ou groupe de cadences
servant de Coda d'abord au 2d thème puis à l'ensemble de la 1re partie
cresc.
p
cresc.
f
sf
f
sf
p
f
sf
sf
cresc.
sf
sf
sf
tr

SECONDE PARTIE

PÉRIODE DU TRAVAIL THÉMATIQUE

E —3ᵐᵉ ÉPISODE, composé sur des *fragments des deux thèmes* et un *nouveau dessin*

1er THÈME en Mi♭ majeur
p
Nouveau développement conduisant à la dominante de sol mineur
et préparant la rentrée en Sol majeur, ton principal, pour la période de répétition
Fragment du 1er thème annonçant
pp
sa rentrée
F 3me PÉRIODE ou période de répétition
1er thème exactement répété dans le ton

principal primitif
cresc.
sf
sf
G_ Répétition du 1er épisode (B) à la 4te supérieure (incursion en Do majeur et retour en Sol ton principal pour
la répétition du 2d thème
p
H_ Répétition du 2d thème (C) dans le ton principal (Sol majeur)
I_ Répétition du 2me épisode (D)

dans le *ton principal* et Coda
cresc.
f
cresc.
f
sf
sf
p
p
J - Rappel *du 1er thème*
decresc.
p
pour finir
sf
cresc.
f
p
p

REMARQUES ET OBSERVATIONS COMPLÉMENTAIRES

RAPPORTS DE TONALITÉ ENTRE LES DEUX THÈMES

§ **384.**—Ainsi que nous l'avons dit (§ 372) le *1er théme* de l'*allegro* doit être dans le *ton principal* de la *sonate*.

§ **385.**—Quant au *2d théme*, deux cas se présentent :
1º celui où le *ton principal* est de *mode majeur* ;
2º celui où le *ton principal* est de *mode mineur*.

§ **386.**—Lorsque le *ton principal* est *majeur*, le *2d théme* se fait le plus souvent dans le *ton de la dominante*. (Voir l'*exposition* de l'*allegro* qui précède.)

§ **387.**—Lorsque le *ton principal* est *mineur*, c'est ordinairement à son *relatif majeur* qu'on fait entendre le *2d théme*.

§ **388.**—Rien n'est plus naturel que de procéder ainsi: assurément, les rapports de tonalité sont excellents et faciles à établir, d'une part, entre un *ton majeur* et celui de *sa dominante*;d'autre part, entre un *ton mineur* et son *relatif majeur*.

§ **389.**—Mais, il est d'*autres tonalités*, voisines ou éloignées, dont les rapports avec le *ton principal* sont également *fort bons*.

§ **390.**—On peut donc, à l'exemple des plus grands Maitres, modifier, en ce qui concerne la *modulation*, l'ancien plan de la *sonate*, et ne pas se condamner, comme l'ont fait d'illustres classiques, à *couler*, pour ainsi dire, tous les morceaux dans le *même moule*.

§ **391.**—Voici les *deux thèmes principaux* du premier morceau de la *sonate* en *Ré majeur*, Op. 10 de BEETHOVEN, dont le *second* est en *Si mineur*, relatif du ton primitif et non au ton de la *dominante* qui serait celui de La *majeur*.

§ **392.**—Et, de fait, on ne voit pas pourquoi le *2ᵈ thème* d'un morceau *majeur* ne pourrait pas se faire dans le ton *relatif mineur*, alors que celui d'un morceau *mineur* se fait presque toujours dans le *ton relatif majeur*. Il est bien évident que les *bons rapports* qui existent entre *tons relatifs* sont *réciproques*.

§ **393.**—Voici, d'autre part, les *deux thèmes* du premier morceau de la *sonate* en *Sol majeur*, Op. 31 de BEETHOVEN, dont le *second* commence en *Si majeur*, ton fort éloigné du *ton primitif*, puisque *Sol majeur* n'avait qu'*un dièse* et que *Si majeur* en exige *cinq*.

§ **394.**—Mais, il faut se rappeler que les *tons majeurs* qui diffèrent de *quatre accidents* sont ceux qui ont le plus de *rapports sympathiques* après les tons *voisins* et les tons *homonymes*.(Traité complet d'harmonie, page 172, § 500.)

Il est bon d'observer, en outre, que la *phrase épisodique* conduisant à ce *2ᵈ thème*, l'annonce en *Si mineur*, voisin du ton principal, et que le mode *majeur*, substitué au *mode mineur attendu*, ne dure que huit mesures; trop peu, par conséquent, pour détruire le sentiment de la *tonalité générale* du morceau.

Effectivement, dès la neuvième mesure, le *thème* est repris en *Si mineur* par la *basse* et se développe ensuite jusqu'à la fin de la première partie, sans s'éloigner de ce *ton voisin* par lequel elle finit.

BEETHOVEN — Op. 31, 1er Morceau de la Sonate en sol majeur
1er THÈME en sol majeur, ton principal.
f
p
f
p
p
f
p
f
p
&
Phrase épisodique en si mineur conduisant au 2d thème.
Si mineur.
p
2d THÈME en si majeur et si mineur.
Si majeur.
p
Si mineur.
f
sf
Modulations aux tons voisins de si mineur.
sf
sf
&

DU PREMIER ÉPISODE

§ 395 —Comme on l'a vu (page 128) le *1ᵉʳ épisode* vient immédiatement à la suite de l'*exposition* du *1ᵉʳ thème*.

§ 396 —Il prépare et conduit au *2ᵈ thème* par une ou plusieurs *modulations* inclinant vers le *ton* de ce *dernier*.

§ 397 —Il n'est pas toujours possible d'établir une *ligne de démarcation* bien nette entre la fin du *1ᵉʳ thème* et le commencement du *1ᵉʳ épisode;* et cela, par les raisons suivantes:

§ 398 —Fort souvent, le *1ᵉʳ thème* ne *conclut pas* d'une façon bien déterminée, et il s'enchaîne sans interruption avec le *1ᵉʳ épisode;* si bien que celui-ci ne paraît être, au début, que la *continuation du thème* lui-même, dont il conserve plus ou moins l'allure.

§ 399.—Dans ce cas très fréquent, *thème* et *divertissement* se *fondent* de telle sorte, qu'au premier abord, ils semblent ne faire *qu'un;* et ce n'est qu'au bout d'un certain nombre de mesures que, changeant d'*allure* ou de *ton,* le *divertissement* se dégage enfin du *1ᵉʳ thème* et fait pressentir le *second*.

Ainsi, dans l'exemple suivant, à partir de la neuvième mesure et jusqu'à la quinzième, il y a *incertitude* sur le point de savoir exactement, à quel moment s'*achève* le *thème* et *commence* l'*épisode;* et cela, malgré les *modulations passagères* qui se succèdent depuis la douzième mesure. Et ce n'est qu'à la seizième, que, grâce à la *demi-cadence* en *do* majeur, on est certain d'être sorti du 1ᵉʳ thème.

C'est qu'en effet, les *modulations* en *fa* majeur, *ré* mineur et *do* majeur étant *convergentes*, et ne sortant pas des *tons voisins* de *la mineur*, on peut s'attendre à une *cadence de conclusion* dans ce *ton de la*, pour l'achèvement complet du *1ᵉʳ thème* à la seizième mesure, comme, par exemple, en *supposant* ce qui suit:

Mesures 11 à 16 de l'exemple précédent, finissant par une *cadence parfaite*
en *la* mineur au lieu de la *demi-cadence* en *do* majeur

DU DEUXIÈME ÉPISODE

§ 400.—De même que le *1ᵉʳ* *épisode*, le *second* peut n'être, d'abord, qu'un *développement* du *thème* qui le précède. Mais, au lieu de se diriger, comme l'autre, vers une *nouvelle tonalité*, il tend plutôt à rafermir *celle* du *2ᵈ* *thème* auquel il succède, et à la *confirmer* par une ou plusieurs *cadences;* ce qui, comme nous l'avons dit (§ 377), lui donne le caractère d'une **Coda**.

Quelquefois, pour cette *coda*, l'auteur introduit un *dessin nouveau* qu'on peut considérer comme un *3ᵐᵉ thème*, lequel se retrouve, ordinairement, à la fin de la 2ᵈᵉ partie. (Voir p.130, lettre **D.**)

ADAGIO, ANDANTE ou LARGO

§ **401.**—Le *second morceau* d'une *sonate* (que nous appellerons **l'adagio**, même s'il s'agit d'un *andante* ou d'un *largo*) ce *second morceau*, disons-nous, est écrit ordinairement dans l'un des *cinq tons voisins* de cette *sonate*, ou dans l'*homonyme* de ce ton, en *mode contraire*.

Voici, à cet égard, les *règles* généralement suivies, *classées* d'après la *fréquence* de l'usage qu'on en a fait.

TON PRINCIPAL EN MODE MAJEUR

§ **402.**—Dans les *sonates* dont le *ton principal* est de *mode majeur*, le *second morceau*, (l'*adagio*) est écrit :

1º le plus souvent, dans le ton de la *sous-dominante* prise pour *tonique*, (*quarte juste supérieure* ou *quinte juste inférieure* du ton principal;)

2º quelquefois, dans le ton de la *dominante* (5ᵗᵉ *juste supérieure* ou 4ᵗᵉ *juste inférieure*;)

3º parfois aussi, dans le ton de l'*homonyme mineur* (dans ce cas, il n'y a de changé que le *mode*.)

4º enfin, exceptionnellement, dans d'*autres tons*, voisins ou *éloignés*, pourvu que ces derniers soient en *rapports sympathiques* avec le *ton principal*.

REMARQUE —Il est assez rare qu'on écrive l'*adagio* dans le *relatif mineur* qui, pourtant, est un *voisin direct* Néanmoins, en voici un exemple tiré d'une sonate d'HAYDN dont le *ton principal* est mi♭ majeur.

TON PRINCIPAL EN MODE MINEUR

§ 403.—Dans les *sonates* dont le *ton principal* est de *mode mineur*, le *second morceau*, (l'*adagio*) est écrit:

1º le plus souvent, dans le ton de la *sus-dominante* prise pour *tonique* (*sixte mineure supérieure* ou *tierce majeure inférieure* du *ton principal;*)

OBSERVATION—Il est à remarquer que la *sus-dominante* du *mode mineur* est la *même note* que la *sous-dominante* du *relatif majeur;* de sorte que, le *ton* le plus souvent choisi pour l'*adagio* d'une *sonate* est *le même* pour les deux *tons relatifs.*

2º assez fréquemment aussi, le second morceau s'écrit à l'*homonyme majeur* du *ton principal mineur;* (ce n'est, dès lors, qu'un *changement de mode.*)

3º plus rarement, l'*adagio* s'écrit au *relatif majeur* du *ton mineur principal.*

4º enfin, il est extrêmement rare qu'après un premier morceau en *mode mineur* le *second morceau* soit écrit dans un *ton éloigné* autre que l'*homonyme majeur.*

Cependant, dans la sonate en *sol* mineur de SCHUMANN l'*andantino* est en *do* majeur.

Mais, sans vouloir déprécier cette *œuvre* justement estimée, on peut regretter le *voisinage immédiat* de ces *deux tonalités* dont les rapports ne sont pas *des meilleurs.* Il est vrai que ce défaut est *atténué* par les *harmonies chromatiques* du début de l'*andantino,* lesquelles jettent un *certain vague* sur la *tonalité* du morceau.

FORME DE L'ADAGIO

§ **404.**—De même que l'*allegro*, l'**adagio** repose principalement (et parfois exclusivement) sur *deux thèmes*.

Mais, outre que son caractère est différent, sa *forme* est *plus variable*.

§ **405.**—Dans certaines *sonates* d'HAYDN et de MOZART, l'*adagio* se divise en *deux parties*, avec *reprise* de la *première* ou de *toutes les deux*.

(Voir ci-après, l'*andante* de la *sonate* en *do* majeur d'HAYDN.)

§ **406.**—En pareil cas, la coupe de l'**adagio** est semblable à celle de l'*allegro*, sauf en ce qui concerne les *divertissements*, lesquels sont, généralement, *moins nombreux* et surtout *moins développés* dans l'**adagio**.

Si l'on y développe moins les *passages épisodiques*, c'est que, en raison de la *lenteur du mouvement*, de grands développements feraient *longueur*.

§ **407.**—Néanmoins, dans *certains adagios*, les *passages épisodiques*, s'ils sont moins développés, sont tout *aussi nombreux* que dans l'*allegro* le plus complet.

Tel est l'**adagio** de la *sonate* op. 22 de BEETHOVEN, dont voici le *plan détaillé*:

	PREMIÈRE PARTIE		SECONDE PARTIE
	PÉRIODE D'EXPOSITION	2ᵐᵉ PÉRIODE	PÉRIODE DE RÉPÉTITION
A	1ᵉʳ *thème* en *mi* ♭ majeur;		**A**ᵇⁱˢ Répétition du 1ᵉʳ *thème*.
B	*Episode* de *transition;*	**E** Travail	**B**ᵇⁱˢ *Episode* de *transition*.
C	2ᵈ *thème* en *si* ♭ majeur;	thématique	**C**ᵇⁱˢ Répétition du 2ᵈ *thème* en *mi* ♭ majeur.
D	*Groupe* de *cadences* et *coda*.		**D**ᵇⁱˢ *Groupe* de *cadences* et *coda*.

N. B.—La seule différence qu'il y ait entre la *coupe* de cet **adagio** et celle d'un *allegro*, c'est que, dans le morceau ci-dessus, il n'y a pas de *reprise*.

§ **408.**—Quelquefois l'*un* des *thèmes* n'est *répété* qu'*en partie*.

(Voir l'**adagio** de la *sonate*, op. 2, Nº 1, de BEETHOVEN, page 150, lettre Cᵇⁱˢ)

§ **409.**—D'autres fois, les *deux thèmes* constituent, avec la *répétition du premier* et une simple *coda*, le morceau tout entier, celui-ci ne contenant *aucun divertissement*. Ce n'est plus, dès lors, qu'une *romance sans paroles*, une sorte de *cavatine*, qui se compose d'un *1ᵉʳ motif* (thème principal,) d'une *phrase de milieu*, et de la *répétition* du *1ᵉʳ motif* (avec ou sans *variantes*) plus quelques mesures de *coda*.

(Voir le second morceau de la sonate op. 11 de SCHUMANN intitulé **Aria**, page 150.)

§ **410.**—Nous ajouterons: que les *rapports de tonalité* qui existent entre les *deux thèmes* de l'adagio sont soumis aux *mêmes règles* que ceux de l'*allegro*.

(Revoir les §§ **384 à 394**.)

§ **411.**—Quant à l'**air varié** (Andante con variazioni) qui remplace l'*adagio* dans certaines *sonates*, il n'a rien de commun avec l'*adagio* proprement dit, et nous renvoyons, en ce qui le concerne, au chapitre qui lui est spécialement consacré, page 168.

HAYDN— Adagio d'une *Sonate en do majeur*

PREMIÈRE PARTIE

1ᵉʳ THÈME en *fa* majeur (8 mesures) aboutissant à une *demi-cadence*, ou cadence à la *dominante*.

(*)Remarquer que la *dominante* du ton principal, sur laquelle se termine le *1ᵉʳ thème*, est immédiatement, et par *équivoque*, prise pour *tonique* du *2ᵈ thème*.

Les *anciens classiques*, (notamment HAYDN) usaient souvent de ce procédé *(un peu primitif)* pour passer d'un *thème* à l'autre.

(**)Selon sa *carrure naturelle*, cette phrase de neuf mesures n'aurait dû en avoir que *huit*; ce qui, comme on le sait, est la *meilleure carrure*. Mais, l'auteur a voulu en faire désirer la *conclusion*. Il a donc substitué, à la *cadence parfaite* attendue, une *cadence imparfaite*, dont le sens est *suspensif*. La *mesure ajoutée* n'est, d'ailleurs, qu'une *variante* de la mesure précédente, c'est-à-dire une *redite* (Voir le §38, page 12.)

SECONDE PARTIE

DIVERTISSEMENT tiré de la tête du *1er thème*, d'un *fragment* du *2d*, et de traits ou dessins nouveaux (8 mesures)
Tête du *1er thème*.

Répétition du 2d thème dans le ton principal, fa majeur (9 mesures)

Répétition de la Coda dans le ton principal, fa majeur (4 mesures)

BEETHOVEN—Adagio de la *Sonate* Op. 22.

PREMIÈRE PARTIE

A—1er THÈME en *mi*b majeur, (12 mesures, *Coda* comprise)

tr
CODA
tr
tr
sf
dim.
p
B — Episode de transition conduisant au ton de la dominante (si b majeur)
tr
sf sf sf pp
cresc.
pour le 2d théme.
C — 2d THÈME (si b majeur) ton de la dominante 12 mesures,
sf
decresc.
y compris le groupe de cadences et la coda.
D — Groupe de cadences.
cresc.
sf
p
Cadence parfaite.
cresc.
sf
p
sf
Cadence parfaite.
Cadence
CODA
sf
cresc.
p
parfaite.

SECONDE PARTIE

tr
CODA
tr
tr
tr
dim.
p
Bbis _— Épisode de transition (8 mesures) qui, placé entre les deux thèmes, repose du ton de mi b_
cresc.
majeur, dans lequel l'un et l'autre sont entendus cette fois.
sf decresc.
pp
sf decresc.
pp
Cbis _—_ Répétition du 2d thème, en mi b majeur, ton principal (12 mesures, coda comprise)
Dbis Groupe de cadences.
cresc.
sf
Cadence
sf
parfaite.
Cadence
CODA
p
sf
sf
cresc.
pp
parfaite.

BEETHOVEN — Adagio de la *Sonate* en *fa mineur*, Op. 2, Nº 1.

A — 1ᵉʳ THÈME en *fa* majeur (16 mesure)

D— CODA (4 mesures)
pp
sf   p
sf   p
Rentrée en fa majeur.
A bis— Répétition du 1er thème avec variantes.
sf
p
sf

C^bis Répétition en fa majeur, ton principal, des 5 dernières mesures du 2d thème avec variantes.
D^bis CODA - 9 mesures (5 de plus que la 1re fois)
sf
p
pp
Variantes.
sf
Mesures ajoutées à la 1re Coda.
sf
pp
sf
pp
SCHUMANN — Adagio de la Sonate, Op.11.
A — THÈME PRINCIPAL en la majeur. (14 mesures)
ARIA
senza passione, ma espress.
sf
m.d
m.d
pp semplice

B.— *Phrase de milieu en fa ♮ majeur.* (12 mesures)
A^bis.— *Répétition*
Riten.
du *thème* principal en *la* majeur. (14 mesures)
3
mf
md.
PP semplice.
mf
md.
md.
C CODA (4 mesures)
md.
Rit.
md.
P semplice.

MENUET

(MINUETTO *en Italien*)

§ 412.—Le *Menuet* est un *allegretto* d'un caractère gracieux, toujours écrit en mesure à $\frac{3}{4}$.

§ 413.—Il tire son origine de *l'ancienne danse* de ce nom, qui fut en si grande vogue à la fin du XVIIme siècle.

PLAN DU MENUET

§ 414.—Le *menuet* se compose de *trois périodes:* chacune d'elles se divise en *deux reprises* peu développées.

§ 415.—De ces *trois périodes*, deux seulement sont différentes: la *troisième* n'étant qu'une *répétition* de la *première*.
C'est ce qu'on appelle la *petite coupe ternaire* (§ 345)

§ 416.—On donne plus spécialement le nom de *menuet* à la *première période:*celle qui renferme le *motif principal* du morceau et dont la *répétition* constitue la *troisième,* ainsi que nous venons de le dire.

§ 417.—D'après un vieil usage, dont on ne connait pas bien la cause première, on désigne la *deuxième période* (celle du milieu) sous le nom de **trio**.

Voici un exemple disposé de façon à donner une idée exacte
de la *forme* générale du **Menuet**.

Menuet de BOCCHERINI

1er PÉRIODE
Menuet en la majeur
(2 reprises)

2me PÉRIODE
Trio en ré majeur
(2 reprises)

3me PÉRIODE
Répétition du *Menuet en la* majeur
(moins les reprises)

§ 418.—Le *menuet* proprement dit et le *trio* qui lui sert de *milieu* sont, tous les deux, bâtis sur le *même plan*.

§ 419.—Ils se composent de *deux reprises* chacun; mais ils doivent différer de *ton* ou de *mode* ainsi que d'*allure*, et former pour ainsi dire comme *deux petits morceaux* distincts.

PREMIÈRE REPRISE DE CHAQUE PÉRIODE

§ 420.—La *première reprise* est uniquement consacrée à l'*exposition du thème*. Chez les *auteurs classiques*, elle est généralement *assez courte*: huit, dix, douze, seize mesures au plus.

§ 421.—En général, elle se termine:

1º soit dans le *ton principal* de la *période* dont elle fait partie, quel qu'en soit le *mode*;

2º soit dans le *ton* de la *dominante*, si la *reprise* est en *majeur;* ou dans le *ton relatif* majeur, si le ton principal est mineur.

SECONDE REPRISE DE CHAQUE PÉRIODE

§ 422.—La *seconde reprise* débute par un petit *divertissement* ou *travail thématique* dont le *sujet* est, le plus souvent, un *fragment* ou un *dérivé* du *thème*. Puis, c'est le *thème* lui-même qui revient une seconde fois.

2de reprise du *Menuet* d'HAYDN en *mi* ♭ majeur, faisant suite à la *1re reprise* donnée plus haut.

§ 423.—Cette *seconde reprise* est naturellement *plus longue* que la *première*, puisqu'elle contient, outre le *thème*, un *passage épisodique* plus ou moins développé, et quelquefois une *coda* de quelques mesures.

§ 424.—Il va de soi que l'une et l'autre *reprises* doivent être conçues de manière à ce que chacune d'elles puisse être *immédiatement répétée*.

Pour cela, il faut que la *tonalité* par laquelle on commence et *celle* par laquelle on finit chaque *reprise* soient *homogènes;* et aussi que l'*accord final* s'enchaîne bien avec l'*accord initial* qui revient.

(*) Pour finir le morceau dans le *ton principal*, comme c'est nécessaire (§ 425), l'auteur a dû *transposer* en *mi* ♭ toute cette *fin de phrase*, qui, la 1re fois, était en *si* ♭ majeur, ton de la *dominante*.

SECONDE REPRISE DE LA PREMIÈRE PÉRIODE

§ **425.**—La *seconde reprise* de la *première période* se termine, obligatoirement, dans le *ton principal* du *Menuet*, puisque c'est par elle que doit finir le morceau.

§ **426.**—Si donc, la *première reprise* de cette *période* aboutit à un *autre ton*, on est obligé de modifier la *fin du thème*, la seconde fois qu'il se présente, pour conclure dans le *ton principal*

(Comparer l'une à l'autre les *deux reprises du menuet* d'HAYDN données précédemment ainsi que les deux premières *reprises du menuet* de Beethoven, page 157.)

SECONDE REPRISE DU TRIO

§ **427.**—Quant à la *seconde reprise* du *trio*, elle se termine, le plus souvent, dans le ton principal de ce *dernier*.

(Voir les *menuets* de MOZART et de BEETHOVEN pages 156 et 157.)

§ **428.**—Cependant, on peut terminer cette *seconde reprise* du *trio*, soit par un *repos* à la *dominante* du ton de la *première période*, soit de toute autre manière, pourvu qu'elle favorise le *retour* au *premier thème* par un *bon enchaînement mélodique* ou *harmonique*.

BEETHOVEN — Op 10, N°3, Trio du *Menuet en ré majeur*.

(*) *N. B.*—La *3me période* d'un *Menuet* n'étant que la *reproduction exacte* de la *première*, on ne prend pas habituellement la peine de l'écrire une *seconde fois*; mais, on indique, à la fin de la *2me période*, par les mots italiens: *Minuetto da capo*, ou seulement par les lettres D.C. qu'il faut reprendre le *Menuet* depuis le commencement.—De plus, il est convenu que, pour finir, on ne fait plus les *reprises*, ce qui parfois est indiqué par les mots: *senza replica* ou *senza repetizione*, en français: *sans reprise*, *sans répétition*.

BEETHOVEN—Op.2. N°1. Menuet de la *Sonate en fa mineur*

1re reprise—THÈME (14 mesures) commençant en *fa* mineur et finissant en *la♭* majeur, son relatif.

(*)Pour terminer le morceau par le *ton principal, fa* mineur, l'auteur a dû développer le *thème* d'autre façon la seconde *fois* que la première.

(**)La *terminaison* de ce thème, qui, dans la *première reprise,* aboutissait au ton de la *dominante (do majeur)* a été modifiée de manière à finir dans le *ton principal du trio (fa majeur).*

SCHERZO

§ 429.—Le mot *scherzo* veut dire *badinage;* il dérive du verbe italien *scherzare* qui signifie *badiner, folâtrer.*

§ 430.—Le *scherzo* à ¾ qui remplace parfois le *menuet* dans les sonates de BEETHOVEN et de ses *continuateurs*, est fait, généralement, sur le même plan que le *menuet* lui-même; mais il est, comme l'indique son nom, d'un caractère plus léger, et d'un mouvement *plus vif.*

(Voir, ci-après, le *scherzo* de la *sonate* Op. 2, N° 2 de BEETHOVEN.)

§ 431.—Cependant un *scherzo* n'est pas toujours, comme le *menuet,* en mesure à ¾; il est quelquefois à ⅜, 2/4 ou 6/8.

§ 432.—D'ailleurs, le mot *scherzo* n'exprime pas l'idée d'une *forme*, mais celle d'un *caractère.*

Ainsi, le *scherzo* à ⅜ qui sert de *final* à la *sonate* Op. 14, N° 2 de BEETHOVEN, est plutôt en forme de *rondo :*

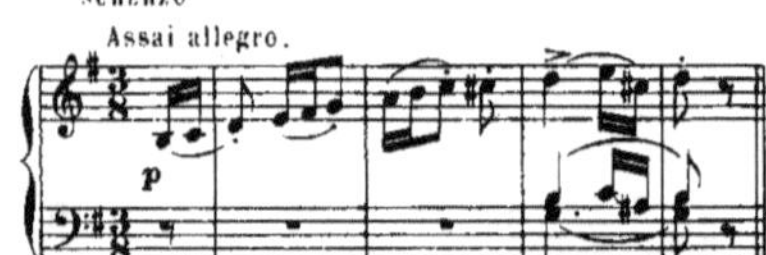

et le *scherzo* à 2/4 de la *sonate* Op. 31, N° 3 du même auteur est divisé en *deux grandes parties* comme un *allegro.*

(Il est à remarquer que ce *scherzo* à deux temps est suivi d'un *menuet* complet avec son *trio.*)

Le *scherzo* à 6/8 du 2me *Concerto* de SAINT-SAËNS tient du *rondo* et de l'*allegro* à la fois.

Publié avec l'autorisation de MM^rs A. DURAND et Fils, Éd.-Propriétaires.

Le *scherzo* à ⅜ du *Songe d'une nuit d'été* de MENDELSSOHN est bâti sur *deux thèmes*, dont l'auteur a tiré de très grands développements.

Le *scherzo* à $\frac{6}{8}$ du *concerto* Op. 14 de SCHUMANN se compose, comme le *menuet*, de trois *périodes*, dont une de *répétition*; mais au lieu de *courtes périodes* avec *reprises*, ce sont des *périodes développées* et *sans reprises*; le tout reposant sur *deux thèmes principaux*.

BEETHOVEN — *Scherzo de la Sonate* Op. 2, N° 2
SCHERZO en forme de MENUET
1re reprise—THÈME en *la* majeur (8 mesures)

2de reprise—Travail thématique (22 mesures)

Répétition du thème (8 mesures)
A tempo.
CODA (4 mesures)
ff   ff
ff   ff
f
p
1re reprise—THÈME en la mineur et mi mineur (8 mesures)
TRIO
p
sf
sf
2de reprise— Travail thématique (8 mesures)
sf
sf
Répétition du thème, avec modifi-
fp
sf
-cation des dernières mesures.
f
sf
ff
sf   sf
Scherzo. D.C.

FINALE

§ 433.—Le *finale* d'une sonate est toujours dans le *même ton* que le *premier morceau*, c'est-à-dire: dans le *ton principal* de cette sonate.

§ 434.—Le *mouvement* en est, ordinairement, *vif* ou *très vif*: Allegretto, *Allegro*, Presto ou *Prestissimo*.

§ 435.—Il peut être de caractère gai, *enjoué*, badin; il peut être de caractère sombre, *fougueux*, agité; mais, en tous cas, il doit avoir du *brio*, de l'entrain.

§ 436.—Quant à sa *forme*, c'est parfois celle de l'*allegro* (premier morceau) d'autres fois (et ceci est particulier au *finale*) c'est un *rondo*.

§ 437.—En ce qui concerne la forme de l'*allegro*, nous n'avons rien à ajouter à ce qui a été dit précédemment, page 127 et suivantes. Aussi, passons-nous tout de suite au *rondo*.

RONDO

§ 438.—La caractéristique du *rondo*, c'est que le *thème principal*, au lieu de se présenter deux fois seulement comme dans l'*allegro*, se répète *trois, quatre* ou même *cinq fois* dans le courant du morceau.

§ 439.—Les *phrases* ou *périodes* qui sont intercalées entre les diverses répétitions du *thème principal*, sont: tantôt de *nouveaux motifs*, tantôt des *divertissements* sur des *thèmes* déjà présentés ou sur de *nouveaux thèmes*.

Voici le plan du **rondo** de la *sonate* Op. 22 de BEETHOVEN, dont la construction est de forme traditionnelle.

PÉRIODE D'EXPOSITION

A	Thème principal en *si* ♭ majeur	18	mesures
B	2ᵈ *thème* conduisant en *fa* majeur, ton de la dominante	14	»
C	*Trait* (en *fa* majeur et *si* ♭ mineur) servant de *divertissement*	8	»
D	*Rentrée* en *si* ♭ majeur	10	»
Abis	Thème principal (2ᵐᵉ fois)	18	»
Bbis	Tête du 2ᵈ *thème* et *transition*	5	»
E	*Nouveau trait* en *fa* mineur	8	»

PÉRIODE MÉDIAIRE

F	*Travail thématique*	15	»
Ebis	*Trait* E (2ᵈᵉ fois) en *si* ♭ mineur	8	»
G	*Début* du *thème principal*, en *sol* ♭ maj. *la* ♭ min. et *rentrée* en *si* ♭	8	»

PÉRIODE DE RÉPÉTITION

Ater	Thème principal avec *variantes* (3ᵐᵉ fois)	18	»
Bter	2ᵈ *thème* (2ᵈᵉ fois) en *si* ♭ majeur	16	»
Cbis	*Trait* C (2ᵈᵉ fois) » »	8	»
H	*Divertissement* sur les 1ʳᵉˢ mesures du *thème principal*	12	»
Aquater	Thème principal *varié* (4ᵐᵉ fois)	18	»
I	*Coda*	17	»

Total du nombre de mesures du morceau. 201

BEETHOVEN — Rondo de la Sonate en si b majeur Op.22
A — THÈME PRINCIPAL en si b majeur (18 mesures)
Allegretto.
RONDO
p
cresc.
p
cresc.
f
p
cresc.
p
B — 2d THÈME conduisant en fa majeur, ton de la dominante (14 mesures)
sf
sf
p
p cresc.
p cresc.
f
C — Trait en fa majeur et si b mineur, préparant la rentrée en
cresc.
fp

si b pour le retour du thème principal (8 mesures)
cresc.
D.—Rentrée en si b majeur (10 mesures)
f
p
fp
tr
A bis—THÈME PRINCIPAL (2me fois) 18 mesures.
cresc.
sfp
8
cresc.
p
cresc.
f
p
cresc.
B bis—Tête du 2d thème et transition (5 mesures)
tr
p
f
sf
f
f
f
sf

E – Nouveau trait en fa mineur (8 mesures)
p
cresc.
f sf
F – Travail thématique sur le dessin B .Tête du 2d thème (15 mesures)
sf
sf
sf
sf
sf
sf
sf
sf
sf
sf
sf
sf
sf
E bis – Trait transposé
sf
sf
sf
sf
P
sf
en si b mineur (8 mesures)
cresc.
G – Début du
f sf
f sf
f P

thème principal en sol b majeur, la b mineur et rentrée en si b. (8 mesures)
p
pp
A ter—Thème principal (3me fois) avec variantes
p
cresc.
(18 mesures)
cresc.
f
p
cresc.
f
B ter—2d thème (2de fois) en si b majeur
p
cresc.
p
sf
sf
(ton principal) 16 mesures
p
sf
p
p cresc.
p cresc.

C bis—Trait en si b majeur (8 mesures)
cresc.
fp
cresc.
sf >
H—Divertissement sur les quatre premières mesures du thème principal (12 mesures)
p
pp
p
cresc.
A quater—Thème principal avec variantes (4me fois) 18 mesures.
sf >
p

cresc.
p
cresc.
f
p
cresc.
f
p
cresc.
cresc.
f
p
cresc.
tr
I — CODA (17 mesures)
sf sf sf sf sf
p
sf sf sf sf sf
cresc.
cresc.
ff
Rappel du thème principal en guise de strette.
p
pp
p
ff

AIR OU THÊME VARIÉ

DU THÈME A VARIATIONS

§ 440.—Le *thême* à variations doit être *simple* et peu chargé d'*ornements*, ceux-ci étant réservés pour les *variations*.

§ 441.—Son *mouvement* doit être *modéré: Andante, Andantino* ou *Allegretto*.

§ 442.—Il peut être écrit en *mesure quelconque,* à deux, trois ou quatre temps, en *majeur* ou en *mineur;* mais, en général, il est de *mode majeur.*

§ 443.—Il se compose ordinairement de *deux reprises,* dont la *première* n'a souvent que huit mesures (parfois moins) et dont la *seconde* varie entre huit et seize mesures.

§ 444.—C'est en somme (*rythme* à part) la *forme* de chacune des parties d'un *Menuet.* Les §§ **420** à **422** ainsi que le *premier alinéa* du § **424** sont applicables au *thême* à *variations.*

§ 445.—Il est des *thèmes à variations* plus développés que le précédent.

Il en est qui n'ont, de ce plus grand développement, que l'*apparence*.

Tel est celui de la *Sonate* op. 26 de *Beethoven*, qui n'a pas moins de *trente quatre mesures*, mais *sans reprises*.

Il faut observer en effet, 1º que le *motif principal* écrit *in extenso*, en seize mesures, n'a pas plus de durée qu'un *motif* de huit avec sa *reprise*, les mesures 9, 10, 11, 12, 13 et 14 n'étant que la *répétition exacte* des six premières, sauf une *légère variante* à la 9ᵐᵉ mesure; 2º que c'est cette *variante* qui a obligé l'auteur à écrire la phrase *in extenso*, au lieu d'employer la *reprise*; 3º en ce qui concerne la différence qui existe entre les mesures 15-16 et 7-8, elle est motivée par la nécessité de répondre à la *demi-cadence* (7-8) par la *cadence parfaite* (15-16) qui vient donner à la phrase un *sens achevé*.

En résumé, la longueur totale de ce *thème* est la même que s'il eût été composé d'une *première reprise* de huit mesures et d'une *seconde reprise* de neuf, avec *répétition* de ces deux reprises.

DES VARIATIONS

§ **446.**—Le *nombre* des *variations* est *illimité:* il peut aller de trois, quatre, cinq, six, jusqu'à douze, quinze, dix-huit, etc.

§ **447.**—Mais, à cet égard, il faut savoir se borner et ne pas admettre toujours toutes les combinaisons qu'on peut imaginer sur le *thème proposé;* car la répétition trop prolongée du *même motif,* dans le *même ton,* serait bientôt fastidieuse, malgré les *changements* de *rythme* ou d'*harmonie* qu'on lui ferait subir au moyen des *variations.*

§ **448.**—Il est vrai qu'on peut jeter de la *diversion* au milieu de ces *transformations* d'un *même motif,* non seulement par la variété des *rythmes* et de l'*harmonie,* mais encore par les *changements* de *mode* et de *mouvement.*

§ **449.**—C'est ainsi que, dans la plupart des morceaux de ce genre, on trouve une variation en *mineur* quand le thème est *majeur,* ou une variation en *majeur* quand le thème est *mineur,* ce qui est plus rare. (Il est à remarquer, en effet, que presque tous les *thèmes variés* sont de *mode majeur.*)

§ **450.**—Quelquefois aussi, au milieu de *variations* en mouvement *modéré,* on en introduit une sous forme d'*Adagio,* et à leur suite, une dernière *variation* en mouvement *vif,* pour finir *brillamment* le morceau.

Voici le début de chacune des *six variations* du *Thème* de MOZART donné précédemment (page 168) lesquelles offrent un *spécimen complet* des moyens de *variété* indiqués ci-dessus.

SONATES
ÉCRITES POUR DEUX INSTRUMENTS

§ **451.**—A tout ce qui a été dit au sujet des *sonates* pour *piano seul*, il convient d'ajouter les observations suivantes:

§ **452.**—Toute *sonate* écrite pour *deux instruments* est nécessairement un morceau *concertant:* l'intérêt doit y être réparti entre ces *deux instruments* auxquels, à tour de rôle, on donne la *mélodie prédominante.*

§ **453.**—En général, chacun d'eux fait entendre à son tour les *thèmes principaux* qui, de la sorte, sont joués *deux fois de suite.* (Voir l'exemple ci-contre, lettres **A** et **A**ᵇⁱˢ, **D** et **D**ᵇⁱˢ.)

§ **454.**—On ajoute parfois des *variantes* aux *thèmes* ainsi *répétés,* pour l'instrument qui les joue en *second.* Ces *variantes* peuvent n'avoir d'autre but que celui de rendre ces *thèmes plus brillants* la seconde fois qu'ils se présentent. (Même exemple, mesures **X** et **Y** du motif **A**ᵇⁱˢ.)

§ **455.**—Mais elles peuvent être *motivées* par la nécessité d'*approprier* à la *technique* du second *instrument* un *thème* proposé par le *premier.*

§ **456** —Un *dialogue* s'établit parfois entre les *deux instruments.* (Exemple ci-contre, lettre **B**.)

§ **457** —Certains *dialogues* forment des *imitations.* (Même exemple, lettre **E**.)

§ **458** —D'autres fois, les *deux instruments* marchent ensemble, à l'*unisson* ou à l'*octave.* (Même exemple, lettre **C**, et plus loin, page 176, début de la *Sonate* en *mi* mineur de MOZART.)

§ **459** —Ou bien encore, ils vont à la *tierce* ou à la *sixte.* (Début de la *Sonate* en *la* majeur, p.176.)

§ **460** —Ainsi qu'un *thème,* un *trait* quelconque joué d'abord par l'un des instruments, est souvent aussitôt *répété par l'autre.* (Exemple ci-contre, lettres **F** et **F**ᵇⁱˢ.)

§ **461** —Afin de placer chaque instrument sous son jour le *plus favorable,* en ne lui faisant jouer que ce qui convient bien à ses *aptitudes particulières,* les compositeurs modernes se sont quelquefois affranchis de la *règle* que s'imposaient les *anciens classiques,* de toujours faire passer les *thèmes principaux* par les *deux instruments.*

BEETHOVEN — Sonate Op.24 pour piano et violon — Analyse de l'Allegro (1re reprise)
A — THÈME PRINCIPAL au violon.
VIOLON
Accompagnement au piano.
PIANO
A bis. Accompagnement au violon.
THÈME PRINCIPAL au piano.
X — Variante.
Modulation.
Y — Variante.
cresc
cresc.
p
A.L.9892.

B—Dialogue entre les deux instruments.
C—Piano et violon marchent ensemble à l'octave.
D—2d THÈME au violon.
Accompagnement au piano.

E—Dialogue et imitations.
Antécédent.
Conséquent.
Intervertissement des rôles:
accompagnement au violon.
D bis 2d THÈME au piano.
E bis Intervertissement
des rôles.
Antécédent.
Conséquent.
Eb>

F—Trait de violon.
p
xf
p
p
Fbis Répétition au piano du trait
cresc.
cresc. sf
de violon qui précède.
sf
sf sf sf sf
p
xf
tr
tr
p
p
tr
D.C.
p
D.C.
p
p

2ᵈ exemple des deux instruments marchant ensemble à l'*octave* ou à l'*unisson*

QUATUOR A CORDES

§ 462.—Le *Quatuor à cordes* est un *morceau concertant* dont toutes les parties doivent, autant que possible, être intéressantes: c'est une *conversation à quatre* où chacun, à son tour, doit pouvoir placer *son mot*.

§ 463.—Mais, les quatre instruments ont des rôles différents; et si l'*intérêt mélodique* doit être réparti entre eux, il ne saurait être *toujours égal* pour tous.
Les observations suivantes en donnent la raison.

Du RÔLE qui CONVIENT à CHACUN des INSTRUMENTS du Quatuor à cordes

PREMIER VIOLON

§ 464.—La *mélodie prédominante* étant, le plus souvent, placée dans la *région élevée* de l'ensemble, et la partie de *premier violon* revenant de droit à l'exécutant le plus habile, il est naturel de donner à celui-ci la *prédominance*, en lui confiant ordinairement les *thèmes principaux* et les *traits* les plus *brillants*, les plus *difficiles*.

SECOND VIOLON

§ 465.—Le rôle du *second violon* est habituellement plus modeste, bien que fort utile. En général, il est chargé, avec l'*alto*, de compléter l'*harmonie*, soit par des *figures d'accompagnement* telles que *batteries* ou *arpèges*, soit par des *tenues*, des *notes répétées*, des *trémolos*, etc; ou bien encore par des *dessins de contrepoint*.

§ 466.—Cependant, il s'établit quelquefois, entre les diverses parties du *quatuor*, un *dialogue* dans lequel le *second violon* devient aussi important que le *premier*.

§ 467.—Parfois même, la *mélodie prédominante* passe au *second violon*, pendant que le *premier* se livre à des *broderies quelconques*.

§ 468.—D'autres fois enfin, il marche *parallèlement* avec le *premier*, à la *tierce* ou à la *sixte*; ou bien encore, il vient le *renforcer* en le *doublant* à l'*unisson* ou à l'*octave*.

ALTO

§ 469.—L'*alto* possède son *individualité*, comme *timbre* et comme *étendue*. Moins propre à l'*agilité* que le *violon*, il exprime mieux certains *chants mélancoliques*, et convient particulièrement aux *dessins mélodiques* placés dans la *région moyenne*.

VIOLONCELLE

§ 470. — Par sa position dans la région du *grave*, le *violoncelle* est tout désigné pour faire la *basse de l'harmonie*.

§ 471. — D'autre part, la qualité de son de ses *notes élevées* se prête merveilleusement à l'interprétation des *chants larges* et *expressifs*, il arrive souvent qu'il abandonne momentanément **la partie de basse**, pour faire entendre la *mélodie prédominante*.

§ 472. — En pareil cas, c'est ordinairement l'*alto* qui est chargé de soutenir l'*édifice harmonique* à la place du *violoncelle*. Il en résulte un *croisement de parties* qui, d'ailleurs, peut s'étendre au *second violon* et même au *premier*.

§ 473. — A ce propos, nous ferons observer que des *croisements* se font très fréquemment entre les *diverses parties* du *quatuor*, soit que l'on veuille donner *plus de relief* à l'une d'elles, soit pour obtenir certaines *sonorités exceptionnelles*.

§ 474. — La réunion des *quatre instruments* dont se compose le *quatuor à cordes* se prête à une foule de *combinaisons* mélodiques et harmoniques, qui permettent de beaucoup *varier* les effets de *sonorité*, et de donner aussi un grand intérêt au *discours musical*.

Parmi ces *combinaisons*, nous mentionnerons les suivantes:

§ 475. — Chacun des instruments occupe, dans l'ensemble, sa *position normale*, et y remplit le rôle qui lui est le plus habituellement assigné, savoir: le *chant principal* au *1er violon* (qui, naturellement, est chargé de la 1re partie); la *basse* de l'harmonie au *violoncelle*; et les parties *intermédiaires* au *2d violon* et à l'*alto*.

§ 476.—Les rôles sont *intervertis* en partie ou en totalité.

Ici, c'est le *2ᵈ violon* qui a le *chant principal;* plus loin, c'est le *violoncelle;* ailleurs c'est l'*alto*.

(*) Ces passages en *clé de sol* sont exécutés par le *violoncelle* à une octave au-dessous de la chose écrite.

§ **477.**—Le *redoublement* d'une ou plusieurs parties par une ou plusieurs autres, à l'*unisson* ou à l'*octave*, a pour résultat de *réduire* d'autant le nombre des *parties réelles*, tout en renforçant celles qui se trouvent ainsi *doublées*. (§ 209.)

ENSEMBLE *réduit à* 3 PARTIES RÉELLES *par le redoublement à l'octave d'un violon par l'autre*

ENSEMBLE *réduit à* 2 PARTIES RÉELLES *par le redoublement de ces 2 parties à l'octave*

§ **478.**—*L'abstention momentanée* d'un ou de plusieurs des quatre instruments réduit l'écriture musicale à trois, à deux ou même à *une seule partie*, et repose un instant des *sonorités* plus pleines (mais *plus lourdes*) qui, à la longue pourraient devenir fatigantes pour l'auditeur.

182

§ **479.**— Avec des *doubles*, des *triples* et des *quadruples-cordes* on obtient des *accords* d'u-
ne *grande plénitude.*

Ici l'emploi des *doubles-cordes* au *2d violon* et à l'alto porte à *six* le nombre des parties.

Triples et *quadruples-cordes*

N.B —Le *dernier* des accords ci-dessus n'a pas moins de *onze notes.*

§ 480.—La distribution des *thèmes* et *dessins principaux* dans les diverses parties, chacune les ayant à son tour, donne du *piquant* et de l'*intérêt* au discours musical.

BEETHOVEN— Allegro du *Quatuor*, Op. 18, N° 1.

§ **481.**—Certains *traits,*qui seraient *trop étendus* ou d'une exécution *trop difficile* pour un *seul instrument*, peuvent être *fractionnés* et exécutés successivement par plusieurs.

BEETHOVEN— Menuet du *Quatuor.* Op.59, Nº 3.

§ **482.**—Un fait assez rare se présente dans le *final* du *quatuor* de BEETHOVEN, Op.59, Nº 2, où la *mélodie principale* est exclusivement confiée au *1ᵉʳ violon*

Les trois autres instruments ne sortent de leur rôle d'*accompagnateurs* que dans les passages *dialogués* formant des *divertissements*, tels que le suivant.

§ **483.**—Ainsi qu'il a été dit au § **473**, on peut faire des *croisements* entre les diverses parties du *quatuor;* mais il ne faut user de ce procédé qu'à bon escient, en tenant compte de la *valeur respective* des timbres employés.

SYMPHONIE

§ **484.**—La *Symphonie* est une sorte de *grande sonate* pour *orchestre*.

§ **485.**—De même que la plupart des *grandes œuvres classiques*, elle se compose d'un *allegro*, d'un *adagio*, d'un *menuet* ou *scherzo* et d'un *finale*.

Chacun de ces morceaux est construit sur le *même plan* que le *morceau similaire* qui lui correspond dans la *sonate* ou le *quatuor*. Mais les ressources plus grandes qu'offre l'*orchestre*, par la multiplicité des instruments qui le composent, la *richesse* et la *variété* de leurs *timbres* respectifs, les *sonorités* si différentes qu'on peut obtenir de leur *mélange*, enfin les *nombreuses combinaisons* auxquelles se prêtent tant d'éléments divers, tout cela permet de donner à la *symphonie* de plus *vastes proportions* qu'à aucune autre *œuvre instrumentale*, sans que l'intérêt languisse.

CONCERTO

§ **486.**—Le *Concerto* est un morceau pour *instrument-solo* et *orchestre*.

§ **487.**—Il y a deux espèces de *concertos:*

1º le *concerto-symphonique* ou *symphonie* avec *prépondérance* d'une *partie principale;*

2º le *concerto-sonate* ou *solo instrumental* avec *accompagnement* d'orchestre, destiné à faire valoir les *qualités techniques* de l'*instrument-solo* et le talent de l'*exécutant*.

§ **488.**—Un *concerto* tient donc, à la fois, de la *sonate* par le *solo instrumental* et de la *symphonie* par l'*orchestre* qui lui est associé.

§ **489.**—Il se compose ordinairement, d'un *allegro*, d'un *adagio* et d'un *rondo final*.

§ **490.**—Ces trois morceaux peuvent être *indépendants* les uns des autres; mais il arrive parfois que *deux* d'entre eux (ou même tous les *trois*) s'enchaînent sans interruption.

CONCERTO-SONATE

§ **491.**—Le rôle plus ou moins important que remplit l'*orchestre* dans une composition de ce genre est ce qui constitue la plus marquée des différences qui existent entre le *concerto* et la *sonate*, du moins en ce qui concerne leurs *deux derniers morceaux*.

§ **492.**—En effet, l'*adagio* et le *rondo* de l'un ne diffèrent guère de ceux de l'autre que par les *courtes ritournelles* de l'orchestre, qui se produisent, soit à titre d'*introduction*, soit comme *répliques*, soit enfin comme *coda*.

§ **493.**—Pour ce qui est de l'*allegro*, les différences sont plus sensibles:

Ainsi, comme il a été dit, (p. 127) l'*allegro* de la *sonate* se divise en *deux parties* bien tranchées, avec reprise de la *première;* tandis que l'*allegro* du *concerto* se compose de *trois grands solos* encadrés par des *tutti* d'orchestre et sans *aucune reprise*.

§ **494.**—Cependant, si l'on fait *abstraction* des *tutti*, on s'aperçoit que les *trois solos* correspondent assez bien aux *trois grandes périodes* d'un *allegro* de *sonate*, savoir: le *premier solo*, à la *période d'exposition;* le *deuxième solo*, à la période du *travail thématique;* le *troisième solo*, à la période de *répétition*.

OBSERVATIONS—La *symphonie* et le *concerto* sont des *compositions* d'un ordre tellement élevé, que ceux-là *seuls* qui ont suivi un cours complet de *haute composition*, sous la direction immédiate d'un **Maître** *éprouvé*, peuvent prétendre à s'y attaquer sans témérité.

C'est pourquoi nous n'entrerons pas, à leur sujet, dans des détails qui nous obligeraient à sortir des *limites* que nous nous sommes imposées pour cet ouvrage.

Par les mêmes raisons, nous devrons négliger ce qui concerne l'*ouverture de concert*.

Quant à l'*ouverture d'opéra*, bien qu'elle soit purement *instrumentale*, elle se rattache si étroitement à l'*ouvrage dramatique* auquel elle sert de *préface*, que nous nous réservons d'en parler au chapitre qui traite de la *musique de théâtre*.

FANTAISIES et MORCEAUX de GENRE

CAPRICE et FANTAISIE

§ 495 —Les mots synonymes *caprice* et *fantaisie*, qui servent d'*intitulés* à certains morceaux de *musique instrumentale*, indiquent suffisamment que ces morceaux n'ont pas été coulés dans le même *moule* que l'une quelconque des parties d'une *sonate* ou d'un *quatuor classique*.

§ 496.—Il faut, en effet, pour justifier leur titre, que ces morceaux aient quelque chose de *capricieux*, de *fantaisiste* dans la *coupe* ou dans le *caractère*.

§ 497.—Mais, il ne faudrait pas croire qu'on peut, sous prétexte de *fantaisie*, se dispenser de toute *forme* dans ce genre de composition. Il faut, au contraire, quel que soit le caractère du morceau, qu'il ait une *forme saisissable, tangible*, que l'esprit puisse embrasser dans *son ensemble* et *ses détails*.

Voici, par exemple, le *premier* des trois morceaux de MENDELSSOHN, Op.16, intitulés **Trois Fantaisies ou Caprices**.

§ 498.—La *coupe* de ce premier *caprice* est très nette: il se compose de *deux motifs*, qui, avec la *répétition* du *premier*, forment *trois parties*, lesquelles *s'enchaînent* sans interruption et dans cet ordre:

1° **Andante** en *la* mineur.	2° **Allegro vivace** en *la* majeur.	3° *Répétition* du **1er motif**
(20 mesures à quatre temps)	(96 mesures à $\frac{6}{8}$)	tout entier, et *rappel* du 2^d motif.
		(24 mesures à quatre temps)

C'est, comme on le voit, la *coupe ternaire*: le *second motif* servant de *milieu* entre le *premier motif* et sa *répétition*.

Nous dirons même, que l'*andante*, et surtout l'*allegro vivace*, sont plus que de simples motifs, car, chacun d'eux constitue *un petit morceau complet*, savoir: le premier, une *romance sans paroles*; le second, un *petit allegro en deux parties*, avec *reprise* de la *première*, et *coda* pour finir la *seconde*.

Ce qui donne à ce morceau le *caractère fantaisiste* qui justifie son titre, c'est le passage, *capricieux* et *sans transition*, d'un *rythme* à l'autre, d'un *mouvement* à un autre; *changements d'allure* auxquels rien ne prépare.

MENDELSSOHN—Op.16, *1re Fantaisie*.

1er MOTIF (20 mesures en *la* mineur) ou *Romance sans paroles*

2d MOTIF (96 mesures en la majeur) en forme d'allegro.
1re Partie, THÈME PRINCIPAL.
Allegro vivace.
Modulation au ton de la
dominante, mi majeur.
A tempo.
Reprise.
2de Partie. Développement.
mf
f
p
sf
cresc.
ff
dim.
pp
Poco rit.
cresc.
sf

Répétition
du thème.
Développements.
cresc
sf
sempre cresc
ff
p
cresc.
f
p con fuoco.
cresc.
p
con fuoco.
cresc.
f con fuoco.
f
sf
cresc.
sf
dim.
p
pp
ff
ff
p
dim.
CODA
pp

§ 499.—Le mot *fantaisie* pourrait s'appliquer à toute *composition instrumentale* qui, n'étant point de *forme classique*, n'est pas, non plus, un *morceau de caractère* ni un *air de danse*. Mais, on donne plus particulièrement le titre de *fantaisie* à un morceau composé sur des *motifs d'opéra* ou sur des *airs populaires*.

§ 500.—De ces *fantaisies*, les unes ne sont que des sortes de *mosaïques* ou *pots-pourris*, où se déroulent *différents motifs*, rattachés les uns aux autres par des *soudures*, c'est-à-dire, des *petits épisodes transitifs*; les autres sont des *airs variés*, avec *introduction* et *coda*; d'autres, enfin, se rapprochant de la *forme classique*, sont construites sur *deux* ou *trois motifs*, qui servent de *thèmes* aux développements du morceau.

Parmi ces dernières, il convient de mentionner celles de THALBERG.

Grandes Fantaisies a la manière de Thalberg

§ **501.**—Les *grandes fantaisies* composées pour le piano par THALBERG et ses imitateurs, sur des *motifs d'opéras* ont été fort à la mode pendant près d'un demi-siècle.

§ **502.**—Ces *fantaisies*, qui commencent par une *introduction* et finissent par une *coda*, sont, généralement, bâties sur *trois motifs principaux*, qui servent de *thèmes* au morceau tout entier. (*)

§ **503.**—Chacun de ces *motifs* s'exécute ordinairement *deux fois*, pour le moins, soit consécutivement, soit avec intercalation de quelques mesures *épisodiques*.

§ **504.**—La *première fois* qu'un motif se présente, c'est toujours *simplement*, sans qu'aucun *ornement* ait été ajouté à la mélodie ni à l'accompagnement.

§ **505.**—La *seconde fois*, au contraire, le *chant*, presque toujours placé dans le *médium*, est entouré *d'arabesques*: *arpèges, gammes* ou autres *traits brillants* qui parcourent le *clavier* dans tous les sens et souvent d'un bout à l'autre, ou bien, c'est une *variation à grand effet*.

§ **506.**—Les *trois motifs* qui constituent le *corps du morceau*, sont reliés entre eux par des *divertissements;* lesquels, ainsi que l'*introduction*, ont, ordinairement, pour *sujets*, des *fragments* ou des *dérivés* de ces *mêmes motifs*.

§ **507.**—Quelquefois, cependant, ils empruntent leur *sujet* à *d'autres motifs* du même ouvrage.

§ **508.**—L'*introduction* et les *divertissements* sont, parfois, traités en *imitations*, comme les *passages épisodiques* d'une *fugue* ou d'une *sonate*, ce qui leur donne un *air de parenté* avec la *musique classique*.

(Voir les *fantaisies* de THALBERG sur *Moïse, La Muette, Les Huguenots*, la *Straniera*, etc.)

Fantaisies a la manière d'Henri Herz

§ **509.**—Les *fantaisies* d'HENRI HERZ qui eurent aussi beaucoup de vogue dans leur temps, étaient d'un autre *type* que celles de THALBERG.

Elles se composaient:

1º d'une *introduction*; 2º d'un *thème* avec de nombreuses *variations* de divers caractères, dont un *grand final*.

Comme on le voit, la *coupe* en était fort simple.

(Voir HENRI HERZ, Op. 48. *La Violette*, et Op. 60. *La Cenerentola*.)

§ **510.**—Dans cet ordre d'idées, on peut aussi consulter les *fantaisies* de DÖHLER sur *I Puritani, Lucia di Lammermoor*, etc.

(*) Ainsi, la *fantaisie* de THALBERG sur *Moïse* est construite avec les *trois thèmes* suivants:

Publié avec l'autorisation de M. PH. MAQUET, Éd.-Propriétaire.

MORCEAUX DE GENRE ET DE CARACTÈRE

RÉFLEXIONS PRÉLIMINAIRES

§ 511.—Dans toute *œuvre* purement *musicale*, indépendante de toute *action dramatique* et libre de toute entrave, la *répétition* d'un ou plusieurs *motifs* s'impose, si l'on veut obtenir de ces *motifs* le *maximum d'effet* dont ils sont susceptibles et la *plus grande intensité* du plaisir qu'ils peuvent causer.

§ 512.—C'est qu'en effet, une *pensée musicale* a quelque chose de si *fugitif,* que, bien souvent, elle a besoin d'être entendue plusieurs fois pour être *comprise* et *sentie.* Et la preuve, c'est que telle œuvre qui, à une *première audition,* ne fera qu'un *médiocre plaisir,* procurera de *grandes jouissances* à la *troisième,* à la *sixième,* à la *dixième audition.*

§ 513.—D'autre part, le *retour* d'un *motif* déjà entendu est un *repos* pour l'auditeur, parce qu'il n'exige plus de lui une aussi grande *tension d'esprit.*

§ 514.—Si l'on a lu, attentivement, ce qui concerne la *construction* des divers morceaux de *musique classique,* on a dû constater que, dans *tous,* sans exception, certains *thèmes* devaient se *répéter* une ou plusieurs fois.

On a pu faire la même remarque au sujet des *fantaisies.*

§ 515.—Les morceaux dont nous allons nous occuper ne sauraient échapper à cette **règle commune.**

CARACTÈRE ET ORIGINE
des principaux types de la musique de genre

§ 516.—Avant de passer aux règles qui concernent la *coupe* et le *plan* des divers **morceaux de genre,** il convient de nous expliquer sur l'*origine* et le *caractère* de quelques-uns d'entre eux.

BARCAROLLE

§ 517.—Morceau à $\frac{6}{8}$, d'un mouvement qui varie de l'*allegretto* à l'*andante,* et dont le caractère est emprunté aux *chants des gondoliers.* Fort souvent, l'accompagnement de la *barcarolle* imite le *balancement* d'une *barque légère* glissant sur les flots.

BERCEUSE

§ 518.—Morceau *doux* et *tranquille*, en mesure *quelconque*, dont l'accompagnement, plus ou moins *uniforme*, a quelque chose qui *berce*, comme les *airs monotones* que l'on chante aux enfants pour les endormir.

H. KETTEN—*Berceuse à ²⁄₄ pour piano seul.*   A. LEDUC, Éd.-Propriétaire.

G. PIERNÉ—*Berceuse à ³⁄₄ pour violon et piano.*   A. LEDUC, Éd.-Propriétaire.

S. ROUSSEAU—*Berceuse à 4 temps, pour violon et piano.*   A. LEDUC, Éd.-Propriétaire.

CHOPIN—*Berceuse à ⁶⁄₈ pour piano seul.*

BOLÉRO

§ 519.—Morceau *assez vif* et *très rythmé* à ³⁄₄ ou à ³⁄₈, qui dérive de la *danse espagnole* dont il porte le nom.

FAVARGER—*Boléro populaire.*   Publié avec l'autorisation de Mᵉ A. NOEL, Éd.-Propriétaire.

IMPROMPTU

§ **520.**—Il ne faudrait pas prendre à la lettre le mot *impromptu,* qui signifie *chose improvisée.*—Les *impromptus* de SCHUBERT, CHOPIN et autres grands Maîtres sont *mieux* que des *improvisations.*—Si ces morceaux sont *intitulés* ainsi, c'est, sans doute, que, faits *sans efforts apparents,* ils ont l'air de couler de source et ne sentent nullement le *travail.*

§ **521.**—On intitule *impromptus* des morceaux de *coupe* et de *caractère* bien différents.—Il en est qui pourraient être ainsi *caractérisés:*

Impromptu-*Marche,* impromptu-*Romance,* impromptu-*Menuet,* impromptu-*Scherzo,* impromptu-*Berceuse,* impromptu-*Polka.*

§ **522.**—Néanmoins, parmi les *impromptus* les plus *célèbres,* il en est quelques-uns qui, par leur *caractère* et l'*identité de leur coupe,* semblent *personnifier* plus particulièrement le *type* de l'*impromptu;* tels sont, par exemple, celui en *mi* ♭ majeur de SCHUBERT et ceux en *la* ♭ majeur et en *do* ♯ mineur de CHOPIN.

Ces *trois impromptus* sont taillés sur le *même patron:* D'un *mouvement très vif* (Presto ou Vivace) ils se composent de *deux thèmes* de caractères différents et *bien tranchés.*—Le premier est un *dessin mélodique* en valeurs *brèves;* le second, au contraire, formé de *valeurs* plus ou moins *longues,* est une *phrase de chant* relativement *large,* quoique le *mouvement des temps* soit le même pour ces *deux thèmes.*

SCHUBERT—Op. 90, N° 1. *Impromptu en mi* ♭ *majeur.*

MARCHE

§ **523.**—Morceau à *quatre temps,* composé pour faire *marcher* des *troupes* ou un *cortège* quelconque. (*)

(*) Les anciens compositeurs écrivaient certaines *marches* à *deux temps* ($\frac{2}{4}$, ₵ ou 2.) On sait, d'ailleurs, que l'on peut toujours mettre en *deux temps* ce qui est en *quatre,* et *réciproquement.*

(Voir, page 199, la *marche* du 1ᵉʳ acte d'*Alceste* de GLÜCK.) On peut voir aussi *celle* qui sert d'*introduction* au 2ᵈ acte de la *Flûte enchantée* de MOZART.

D'autre part, les *marches aux flambeaux* de MEYERBEER sont à *trois temps;* ce sont des sortes de *grandes polonaises.*

Le *mouvement* d'une *marche* est subordonné au *caractère du cortège* auquel elle est destinée : les marches *solennelles, religieuses* ou *funèbres* sont nécessairement plus *larges* et plus
lentes que les *marches militaires*.

(Voir, page 57, la *marche nuptiale* du *Songe d'une nuit d'été* de MENDELSSOHN.)

MAZURKA

§ 524.—Morceau à $\frac{3}{4}$, en mouvement plus ou moins animé, dont le *rythme* dérive de la *danse moscovite* de même nom.

NOCTURNE

§ 525.—Morceau *doux, mystérieux, sentimental* et parfois *mélancolique*, d'un mouvement
plus ou moins *lent* et en *mesure quelconque*.

POLONAISE

§ 526. — Morceau à $\frac{3}{4}$, en mouvement tantôt modéré et tantôt vif qui dérive de la *danse nationale* de même nom.

D'un *rythme élégant* et parfois *solennel*, d'un caractère tantôt *brillant*, tantôt *sombre, dramatique* ou *belliqueux*, la *polonaise* a cela de particulier que la plupart des *terminaisons de ses phrases* sont *féminines*, expirant sur un *temps faible*, le *deuxième* ou le *troisième*.

ROMANCE SANS PAROLES

§ 527. — Le titre même de ce genre de morceau dit, suffisamment, ce qu'il doit être: une *mélodie instrumentale* pourvue d'un accompagnement. Il y a des *romances sans paroles* de *tous les caractères*.

TARENTELLE

§ 528. — Morceau à $\frac{6}{8}$, d'un *mouvement vif*, d'un *rythme entrainant*, qui dérive de la *danse Napolitaine* de ce nom.

VALSE

§ **529.**—La *Valse* est un *Allegro vivo* qui s'écrit généralement à $\frac{3}{4}$ et par exception à $\frac{3}{8}$.

§ **530.**—Il y a des *valses* de caractères bien différents: les unes sont *expressives*, *rêveuses*, *sentimentales*, les autres sont *gaies*, *brillantes*, *fougueuses*, etc; il y a même des *valses lentes*.

Il en est, enfin, qui sont tour-à-tour *légères* et *expressives*.

PLAN ET COUPE
des morceaux de genre et de caractère

§ **531.** — Un morceau de *genre* ou de *caractère* peut être plus ou moins développé:

Il y a de *petites valses* et de *grandes valses*, de *petites tarentelles* et de *grandes tarentelles*, etc.

Or, il tombe sous le sens, qu'une *petite valse* n'est pas, nécessairement, taillée sur le même patron qu'une *grande*, et que, pareillement, une *grande tarentelle* peut bien être bâtie sur un *autre plan* qu'une *petite*.

§ **532.** — La *petite coupe binaire*, et surtout la *petite coupe ternaire*, sont celles qui sont généralement adoptées pour les morceaux de genre de *petite dimension*. (Revoir les §§ **344-345** et les exemples qui s'y rattachent.)

§ **533.** — Quant aux morceaux *plus développés,* il en existe à peu près de *toutes les formes:* les uns sont *coupés* à la manière du *Menuet* (§ **412**) les autres ont la coupe du *Rondo* (§§ **438** et **439**.)

§ **534.** — Ainsi, comme le *Menuet*, les 5me et 6me *Polonaises* de CHOPIN se composent de *trois périodes* à peu près égales, dont la *troisième* n'est que la *reproduction* de la *première*.

§ **535.** — Au contraire, les 4me et 8me *Polonaises* du même auteur, ont plutôt la forme d'un *grand Rondo*, en ce sens que le *premier motif* y revient *trois* ou *quatre fois*, avec intercalation de *divers autres motifs* ou *divertissements*.

§ **536.** — Enfin, la *Bella capricciosa* de HUMMEL est une *Polonaise* taillée à la manière des grands morceaux de *musique classique*, avec ses *deux thèmes principaux* et les développements qui en sont tirés: *divertissements, travail thématique*, etc.

§ **537.** — Si, d'autre part, nous comparons entre elles la *tarentelle napolitaine* de ROSSINI et LISZT, celle de la *Muette* d'AUBER, et celles de THALBERG et de STEPHEN HELLER, etc, nous y voyons les mêmes *différences de coupe* que dans les morceaux ci-devant cités.

DIVISION PAR GROUPES

§ **538.** — Une *autre coupe* usitée pour certains morceaux de genre, et particulièrement pour la *valse*, est celle qui consiste à *grouper* les *phrases* ou les *motifs* par *deux* ou surtout par *trois*. C'est ce que nous appellerons la *division par groupes*.

§ **539.** — Quand un *groupe* est de *trois phrases,* c'est ordinairement, la *première* qui, se répétant après la *deuxième,* constitue la *troisième.* — Dans un tel groupe, il n'y a donc que *deux phrases différentes* et une *phrase de répétition*.

§ **540.** — Selon les *développements* plus ou moins grands qu'on veut donner au morceau, on y fait entrer un nombre plus ou moins grand de ces *groupes de phrases:* trois, quatre ou cinq, etc; le nombre n'en est pas *limité*.

§ **541.** — Lorsque le morceau ne renferme que *trois groupes de phrases*, le *troisième groupe* n'est, habituellement (comme dans toute *coupe ternaire*) que la *répétition du premier;* le *deuxième groupe,* celui du *milieu*, est ce qu'on appelle le *Trio*, par analogie avec la *deuxième période* du *Menuet*.

Toutefois, cette règle est sujette à *exception* (Voir, p. 206 la *Valse* de CH. DELIOUX.)

En résumé. on peut *formuler,* ainsi qu'il suit, les règles concernant la coupe des morceaux de genre ou de *caractère*.

§ **542.**—Des morceaux de *caractères différents* peuvent être bâtis sur un *même plan général*.

§ **543.**—Des morceaux de *même caractère* peuvent être construits sur des *plans différents*.

§ **544.**—Dans ces conditions, le mieux à faire, pour éclairer le lecteur à ce sujet, c'est de placer sous ses yeux *quelques exemples* résumant les *principales coupes* données à ces sortes de morceaux par de bons auteurs.

§ **545.**—Quant au *caractère précis* de chaque espèce de *genre*, on le reconnait au *rythme*, au *mouvement* et à la *couleur*, plutôt qu'au *plan général* du morceau.

C'est, en effet, par le *rythme* et le *mouvement* qu'on distingue une *Valse* d'une *Polonaise*, une *Berceuse* d'une *Tarentelle*, etc.

OBSERVATION

§ **546.**—Dans les *morceaux de caractère* qui sont destinés au *concert*, (*Mazurkas, Polonaises, Tarentelles* ou *Valses*) on peut se permettre bien des *fantaisies* qui ne seraient pas admissibles dans les *airs de danse* dont ils dérivent.

EXEMPLES

de quelques morceaux de genre et de caractère dans leurs différentes coupes

---

PETITE COUPE BINAIRE (§ 344)

GLÜCK — Marche religieuse d'*Alceste*.

§ **547.**—La plupart des *petites pièces* de SCHUMANN sont en *petite coupe binaire*.

SCHUMANN — Souvenir d'enfance. Nº 2.

A.L.9892

SCHUMANN — "Album pour la Jeunesse" *Chant Villageois*.

COUPE BINAIRE PLUS DÉVELOPPÉE

CHOPIN — Op.32, N° 1. *Nocturne*.

PETITE COUPE TERNAIRE (§ 345)

E. PALADILHE — Valse extraite du *Ballet de Patrie*.(*)   Publié avec l'autorisation de M. CHOUDENS, Éd.-Propriétaire.

(*) Cette *valse* est précédée de 16 mesures d'*introduction* et se termine par une *coda* de 16 mesures.

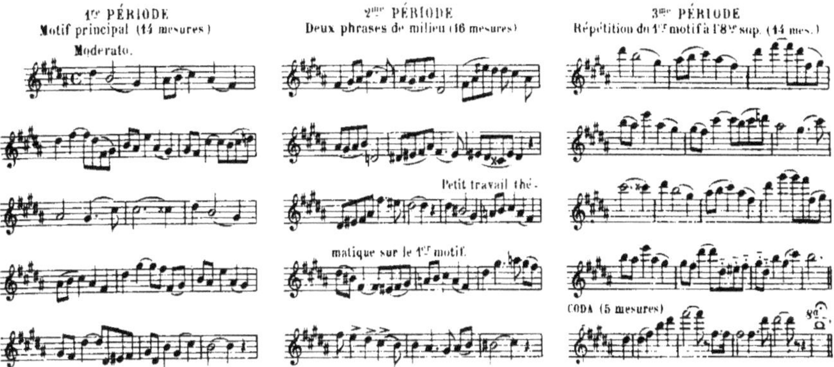

COUPE TERNAIRE PLUS DÉVELOPPÉE

N.-B. — De même que le *Menuet*, le morceau suivant se compose de *trois périodes,* dont la *troisième* n'est que la *reproduction* de la *première.* Il est vrai qu'ici, cette *reproduction* n'est que *partielle;* mais pareille chose se voit parfois dans le *Menuet* lui-même.

Les *deux premières périodes* sont bâties sur le *même plan,* chacune ayant son *thème* et se composant de *deux reprises:* la première, entièrement occupée par le *thème;* la seconde par un *petit divertissement* et la *répétition* partielle ou totale de la *première.*

CHOPIN — Op. 26, N°1. *Polonaise*

COUPE DU RONDO OU COUPE DE RETOUR (§ 349)

CHOPIN — Op.7, N° 1. *Mazurka en si♭ majeur.*

A MOTIF PRINCIPAL (12 mesures et reprise)

B 1er MOTIF INTERMÉDIAIRE (8 mesures)

A^{bis} — MOTIF PRINCIPAL (2me fois)

C 2d MOTIF INTERMÉDIAIRE (8 mesures)

A^{ter} — MOTIF PRINCIPAL (3me fois)

BEETHOVEN—*Polonaise extraite de la Sérénade Op. 8.*

D 3ᵐᵉ MOTIF INTERMÉDIAIRE et RENTRÉE au *motif principal* (11 mesures)

A^quater — MOTIF PRINCIPAL (4ᵐᵉ fois)

E 4ᵐᵉ MOTIF INTERMÉDIAIRE en forme de DIVERTISSEMENT, et RENTRÉE au *motif principal* (22 mesures)

A^quinter MOTIF PRINCIPAL (5ᵐᵉ fois)

CODA (12 mesures)

Motif principal interrompu par des silences.

A tempo.

Ritard.   Rit.

cresc

DIVISION PAR GROUPES

CH. DELIOUX—Op 12, *Valse brillante*
Publié avec l'autorisation de Mrs H. HEUGEL et Cie. Au Ménestrel, 2bis, rue Vivienne, Seuls Ed. Prop.

N. B.—Après dix mesures d'*introduction,* cette *Valse* est constituée ainsi qu'il suit:

PREMIER GROUPE (Trois phrases: **A, B, A**bis)

A la suite de ce *troisième groupe,* dont la tonalité prédominante est *sol* b majeur, retour au *ton primitif, ré* b majeur, pour faire entendre, une dernière fois, le *premier motif,* qui sert de point de départ à la *Coda,* dans laquelle l'auteur rappelle également le *troisième motif* (le tout en 101 mesures).

WEBER —Op.65, *L'invitation à la valse.* (*)

PREMIER GROUPE (Deux phrases: **A, B.**)

(*) *N.-B.*—La *belle introduction* qui précède cette *admirable valse* n'étant pas utile à notre démonstration, nous la passons, pour ne pas surcharger cet ouvrage déjà volumineux.

DEUXIÈME GROUPE (Trois phrases: C, D, C bis)

C 3me MOTIF (12 mesures et reprise)

D PHRASE de MILIEU (8 mesures) ramenant le *3me motif* (8 mesures) et reprise des 16 mesures.

C bis 3me MOTIF (2me fois)

A bis Répétition du *motif principal* (8 mesures et reprise)

TROISIÈME GROUPE (Trois phrases: E, F, E bis)

E 4me MOTIF ou CHANT (32 mesures et reprise)

F PHRASE de MILIEU et RENTRÉE au *4me motif* (40 mesures)

Rentrée au 4me motif.

E bis Répétition du *4me motif* (32 mesures)

QUATRIÈME GROUPE (Trois phrases: G, H, G bis)

G 5me MOTIF (8 mesures et reprise)

H PHRASE de MILIEU (8 mesures et reprise)

G bis Répétition du *5me motif* (8 mesures)

La suite de ce morceau est traitée à la manière *classique* :
Divertissements, travail thématique, *répétition* des trois premiers motifs et **coda**; le tout bien développé.

MUSIQUE DE DANSE

PLAN GÉNÉRAL

§ **548.**—De tous les *airs de danse* tels que la *valse,* le *galop,* la *polka,* la *schottisch,* la *polka-mazurka,*etc, celui dont la *forme* varie le plus, c'est la **valse.**

Mais, toutes réserves faites au sujet de cette dernière, notamment en ce qui concerne la *suite de valses,* on peut dire que le **plan général** est *le même* pour tous les *airs de danse* que nous venons d'énumérer, et qu'ils ne diffèrent entre eux que par la *mesure,*le mouvement, le *rythme,* le caractère.

§ **549.**—Ces sortes de compositions comprennent, ordinairement:
1º Une *introduction;*
2º L'*air de danse* proprement dit, c'est-à-dire: le *corps du morceau;*
3º Une *coda.*

§ **550.**—L'*introduction* et la *coda* sont des *accessoires* dont, à la rigueur, on pourrait se passer, et, de fait, beaucoup d'*airs de danse* n'ont pas d'*introduction* et n'ont que quelques mesures de *coda.*

§ **551.**—La seule *partie essentielle* est donc celle que nous appelons le *corps du morceau,* c'est-à-dire: l'*air de danse* lui-même.

CORPS DU MORCEAU

§ **552.**—Excepté dans les *suites de valses,* le *corps* d'un morceau de *musique de danse* se divise, généralement, en *trois groupes,* à la façon du **Menuet.**

Le *premier groupe* contient les *motifs principaux,* c'est-à-dire: ceux qui doivent revenir par la suite et former le *troisième groupe:*

Le *deuxième groupe* ou *trio* sert de *milieu* au morceau.

Enfin, le *troisième groupe* n'est que la *répétition* (totale ou partielle) du premier.

§ **553.**—Chacun de ces *groupes* se compose de *deux* ou *trois reprises* (*) de huit, seize ou trente-deux mesures, formant des **phrases carrées.** Il est indispensable, en effet, qu'un *air de danse* quelconque ait une *carrure parfaite.*

§ **554.**—Quand un *groupe* est de *trois reprises,* la troisième n'est, le plus souvent, que la *répétition* de la première.

§ **555.**—Pourtant, il arrive parfois que la *troisième reprise* d'un groupe se compose de *développements* du motif précédent, ou même, d'un *nouveau motif.*

INTRODUCTION OU ENTRÉE

§ **556.**—L'*introduction* est plus ou moins développée, selon l'*importance* du morceau.

Il faut, en effet, que les *proportions* soient *relatives* entre les *diverses parties* d'une même composition; et l'on comprend parfaitement qu'il serait peu sensé de faire une *longue introduction* pour un morceau *très court.*

(*) *N.-B.*—Si nous désignons par le mot *reprise* chacune des phrases de huit, seize ou trente-deux mesures dont l'ensemble constitue l'*air de danse,* c'est parce que ces phrases se jouent presque toujours deux fois de suite, surtout celles qui n'ont que huit ou seize mesures.—Cependant, on écrit quelquefois *in extenso* une *phrase* et sa *répétition immédiate;* soit parce que cette phrase, se terminant autrement la seconde fois que la première, on obtient plus de *clarté* en l'écrivant ainsi, soit, tout simplement, parce que le graveur a besoin de s'*étendre* pour remplir la page.

C'est ainsi que, souvent, on trouve des phrases de *trente-deux mesures* qui auraient pu s'écrire en *reprises de seize,* et des phrases de *seize mesures* au lieu de *reprises de huit.*

§ **557** —La *mesure* et le *mouvement* de l'*introduction* sont *facultatifs*, et l'on peut en changer pendant sa durée. Elle doit se faire dans le *ton général* du morceau, mais le *mode* peut n'être pas le même. Ainsi, un *air de danse* de *mode majeur* pourrait avoir une *introduction* en *mode mineur*.

Cependant, en ce qui concerne particulièrement la *Polka* et le *Galop*, l'usage est d'*attaquer*, dès le début de leur *courte introduction*, la *mesure* et le *mouvement* de la *danse* elle-même et d'en faire pressentir le *rythme*.

C'est donc plutôt une *entrée en matière*, qu'une *introduction* comme celle dont nous parlons dans le *paragraphe* ci-dessus. C'est pourquoi nous l'appellerons, tout simplement, l'**Entrée**.

CODA

§ **558** —Au sujet du mot **Coda** employé dans les *airs de danse*, une explication est nécessaire.

Dans les *polkas*, les *valses*, les *polka-mazurkas*, etc. on voit souvent figurer, **en tête** du *groupe de répétition*, le mot **coda**, qui signifie exactement: *queue, appendice*, c'est-à-dire: *chose ajoutée* à *la suite* du *corps principal*.

Or, logiquement, pour lui laisser sa signification précise, ce mot ne devrait se présenter *qu'à la fin* de ce *groupe de répétition*, puisque celui-ci fait *partie intégrante* du *corps même* du morceau.

Mais, dans le cas qui nous occupe, il faut considérer que le mot **Coda** est mis à la place des mots: *dernière fois* ou *pour finir*.

En effet, quand on joue cette musique pour *faire danser*, on peut, afin de prolonger la durée de la danse, répéter autant de fois que l'on veut les *deux premiers groupes* du morceau; ce qui est indiqué, à la fin du deuxième groupe, soit par un *renvoi* (%) soit par les mots *Da capo* (*D.C.* par abréviation)

Et lorsqu'enfin on veut en finir, on passe à la *dernière fois*, qui, ainsi que nous venons de le dire, est indiquée, ordinairement, par le mot **coda**..

Cette dernière partie du morceau se termine, effectivement, par la *véritable coda*; mais celle-ci ne commence, en réalité, qu'après l'*achèvement* du *groupe de répétition*.

La *véritable coda* est généralement *fort courte*, surtout dans les *airs de danse* tels que la *polka* et la *polka-mazurka*.

Dans les *suites de valses*, la *coda* est beaucoup plus développée, parce qu'elle renferme un *résumé* des *principaux motifs* du morceau.

ÉPISODES SUSPENSIFS ET TRANSITIFS
ou passages épisodiques

§ **559** —On a vu que, dans la **fugue**, on appelle *épisode*, tout passage qui, n'étant ni le *sujet* ni la *réponse*, sert à *reposer* de l'un et de l'autre, à *conduire* de l'un à l'autre, et à *préparer*, au moyen de *modulations*, les diverses *tonalités* par lesquelles on doit passer.

De même, nous appelons *épisodes* ou *passages épisodiques*, ces sortes de *hors-d'œuvre* qui, dans les *airs de danse*, sont intercalés entre *deux phrases*, sans faire partie ni de l'une ni de l'autre, et qui, par eux-mêmes, n'ont pas ce qui constitue un *motif* proprement dit.

§ **560** —Nous distinguons *deux espèces* d'épisodes dans les *airs de danse*: savoir:
1º l'*épisode suspensif*; 2º l'*épisode transitif*.

§ **561** —L'*épisode suspensif* est celui qui n'a pour but que de *suspendre* momentanément le *sens mélodique*, afin de *reposer* des *motifs* et d'en faire désirer le *retour*.

§ **562.**—L'*épisode transitif* est celui qui, tout en *reposant* des *motifs,* prépare la *transition* qui peut être nécessaire pour passer de l'un à l'autre, quand ils sont de *rythmes* ou de *tons différents.*

§ **563.**—Ces *épisodes,* qu'ils soient *transitifs* ou seulement *suspensifs,* ne sont pas astreints à la *même carrure* que les *motifs véritables;* mais, dans la *valse,* la *polka* et la *polka-mazurka,* il est indispensable qu'ils aient un *nombre pair* de mesures; et, dans la *schottisch,* il faut même que ce nombre de mesures soit divisible par *quatre.*

On verra la raison de tout cela aux divers chapitres qui sont consacrés à chacune de ces *danses.*

§ **564.**—Pour ne pas arrêter les danseurs dans leur *élan,* il est bon que les *épisodes* conservent le *rythme* et le mouvement de la danse à laquelle ils appartiennent, et qu'ils en marquent les *temps principaux.*

§ **565.**—Il est *mauvais,* d'ailleurs, d'*abuser* de ces *hors d'œuvre,* comme l'ont fait certains compositeurs de musique de danse; car, si l'effet en est parfois *heureux,* d'autres fois, il est visible qu'on n'y a recours que pour *coudre,* tant bien que mal, *deux motifs* de *tonalités hétérogènes* dont l'enchaînement ne pouvait se faire naturellement et sans *soudure.*

CHANGEMENTS DE TON

§ **566.**—Si l'on maintenait dans une *seule* et *même tonalité* tous les *motifs* dont se compose un *air de danse* tant soit peu développé, il en résulterait, à la longue, une *grande lassitude* pour le danseur comme pour l'auditeur.

§ **567.**—Par cette raison, il est rare qu'on fasse plus de *deux reprises* de suite dans le *même ton,* à moins que des *modulations passagères* ne viennent rompre l'*uniformité tonale.*

§ **568.**—Le plus souvent, on *change de ton* à chaque reprise; et, habituellement, ces *changements* ont lieu entre *tons voisins.*

CHANGEMENT DE TON A CHAQUE REPRISE, ENTRE TONS VOISINS

§ **569.**—Néanmoins, l'enchaînement de certaines *tonalités éloignées* peut être d'un *heureux effet,* lorsque ces tonalités sont en *rapports sympathiques,* comme, par exemple, *deux tons majeurs* dont le second est à la *tierce majeure inférieure* du premier. (Voir l'exemple du § 609.)

POLKA, POLKA-MAZURKA, SCHOTTISCH et GALOP

§ 570.—Ainsi qu'il a été dit précédemment (§ 548) le *plan général* est le *même* pour les *airs* de *polka*, polka-mazurka, *schottisch*, galop, etc...

§ 571.—Sans nous occuper de l'*introduction*, qui ne leur est pas indispensable, ni de la *coda*, qui n'est qu'un accessoire de peu d'importance, nous rappellerons que ces morceaux se divisent en *trois groupes* ainsi composés:

Premier groupe—exposition des *motifs* destinés à revenir pour former le troisième groupe, et qui, par cette raison, sont les plus importants.

Deuxième groupe ou *trio*—*nouveaux motifs* servant de *milieu* au morceau.

Troisième groupe—répétition de tout ou partie des *motifs* du premier groupe.

§ 572.—Chacun de ces groupes comprend *trois reprises;* mais, de même que le *troisième groupe* n'est que la *répétition* du *premier,* la *troisième reprise* de chaque groupe n'est, le plus souvent, que la *reproduction* de la première.

Ceci dit, nous allons passer en revue les *caractères distinctifs* de ces différents *airs de danse.*

POLKA

§ 573.—La *Polka* est une danse d'origine *bohémienne.*

§ 574.—L'*air* de la *Polka* est un *allegro moderato* à $\frac{2}{4}$ (104 = ♩) d'un caractère *gai* et *sautillant.* C'est un morceau peu *développé,* ses reprises n'ayant que huit ou seize mesures chacune. Aussi, beaucoup de *Polkas* n'ont-elles pas plus de soixante-douze à quatre-vingts mesures, indépendamment de l'*introduction* et de la *coda.* Celles-ci, nécessairement, sont *assez courtes;* sans quoi elles seraient hors de proportion avec le *corps du morceau.*

L'introduction n'a, le plus souvent, que *quatre mesures;* quelquefois elle n'en a que *deux;* ce ne sont, alors, que de simples *entrées* (§ 557.) Cependant, on en trouve de *huit mesures,* et, par exception, de *dix* ou de *douze.*

PAS ET RYTHME DE LA POLKA

§ 575.—Le *pas* de la *Polka* se compose de *trois mouvements égaux* suivis d'un *repos.*

Ces *trois mouvements* correspondent aux *trois premières croches* de chaque mesure, le *repos* consiste à rester *un temps tout entier,* au lieu d'un *demi-temps,* sur le *pied* qui exécute le *troisième mouvement,*

§ 576.—Le *pas* de la *Polka* se composant de *trois mouvements* qui s'exécutent alternativement des *deux pieds,* il en résulte: 1º que chaque pas *commence* et *finit* par le même *pied;* 2º que le *pas suivant* commence et finit par l'*autre pied;* si bien qu'en somme, il faut *deux mesures* pour que l'*évolution* soit complète.

§ 577.—C'est pourquoi un *nombre pair* de mesures est obligatoire dans une *polka,* non seulement pour *chaque phrase,* mais encore pour les *passages épisodiques* les plus *accessoires.*

§ **578.**—Les *rythmes* qui conviennent le mieux à cette *danse*, sont ceux dont l'*accentuation* concorde bien avec les *trois mouvements* de chaque mesure.

Aussi, le *mode d'accompagnement* suivant est-il le plus usité dans la *Polka*.

§ **579.**—Mais, pour éviter la *monotonie* qui résulterait de l'emploi exclusif de ce *rythme*, on le brise de temps en temps, soit en marquant les quatre croches de la mesure, soit autrement, pourvu que les *trois mouvements* du *pas de polka* soient accentués, par l'*accompagnement* ou par la *mélodie*.

POLKA - MAZURKA

§ **580.**—La *Polka-Mazurka* est une danse d'origine *polonaise*, qui s'écrit généralement à $\frac{2}{4}$, mais que certains ont écrit à $\frac{3}{8}$.

§ **581.**—Le *mouvement* des temps de la *Polka-Mazurka* ($\bullet$=152) est *plus vif* que celui de la *Polka* ($\bullet$=104) et pourtant, à l'audition, il semblerait le contraire. Cela tient, sans doute, à la différence des *rythmes*: celui de la *Polka-Mazurka* étant *plus moelleux* que celui de la *Polka* qui est *sautillant*.

§ **582.**—Les *développements* de la *Polka-Mazurka* sont les *mêmes* que ceux de la *Polka*, mais son *introduction* a rarement moins de huit mesures, et elle peut en avoir plus de vingt.

PAS ET RYTHME DE LA POLKA-MAZURKA

§ **583.**—Le *pas* de la *Polka-Mazurka* s'exécute en *trois mouvements égaux* qui correspondent aux *trois temps* de la mesure. ‖ $\frac{3}{4}$ ♩ ♩ ♩ ‖

C'est pourquoi le *rythme* suivant, qui marque *tous les temps*, est *presque exclusivement* usité dans l'*accompagnement* de cette danse.

§ 584.—Mais, ce n'est pas toujours la *basse* et les *parties graves* qui, comme dans l'exemple précédent, sont chargées de *marquer* les *trois temps* de chaque mesure: on peut aussi, parfois, pour obtenir d'autres effets, confier ce soin aux *parties supérieures*, comme dans les mesures 1,2,3,5 et 7 de l'exemple suivant.

L. GANNE — *La Czarine*, Polka-Mazurka.   Publié avec l'autorisation de MM^{rs} W. ENOCH et Cie Éd.-Propriétaires.

§ 585.—Les *trois mouvements* qui constituent le *pas* de la *Polka-Mazurka* s'exécutant des deux pieds alternativement comme ceux de la *Polka*, il faut, de même que dans cette dernière, *deux mesures* pour évoluer complètement; et par conséquent, il est indispensable d'avoir un *nombre pair de mesures*, dans chaque *phrase*, et aussi dans tout *passage épisodique*, quel qu'il soit. (Revoir les §§ 576 et 577.)

SCHOTTISCH

§ 586.—La *Schottisch* est une danse d'origine *hongroise*, qui s'écrit, ordinairement, à *deux temps* ($\frac{2}{4}$ ou surtout ₵) mais quelques-uns l'indiquent par un C *non barré*.

De quelque manière qu'elle soit indiquée, la mesure se bat toujours à *deux temps*, en *mouvement modéré*.

§ 587.—Le *plan général* et les *développements* de la *Schottisch* sont les mêmes que ceux de la *Polka-Mazurka* et de la *Polka*.

PAS ET RYTHME DE LA SCHOTTISCH

§ 588.—L'*évolution complète* du pas de la *Schottisch* exige *quatre mesures*, savoir: *deux pas* de *polka* pour les *deux premières mesures*, *deux tours de valse* pour les deux suivantes. C'est pourquoi *toute phrase épisodique* introduite dans une *schottisch* doit avoir un *nombre de mesures divisible par quatre*.

§ 589.—Les *rythmes d'accompagnement* qui prédominent dans la *schottisch* sont les mêmes qu'on rencontre habituellement dans la *polka* (§§ 578 et 579) avec cette circonstance particulière, que celui qui consiste à marquer les *quatre croches* du $\frac{2}{4}$ ou les *quatre noires* de ₵ ou C, s'applique principalement aux *dernières mesures* de chaque *membre de phrase*. (Voir les exemples **A, B, C**, ci-dessous.)

§ 590.—Mais l'*inverse* peut se rencontrer. (Voir l'exemple **D**.)

GALOP

§ **591.**—Le *Galop* (qu'il ne faut pas confondre avec le *Final* du *quadrille*, (§ 634) malgré leur *similitude absolue* comme *rythme*, mouvement et *caractère*,) le *galop*, disons-nous, est un morceau très *vif* à $\frac{2}{4}$.

§ **592.**—Il se compose, comme tous les *airs de danse* que nous venons de passer en revue, de *trois groupes de phrases* formant *autant de périodes*, dont la *troisième* est la reproduction *totale* ou *partielle* de la *première*.

§ **593.**—Le *corps du morceau* (§ 552) peut être précédé d'une *entrée* de quelques mesures et suivi d'une *Coda*. Mais ces deux accessoires ne sont nullement nécessaires.

PAS ET RYTHME DU GALOP

§ **594.**—Le *pas* du *galop* consiste à *glisser un pied* que l'on *chasse avec l'autre*, à *chaque temps*, d'une manière continue et *sans changer de pied*.

§ **595.**—Ce *mouvement combiné* correspondant à *chacun des temps* de la mesure, il est indispensable que la musique les *accentue bien*.

Et comme le *galop* est une *danse très animée,* on marque aussi, presque toujours les *demi temps.* (Voir tous les exemples suivants.)

B. BILSE— *Sturm-Galop*

ANALYSE

Après une *Entrée* de huit mesures en *mouvement de galop,* ce morceau est ainsi constitué:

PREMIER GROUPE (Deux phrases : **A** et **B,** en *fa* majeur

A *1re reprise (16 mesures)*

B *24e reprise (24 mesures)*

DEUXIÈME GROUPE (Deux phrases **C** et **D,** en *si* ♭ majeur

C *1re reprise (8 mesures) plus, 8 mesures sans reprise.*

D *2de reprise (16 mesures)*

TROISIÈME GROUPE (Répétition du premier)

A L. 9892

VALSE et SUITE DE VALSES

§ **596.**—Ainsi que nous l'avons dit (p.197) la *Valse* est un *Allegro vivo* qui s'écrit généralement à $\frac{3}{4}$ ($\dot{\frac{1}{2}}$.=66) et par exception à $\frac{3}{8}$ ($\dot{}$.=66)

§ **597.** —On compte *deux formes* principales de *valses* pour la *danse*, savoir: celle qu'on appelle simplement *la valse*, qui va *tout d'une traite*, et celle qu'on désigne sous le titre de *suite de valses*, qui comprend *plusieurs numéros*.

VALSE

§ **598.**—On peut faire des *valses* de *formes diverses* (§ **548**) et de dimensions bien différentes: il y en a qui ont moins de *cent mesures*, alors que d'autres en ont plus de *deux-cent-cinquante*.

§ **599.**—Pour qu'une *valse* forme un *morceau complet*, il faut qu'elle ait, au moins, comme les autres *airs de danse*, les *trois groupes* dont nous avons parlé plusieurs fois (notamment aux §§ **552** à **555**) et que nous rappelons pour mémoire:

    1º *groupe d'exposition* contenant les principaux motifs;

    2º *groupe de milieu* ou **Trio**;

    3º *groupe de répétition* (reproduction de tout ou partie du *premier groupe*.)

§ **600.**—Chacun de ces groupes se compose ordinairement de *trois phrases* dont une de *répétition*.

J. **MÉLÉ**— *Juana*, Valse espagnole.   Publié avec l'autorisation de M᷉ A.BOSC, Éd.- Propriétaire

Après quinze mesures d'*introduction* et trois mesures d'accompagnement

PREMIER GROUPE (Trois phrases: **A, B, A**ᵇⁱˢ) (répétition)

A 16 mesures et *reprise*   B 16 mesures et *reprise*   **A**ᵇⁱˢ Répétition de **A**

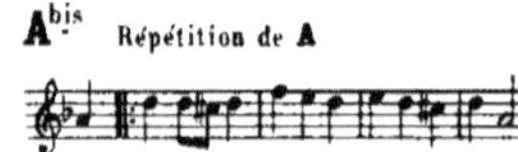

TRIO

DEUXIÈME GROUPE (Trois phrases: **C, D, C**ᵇⁱˢ) (répétition)

C 16 mesures et *reprise*   D 32 mesures et *reprise*   **C**ᵇⁱˢ Répétition de **C**

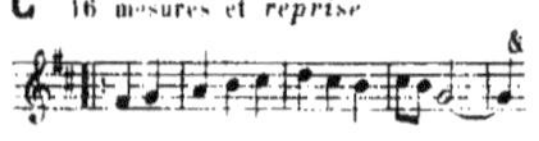
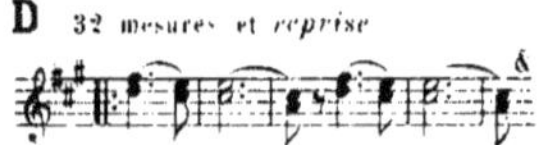
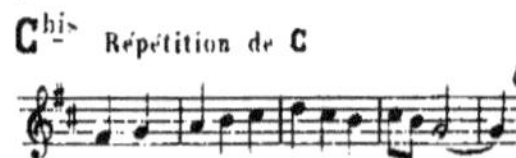

TROISIÈME GROUPE (Les trois phrases: **A, B, A**ᵇⁱˢ)

(Répétition intégrale du premier groupe)

suit une CODA de onze mesures

G. MARCAILHOU— *Indiana*, Valse plus développée.

(Après un *petit prélude* de 5 mesures et 2 d'accompagnement)
PREMIER GROUPE (Trois phrases: **A, B, A**bis) (répétition)

DEUXIÈME GROUPE (Trois phrases: **C, D, C**bis) (répétition)

TROISIÈME GROUPE (Trois phrases: **E, F, G**)

Répétition du *troisième groupe* tout entier;
puis, pour finir, *reprise du premier motif*, **A**ter et *Coda*, **H**

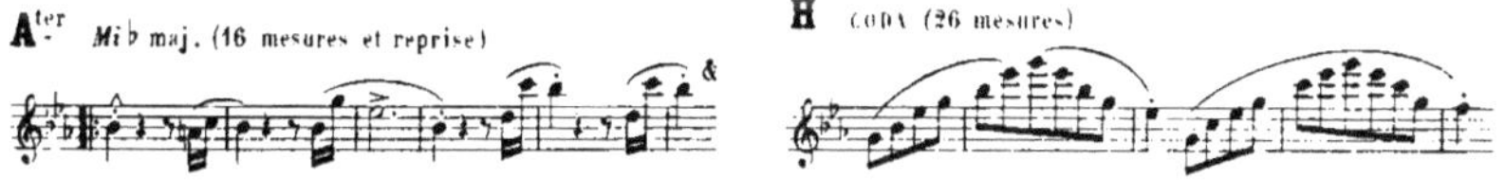

OBSERVATION

Une *particularité* de cette *valse*, c'est la *répétition* immédiate d'un *groupe de milieu* tout entier. Cette répétition est justifiée par le charme des *phrases chantantes* **F, G**, qu'on est heureux d'entendre une seconde fois. Elle a aussi pour résultat de prolonger sensiblement le morceau.

A la suite de ce troisième groupe, une *Coda* de 8 mesures termine le morceau.

PARTICULARITÉS DU PLAN DE CETTE VALSE

Après le *groupe* des trois phrases **A, B, A bis**, on *s'éloigne graduellement* du ton principal, *si b majeur*; et, passant par les *tons majeurs* de *mi b* et *la b*, on *aboutit* au ton de *ré b* majeur (Cinq bémols)

Puis, *retournant* vers le point de départ, on suit le même chemin, mais en *sens inverse*, repassant par les *mêmes motifs*: **D** (*la b* majeur) **C** (*mi b* majeur) et l'on se *retrouve*, finalement, en *si b* majeur, avec le *premier motif*, **A**, et l'on *finit* par le *motif* **D**, transposé dans le *ton principal*.

La plupart des *valses* du même auteur sont *coupées* dans ce genre.

(*) Publié avec l'autorisation de M. LÉON GRUS, Ed-Propriétaire.

SUITE DE VALSES

§ **601.**—Une *suite de Valses* comprend 3, 4 ou 5 *numéros* précédés d'une *Introduction* et suivis d'une *Coda*.

§ **602.**—Chaque numéro se compose, ordinairement, de *deux motifs* ou *reprises*.

§ **603.**—Ces *reprises*, le plus souvent, sont de *seize mesures*, ce qui est la *carrure* la plus parfaite, puisqu'elle représente *quatre fois quatre*.

J. STRAUSS (de Vienne) *La Belle Gabrielle*, Suite de Valses
Nº 1— *Deux reprises de 16 mesures*

§ **604.**—On remplace quelquefois la *reprise de seize mesures* par un *motif* développé en *trente-deux* mesures, l'un étant l'équivalent de l'autre.

J. STRAUSS (de Vienne) *Les fusées volantes*, Suite de Valses
Nº 3— *Motif développé en 32 mesures*

§ **605.**—On peut aussi faire des *reprises* de *trente-deux* mesures, comme la suivante, et les jouer *deux fois de suite*.

E. WALDTEUFEL — *Toujours ou jamais*, Suite de Valses   Publié avec l'autorisation de MM. A. DURAND et Fils, Ed.-Propriétaires.
Nº 1—*Première reprise* (32 mesures)(*)

N.-B. — Une *reprise de seize mesures* complète ce numéro

___

(*) Le *rythme* de ce motif nous donne l'occasion de rappeler ce que nous avons dit au § 94, au sujet de la *notation* (Revoir ce paragraphe à la page 28)

§ **606.**—Après la seconde reprise, on *répète* parfois la *première;* ce qui équivaut à *trois* reprises pour *un numéro.*

§ **607.**—En général, on n'écrit pas une seconde fois la *reprise* qui doit être *répétée;* on se borne à indiquer cette *répétition* par un *renvoi* ou le *Da capo,* et quelquefois par l'un et l'autre, comme ci-dessous.

§ **608.**—Il est bon de *varier* les *tonalités* des divers numéros d'une *suite de valses,* sans trop s'éloigner, cependant, du *ton primitif principal.*

A cet effet, on doit choisir, de préférence, les *tons voisins* de ce *ton primitif* ou son *homonyme* du mode opposé.

§ **609.**—On peut aussi passer par certains *tons éloignés,* pourvu qu'ils soient en *bonne relation* avec ce qui précède et ce qui suit, et qu'on puisse revenir au *ton principal* d'une façon naturelle et sans efforts pénibles.

INTRODUCTION DE LA SUITE DE VALSES

§ 610.—L'*introduction* d'une *suite de valses* est, relativement, assez développée, d'ordinaire.

Il n'en est guère qui aient moins de *dix mesures*; il y en a beaucoup qui en ont de trente à quarante.

§ 611.—La *mesure* et le *mouvement* de l'*introduction* sont *facultatifs*; mais, le plus souvent, ce dernier est *large*, par opposition avec celui de la *valse*, qui est *très vif*.

§ 612.—Une *introduction* peut contenir des *changements* de mesure et de mouvement.

CODA DE LA SUITE DE VALSES

§ 613.—La *Coda* d'une *suite de valses* est, à ce genre de morceau, à peu près ce que la *strette* est à la *fugue* (§ 291) c'est-à-dire, un *résumé* des *principaux motifs* qui ont précédé.

§ 614.—Cette *Coda* débute souvent par une sorte de *divertissement* (p. 97) ou *conduit*, qui ramène à l'un des *motifs principaux*, et généralement au *premier de tous* (V. la plupart des *Suites de Valses.*)

§ 615.—Parfois, cependant, c'est l'un des *autres motifs* qui est ramené d'abord.

C'est ainsi que, dans la *Coda* du "*Beau Danube bleu*" de J. STRAUSS, les N°s 2 et 4 sont rappelés avant le N° 1, qui est réservé pour la *fin*.

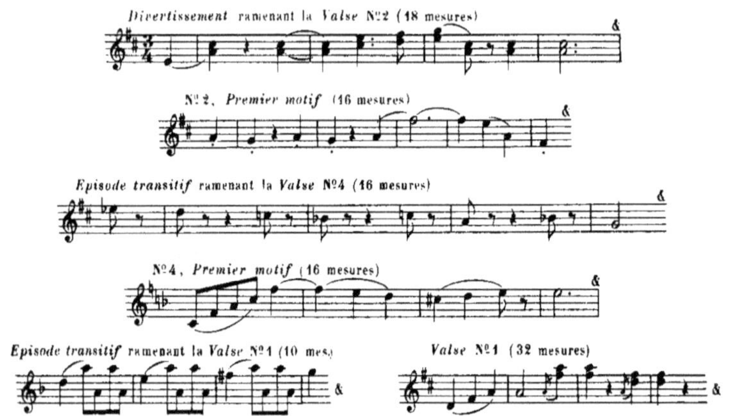

N.-B.—Après ce dernier *motif* de 32 mesures, *quarante* autres mesures terminent cette *Coda*, qui n'en à pas moins de *cent-quarante-sept*.

§ 616.—On peut, sans préambule, attaquer la *Coda* par l'un des *premiers motifs*, comme cela a lieu dans la *suite de valses* "*Les lilas*", de DERANSART.

N.-B.—Après ce *2d* motif de 16 mesures, dix mesures de *cadences* terminent cette *Coda* qui, en somme, est de *soixante-quatorze* mesures.

QUADRILLE

§ 617.—Le *Quadrille*, qu'on appelait jadis "la *contredanse*" se compose de *cinq figures* ainsi dénommées:

N° 1, *Pantalon* — N° 2, *Été* — N° 3. *Poule*

N° 4. *Pastourelle*—N°5. *Galop* ou *Final*

§ 618.—La musique de ces cinq figures consiste en *cinq petits morceaux complets,* dont la *forme* et les *dimensions* sont déterminées d'une manière précise et absolue.

§ 619.—Ces morceaux sont *indépendants* les uns des autres et ne s'enchaînent pas l'un à l'autre; car, entre *deux figures de quadrille* il y a toujours un *repos*, une *pause* de quelques instants, et, conséquemment, *interruption* de la musique comme de la *danse.*

§ 620.—Il est bon de *changer de tonalité* en passant d'un *numéro* à un autre, sans trop s'éloigner du *ton primitif;* mais l'*unité tonale* est fort peu observee entre ces morceaux, et le *dernier* est souvent dans un *autre ton* que le *premier.*

§ 621.—Il arrive que *deux figures* qui se font *suite* sont dans des *tonalités* plus ou moins *éloignées* l'une de l'autre; comme par exemple, les tons de *sol* majeur et *fa* majeur.

Cependant, il est toujours préférable que, malgré l'*interruption* dont nous venons de parler, les *tonalités* qui se succèdent d'un numéro à l'autre soient en *bonne relation.*

§ 622.—Quant aux *modulations* et aux *changements de ton* qui ont lieu dans le courant d'une *figure,* ils sont soumis à la *règle commune.*

§ 623.—Lorsqu'une figure se compose de *deux motifs* seulement, comme l'*Été* (§ 628) le *second motif* se fait, le plus souvent, dans l'un des *tons voisins* les plus *directs* du *ton primitif* ou dans son *homonyme* de mode opposé.

Par exemple, si le *premier motif* est en *do* majeur, le *second* sera dans l'un des *tons majeurs* de *sol* ou de *fa*, ou bien en *la* mineur, ton relatif, ou encore en *do* mineur, l'*homonyme.*

§ 624.—Lorsqu'une *figure* se compose de *trois motifs,* les deuxième et troisième *motifs* seront dans *deux tons différents,* choisis parmi ceux que nous venons de citer.

§ 625.—Mais, on peut quelquefois conserver la *même tonalité principale* pendant *deux reprises consécutives,* et même pendant une *figure tout entière,* à la condition d'y faire des *modulations passagères* pour rompre l'*uniformité tonale.*

Ce *dernier système* n'est guère usité que dans les *quadrilles* composés sur des *airs d'opérettes,* lorsqu'un *couplet* occupe à lui seul *toute une figure.*

MESURE ET COUPE
des cinq figures du quadrille

N° 1, LE PANTALON

§ 626.—Le Pantalon, généralement à $\frac{2}{4}$, mais quelquefois à $\frac{6}{8}$, se compose de *trois phrases* (A, B, C) de *huit mesures* chacune.

§ 627.—La phrase A qui sert de *commencement* et de *terminaison* à ce premier numéro, est en outre, *intercalée* entre B et C.

Ces trois phrases se succèdent donc dans cet ordre: A,B,A,C; et l'on *recommence* de la même façon, A,B,A,C, comme l'indique le *Da Capo*; puis, on reprend, une dernière fois, la phrase A, pour *finir*.

N° 2, L'ÉTÉ

§ 628.—L'Eté, écrit à $\frac{2}{4}$, se compose, ordinairement, d'une phrase A de *huit mesures*, et d'une phrase B de *seize mesures*, qui se jouent *alternativement* et *quatre fois* de suite.

§ 629.—Pour *finir*, on reprend une dernière fois la *phrase* A qui de cette façon est jouée *5 fois*.

§ 630.—Au lieu de la *seule phrase* B, de seize mesures, il y en a quelquefois *deux* de pareille dimension, qui *alternent*, avec la phrase A, dans l'ordre suivant: A,B,A,C — A,B,A,C,A. (Voir le quadrille de STRAUSS sur *Orphée aux enfers*.)

(*) Publié avec l'autorisation de M. O. BORNEMANN, Ed.-Propriétaire.

N° 3. LA POULE

§ 631.—La Poule, toujours à $\frac{6}{8}$, se compose, comme la première figure, de *trois phrases* (A, B, C) de *huit mesures* chacune, lesquelles se suivent de la même façon: A, B—A, C, mais se répètent *quatre fois* au lieu de *deux*, pour finir par la *phrase* A, qui, de la sorte, se joue *neuf fois*.

N° 4, LA PASTOURELLE

§ 632.—La Pastourelle, généralement à $\frac{2}{4}$, mais parfois à $\frac{6}{8}$, se compose:

1° d'une *phrase* A, de *huit mesures*. 2° d'un *motif* de *vingt-quatre* mesures en forme de *rondeau* comprenant *trois phrases* de *huit* mesures: B, C, B^bis dont la *troisième* est la *répétition* de la *première*.

§ 633.—Le tout se joue *quatre fois*, et l'on *reprend*, pour *finir*, la *première phrase* une *cinquième fois*.

N.B. — Dans *certains quadrilles* composés sur des *airs d'opérettes* ou d'*opéras-comiques*, le *motif* de *vingt-quatre* mesures n'est pas toujours en forme de *rondeau*.

C'est ainsi que dans le *quadrille* de J.B. ARBAN sur le *Cœur et la Main*, ce *motif* comprend *trois phrases différentes*, parce qu'il était ainsi *conformé* dans la *chanson* à laquelle il est emprunté.

N° 5. GALOP ou FINAL

§ **634.**—Le Galop ou Final, toujours à $\frac{2}{4}$ se compose de *trois phrases* (**A, B, C**) de se
mesures chacune.

§ **635.**—La *phrase* **A**, qui sert de *commencement* et de *terminaison* à ce cinquième numé
est, en outre, *intercalée* entre **B** et **C**, comme dans les 1re et 3me figures.

§ **636.**—Après avoir exécuté ces *trois phrases* **A, B, C**, dans l'ordre **A, B—A, C**, *autant de*
que l'on veut (généralement *quatre fois*) on *reprend* la *première phrase* pour finir.

§ **637.**—Dans cette *dernière figure* du *quadrille*, on rappelle, ordinairement, l'*un des mo*
déjà entendus dans l'une des *figures précédentes*.

C'est ainsi que, dans le *final* suivant, le *motif* **C** est la *répétition* (en *sol* majeur) de la ph
se **B** (en *Do*) de la *pastourelle*; avec cette différence que, dans le *final*, cette phrase (dont
basse est l'air: "*Au clair de la lune.*") est *plus complète* que dans la *pastourelle*, puisque, au l
de *huit* mesures, elle en a *seize*.

MUSIQUE MILITAIRE [*]

§ 638.—Le répertoire actuel des *musiques militaires* comprend des morceaux de tous les *genres* et de toutes les *formes*: ouvertures, airs de ballets, symphonies, marches de tous les caractères, fantaisies, airs variés, galops, valses, polkas, mazurkas, etc...

La seule *composition* dont elles aient le *monopole*, c'est le *Pas redoublé* ou *marche militaire accélérée*.

§ 639.—Mais, le *pas redoublé* lui-même, dont le *rythme*, le mouvement et la *couleur* ont leur *caractère propre*, n'est pas fait sur un autre *plan général* que celui du *menuet*, à cela près que l'*attaque* du *premier motif* y est souvent précédée d'une *Entrée* de quelques mesures, et que certains *autres motifs* y sont, parfois, suivis ou précédés de *tutti de basses*, sortes de *hors-d'œuvre* qui ne changent pas, au fond, la *forme générale* du morceau, et qui, d'ailleurs, sont bien *passés de mode*.

PAS REDOUBLÉ

CARACTÈRE ET PLAN GÉNÉRAL

§ 640.—Le *Pas redoublé* est un *allegro* à deux temps ($\mathbf{C}$, $\frac{2}{4}$ ou $\frac{6}{8}$) d'une *allure décidée*.

§ 641.—Il se compose, comme le *Menuet* et la plupart des *airs de danse*, de *trois périodes*, dont la *troisième* n'est que la *répétition* de la *première*, et dont la *deuxième*, (celle du milieu) est appelée Trio.

§ 642.—De même que dans le *Menuet*, chacune des *trois périodes* comprend *deux reprises*; mais, la *troisième période* n'étant que la *répétition* de la *première*, il n'y a en somme, que *quatre reprises* qui soient *différentes*, savoir: *deux* pour la *première période* (lesquelles se retrouvent dans la *troisième*) et *deux* pour la *période médiaire* ou *trio*.

§ 643.—Quant à la *facture* de chaque *reprise*, deux cas se présentent:

1º Celui où la *première reprise* d'une période *conclut*, d'une manière définitive, dans le *ton principal* de cette période: ce qui donne au *motif* un *caractère achevé*;

2º Celui où cette *première reprise*, au lieu de conclure définitivement, se termine par une *modulation* plus ou moins caractérisée: ce qui donne, en tous les cas, l'impression d'une *pensée inachevée*.

§ 644.—Dans le premier cas, la *première reprise* renfermant un *motif complet*, la *seconde reprise* commence, ordinairement, par une *phrase épisodique* de quelques mesures (huit ou seize le plus souvent) laquelle *phrase* est destinée à *faire diversion*; puis, c'est le *motif* de la *première reprise* qui revient une seconde fois.

---

[*] Pour ce qui concerne la *technique* des instruments employés dans les *musiques militaires*, consulter le *traité d'instrumentation et d'orchestration* de G. PARÈS.

A.SELLENICK— *Richard Wallace.* Pas redoublé en mi♭ majeur (*)

PREMIÈRE PÉRIODE (1re REPRISE)

Reprise des 24 mesures (*Prélude et motif*)

2de REPRISE

Reprise des 36 mesures (*Phrase épisodique et répétition du 1er motif*)

DEUXIÈME PÉRIODE ou TRIO en la♭ majeur

§ 645. —Dans le second cas, la *première reprise* ne concluant pas dans le *ton principal*, la *seconde reprise* en est le complément, le *corollaire indispensable*, et dès lors, les *deux reprises* forment un *tout indissoluble*.

J.N.KRAL— *La Viennoise.* Pas redoublé en sol majeur (**)

PREMIÈRE PÉRIODE (1re REPRISE) Commence en sol, finit en ré.

(*) Publié avec l'autorisation de MMES EVETTE et SCHAEFFER, Éd.-Propriétaires
(**)   d°   d°   M. F. SALABERT, Éd.-Propriétaire.

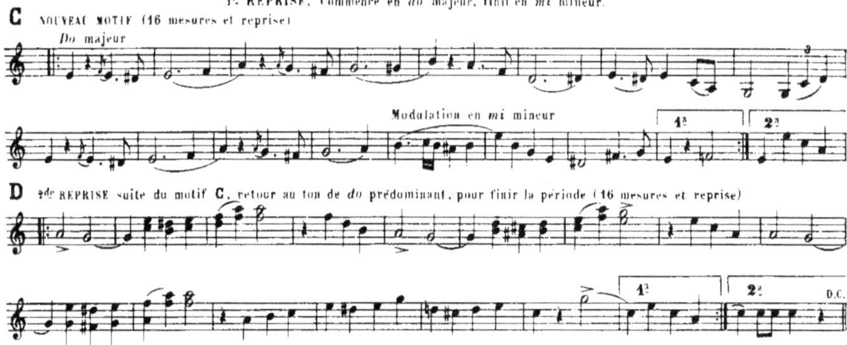

FACTURE DU PAS REDOUBLÉ DANS SES DIVERSES PARTIES

PREMIÈRE PÉRIODE

§ **646.**—Ainsi que nous l'avons dit plus haut (§ 639) la *première période* commence fort souvent par quelques mesures d'*entrée* avant l'attaque du *premier motif* (Voir les exemples qui précèdent et qui suivent.)

§ **647.**—Ce *premier motif* est ordinairement de *seize mesures* et d'un caractère *résolu*. (Voir les *deux exemples* précédents et *celui* du § **655** ci-contre.)

§ **648.**—Parfois, pourtant, *ce motif* n'a que *huit mesures* (Voir ci-après le *Mascaret;*) d'autres fois, il en a *trente-deux* (Voir, à la suite, le *Pas redoublé* sur **Aïda**)

§ **649.**—On peut ne *reprendre* que le *motif seulement* (Voir ci-dessus *La Viennoise* et ci-après le *Mascaret.*)

§ **650.**—Mais on peut *reprendre le tout:* entrée et motif. (Voir plus haut *Richard Wallace* et plus loin *Aïda.*)

DEUXIÈME PÉRIODE ou TRIO

§ **651.**—La *tonalité prédominante* du *trio* est presque toujours à la *quarte juste supérieure* ou *quinte juste inférieure* du *ton principal* du morceau. (Voir tous nos exemples)

§ **652.**—En général, le *motif principal* du *trio* est d'un *rythme plus large*, d'un caractère *plus chantant* que celui de la *première période:* c'est, en quelque sorte, le *cantabile* du *pas redoublé*.

§ 653 — La *coupe* des *deux reprises* du *trio* est la même que celle des deux reprises de la *première période,* moins l'entrée qui n'a plus de raison d'être.

§ 654. — Mais, cette *entrée* est quelquefois remplacée, dans la *seconde période,* par quelques mesures de *modulation* établissant le *nouveau ton.*

P. CLODOMIR — Pas redoublé sur *Si j'étais Roi.*   A. LEDUC, Éd.-Propriétaire

§ 655. — Si le *plan général* qui consiste à diviser chaque période en *deux reprises* est le plus usité dans les *pas redoublés* des compositeurs français, ce *plan,* disons-nous, *n'est pas le seul* en usage, notamment dans les morceaux de ce genre qui nous viennent de l'Étranger.

C'est ainsi, par exemple, que la *première période* du *pas redoublé* suivant, d'origine *autrichienne,* se compose d'un *groupe de trois phrases* (A, B, A^bis) dont *deux* avec reprises, et la *troisième* (simple *répétition* de la *première*) sans la reprise. C'est ce qui a lieu, on se le rappelle, pour la plupart des *airs de danse:* galop, polka, etc, considérés dans *leur ensemble.* (§ 552.)

J. SCHRAMMEL — *Les Gardes-Nobles,* Pas redoublé autrichien.   Publié avec l'autorisation de Mr B. SALABERT, Éd.-Propriétaire

PREMIÈRE PÉRIODE (groupe de 3 phrases A, B, A^bis)

Pas redoublés composés sur des motifs d'opéras ou autres

§ 656.—Pour les *pas redoublés* que l'on compose sur des *motifs* qui n'ont pas été faits *exprès* (motifs d'opéras ou autres) on ne peut pas toujours se conformer absolument aux programmes que nous venons de tracer.

§ 657.—C'est ainsi que, dans le *Pas redoublé* suivant, composé sur des motifs d'Aïda, la *première période* est entièrement remplie par une *phrase d'entrée de vingt mesures* et un motif de *trente-deux mesures sans reprise.*

G. WITTMANN—Pas redoublé sur *Aïda* de G.VERDI Ton principal, *fa majeur.* A LEDUC, Ed.-Propriétaire.

PREMIÈRE PÉRIODE

§ 658.—Quant au *trio,* il se compose, comme d'ordinaire, de *deux reprises;* mais la première n'a que *douze mesures,* la seconde en a *vingt,* ce qui fait *trente-deux mesures* en tout, c'est-à-dire l'*équivalent* des *deux reprises de seize.*

§ 659.—Au contraire de ce qui se fait d'habitude dans les *Pas redoublés* composés de *toutes pièces* (§ 647) ici, c'est dans la *première période* (Motif B.) que se trouve le *cantabile* du morceau, et dans la *deuxième ou trio,* le *motif éclatant* (C, D.)

§ 660.—Au reste, même dans les *pas redoublés* composés sur des *motifs originaux,* une *certaine latitude* est laissée au compositeur.

§ 661.—Il peut, par exemple, comme dans les *suites de valses* (§ 604) remplacer, quelquefois, une *reprise* de seize mesures par un *motif* développé en *trente-deux mesures* sans reprise, l'un étant l'*équivalent* de l'autre.

§ 662.—D'autres *équivalences* sont également *permises,* à la condition, toutefois, d'observer, dans *toutes les parties* du morceau, une *carrure irréprochable* ainsi qu'un *rythme franc et net.*

Pas redoublés avec tutti de Basses

§ **663.**—Voici, maintenant, un de ces *pas redoublés* auxquels nous avons fait allusion au § 639, dans lesquels des *tutti de Basses* sont intercalés entre les *motifs principaux*:

N. B.—Dans les morceaux plus modernes on est *très sobre* de ces sortes de *tutti*.

P. CLODOMIR— Op 43, *Le Mascaret*, Pas redoublé
A LEDUC, Ed.-Propriétaire
PREMIÈRE PÉRIODE

§ 664.—Dégagée de ses *tutti*, cette *première période* se compose des *deux motifs* **A** et **B**, et de la *répétition* du premier.

§ 665.—Quant au *trio*, il se compose: 1º pour la première reprise d'un *nouveau thème*; 2º pour la seconde reprise, d'une *phrase épisodique* et de la *répétition du nouveau thème*. C'est la coupe habituelle. (§ 653)

SECONDE PÉRIODE ou TRIO

FIN DE LA DEUXIÈME PARTIE

TROISIÈME PARTIE

MUSIQUE VOCALE

TROISIÈME PARTIE

MUSIQUE VOCALE

DES VOIX

§ 666.—Il y a quatre sortes de voix d'hommes: la *Basse profonde* ou *Basse-taille*, la *Basse chantante*, le *Baryton* et le *Ténor*.

§ 667.—Il y a trois sortes de voix de femmes ou d'enfants: le *Contralto*, le *Second Dessus* ou *Mezzo-Soprano*, et le *Premier Dessus* ou *Soprano*.

§ 668.—La **Basse** et le **Baryton** occupent la région la *plus grave* de l'échelle vocale; le **Ténor** et le **Contralto** la région du *médium;* le **premier** et le **second dessus**, la région de l'*aigu*.

§ 669.—Les **voix graves** (*Basse* et *Baryton*) s'écrivent en clé de **Fa 4ᵐᵉ**.

§ 670.—Les voix du **médium** et de l'aigu s'écrivent parfois sur les clés de do;

§ 671.—Mais, le plus souvent on les écrit en clé de **sol**. (N.B. la musique notée en *clé de sol* pour le *ténor*, étant à une 8ᵛᵉ trop haut, il doit la chanter à une 8ᵛᵉ au dessous de ce qui est écrit.)

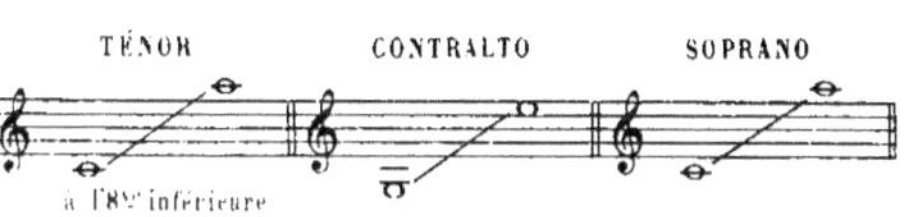

§ 672.—L'**échelle vocale**, depuis la note *la plus grave* de la voix de Basse jusqu'à la note la *plus aiguë* du **Soprano** (**Voix ordinaires**) embrasse une étendue d'environ vingt-quatre *degrés diatoniques*, ou *trois octaves* plus une *tierce*.—C'est, à peu près, l'étendue totale des *deux portées* réunies de Fa 4ᵐᵉ et Sol 2ᵈ.—Avec ces *deux clés* seulement, on peut donc écrire pour *toutes les voix*, depuis la *plus grave* jusqu'à la *plus aiguë*.

ÉCHELLE VOCALE MOYENNE

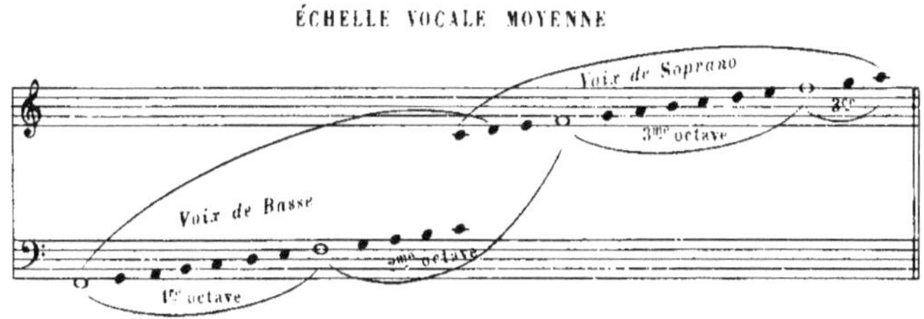

238

§ **673.**—Si l'on ajoute à cette *échelle moyenne* les sons *plus graves* ou *plus aigus* qui ne peuvent être atteints que par des *voix* tout-à-fait *exceptionnelles*, on obtient une *échelle vocale* de plus de *quatre octaves*. Mais, il y aurait *grave imprudence* à se servir de ces sons *sur-aigus* ou *sous-graves*, qui ne sont accessibles, nous le répétons, qu'à des *voix si exceptionnelles* qu'on ne les a que très rarement à sa disposition.

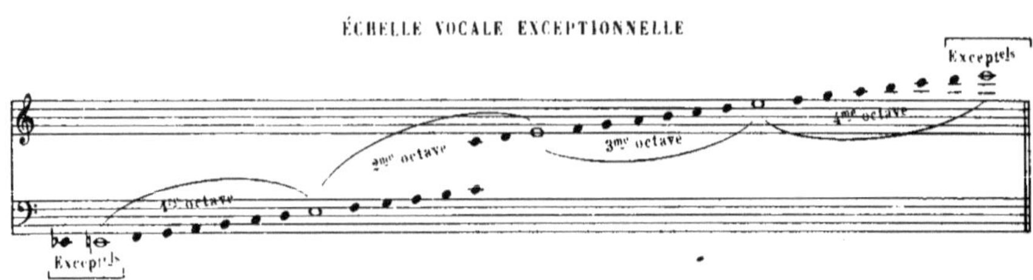

§ **674.**—*L'étendue moyenne* de chaque voix est d'environ une *treizième*, c'est-à-dire, une *octave* plus *une sixte*.—Mais, à cet égard, on ne peut donner que des *à peu près*, car il y a des *voix* plus ou moins *longues*, plus ou moins *courtes;* cela varie à l'infini.—Il y en a qui peuvent parcourir plus d'une *quinzième*, alors que d'autres ont de la peine à atteindre une *douzième*.

§ **675.**—Quelle que soit son étendue, le *diapason* de chaque voix se divise en *trois registres:* le registre *grave*, le registre *aigu*, et entre les deux, le registre *moyen*, qui est le plus étendu.

(On sait que le **diapason** d'une *voix* c'est la *portion de l'échelle musicale* qu'elle peut parcourir.)

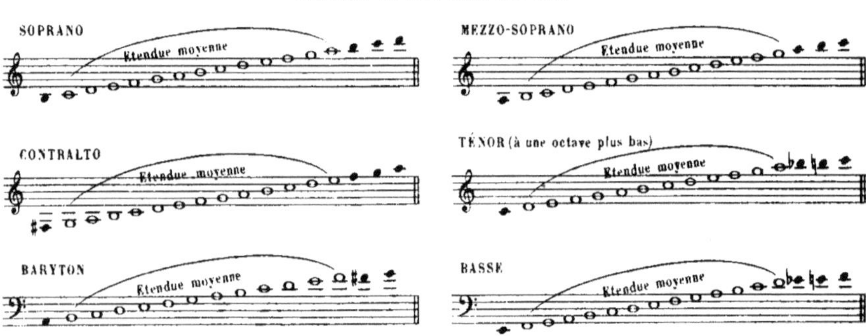

VOIX de POITRINE, VOIX de TÊTE ou de FAUSSET et VOIX MIXTE

§ **676.**—Les *voix humaines*, dans leur ensemble, se composent, naturellement, de *deux séries de sons* dont l'*émission*, et par suite, la *couleur*, sont différentes:
Nous voulons parler des sons de *poitrine* et des sons de *tête* ou de *fausset*.

§ **677.**—Les *sons de poitrine* occupent toute la *région grave* de l'échelle vocale.

§ **678.**—Les *sons de tête* ou de *fausset* en occupent la *région aiguë*.

§ 679.—Mais il existe, vers le *milieu de l'échelle vocale*, un passage d'une *quinte environ* que certaines voix font de *poitrine*, que d'autres font de *tête*, et que d'autres enfin, font tantôt de *tête*, et tantôt de *poitrine*.

§ 680.—Si l'on rapproche l'*étendue* des *différentes voix* de l'échelle vocale ainsi divisée, on peut constater les faits suivants:

1º la voix de *basse* ne possède, généralement, que des *sons de poitrine*.

2º le *soprano aigu* possède principalement des *sons de tête* ou de *fausset*;

3º les *voix intermédiaires* ont plus ou moins de *sons de poitrine* et de *sons de tête*, selon qu'elles sont plus ou moins vers le *grave* ou vers l'*aigu*.

§ 681.—Certains *chanteurs* (surtout les *ténors*) se servent, dans divers passages qui exigent de la *douceur*, mais qui sont *trop bas* pour leur *voix de tête*, d'une troisième manière d'émettre le son qu'on appelle la *voix mixte*.

§ 682.—La *voix mixte* emprunte une partie de son *étendue* (d'ailleurs très bornée) à la *voix de poitrine*, et une autre partie à la *voix de tête*.

TESSITURE DE LA VOIX

§ 683.—Il ne suffit pas de connaître le *diapason* et l'*étendue totale* de chaque *voix*, pour bien écrire la *musique vocale*. C'est qu'en effet, tous les *sons* dont se compose *une voix quelconque* ne sont pas *également faciles* à émettre et à soutenir, surtout en prononçant des paroles.

§ 684.—La *série des sons* sur lesquels on peut *chanter longtemps, aisément, sans fatigue, et articuler les paroles sans difficulté*, se nomme **tessiture**; (en italien **tessitura**.)

§ 685.—La **tessiture** occupe tout le *médium* de la voix, les *deux-tiers* environ.
Son étendue varie selon les *sujets*, mais, en moyenne, elle est à peu près d'*une octave*.

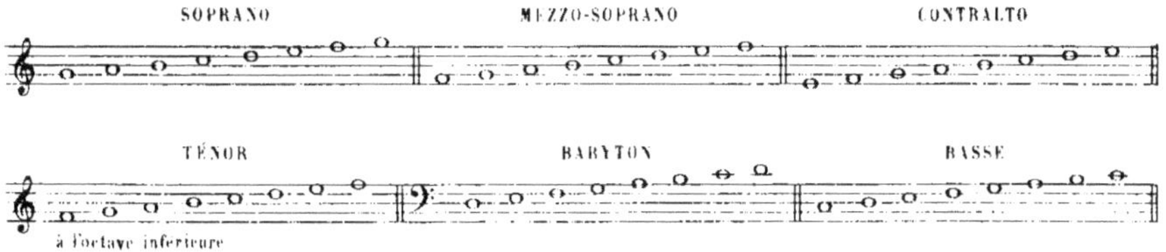

N.B.—Il va de soi que toutes les *chromatiques* comprises entre les *notes extrêmes* de ces exemples font partie de la **tessiture**.

§ 686.—On doit user sobrement des *sons qui dépassent la tessiture*, soit au *grave*, soit surtout à l'*aigu*, si l'on ne veut pas *fatiguer* le chanteur et nuire à la *qualité de sa voix*.

§ 687.—Mais, le compositeur ne pourrait se *confiner* toujours dans l'étendue restreinte que nous indiquons ci-dessus, sans entraver les *élans* de son inspiration. Il a souvent besoin de sortir de ces *limites étroites*, tantôt pour exprimer *certains sentiments*, vifs, passionnés, énergiques ou tendres, tantôt pour obtenir des *oppositions de timbres* (*clairs*, sombres, *éclatants* ou sourds) enfin, pour développer sa pensée.

§ 688.—On peut donc se servir de *toute l'étendue de la voix*, à la condition de *ne pas insister* trop longtemps de suite sur les *sons aigus* ou sur les *sons graves;* car, autre chose est de *donner accidentellement* un *son très aigu* ou *très grave*, autre chose est de se *maintenir longtemps* dans l'une des *régions extrêmes* de la voix.

Ainsi, tel *soprano* qui lancera facilement le *ré sur aigu*, dans un passage de ce genre,

se maitiendra difficilement sur de *longues suites de notes* comme *ré, mi, fa, sol, la*, placées, cependant, *beaucoup moins haut* que ce *ré*.

§ 689.—C'est surtout la *prononciation des paroles* qui est difficile sur les *notes élevées*, principalement pour les *voix de femmes*.

§ 690.—Le *Ténor* prononce plus facilement sur ses *notes aiguës*. Ainsi, ce passage du rôle d'*Arnold* dans *Guillaume Tell* pourrait être *vocalisé*, mais *non chanté* par un *Soprano*, si élevé qu'il fût:

§ 691.—Les voix de *ténors* qui possèdent des *notes de poitrine* au-dessus du *la* aigu, peuvent être considérées comme *exceptionnelles*.

§ 692.—Au contraire, la plupart des *ténors* montent facilement, en *voix de tête*, jusqu'au *do* aigu et même au *ré* ♭, surtout quand ces notes sont amenées par *degrés disjoints*.

PASSAGE D'UN REGISTRE A L'AUTRE

§ 693.—En montant ou en descendant par *degrés conjoints*, le passage du *registre de poitrine* à *celui de tête*, et réciproquement, présente une difficulté qui ne peut être aplanie que par l'étude.

§ 694.—En résumé, il faut avoir égard aux *moyens vocaux* des chanteurs pour lesquels on écrit.

§ 695. Dans une *œuvre vocale* destinée à *certains sujets* doués de *voix* remarquablement *développées,* comme il s'en trouve dans les *grands théâtres lyriques,* il est clair qu'on peut s'é-*tendre* beaucoup plus en *hauteur* ou en *profondeur,* que s'il s'agit d'écrire pour des *voix ordinaires.* (Ainsi le rôle d'*Arnold* dont nous donnons, ci-dessus, un fragment, ne peut être chanté que par une voix *tout-à-fait exceptionnelle.*)

§ 696.—Au contraire, si l'on veut produire des *morceaux de chant* accessibles à *tous,* il faut savoir en *borner l'étendue,* afin qu'ils puissent entrer dans *toutes les voix.* C'est l'une des conditions *sine qua non* de leur *vulgarisation.*

§ 697.—Voici par exemple, l'air *"Charmante Gabrielle"* attribué à HENRI IV, et qui, par conséquent, ne peut avoir guère moins de 300 ans.

Il a fallu qu'il ait joui d'une *grande popularité* pour arriver jusqu'à nous, et l'une des causes de cette popularité est, certainement, la facilité avec laquelle chacun a pu le *mettre dans sa voix,* de même que dans sa mémoire.

Air de *"Charmante Gabrielle"* mis dans toutes les voix

§ 698.—L'*étendue* d'un morceau de *chant* destiné au *concert* et au *salon* dépasse rarement une *onzième;* et, fort souvent, elle n'est que de *dix-neuf,* ou même *huit degrés* seulement.

§ 699.—Voici l'*étendue* de quelques-uns des *morceaux de salon* qui ont été ou sont encore le plus chantés:

MORCEAUX DE CHANT DONT L'ÉTENDUE TOTALE EST D'UNE OCTAVE

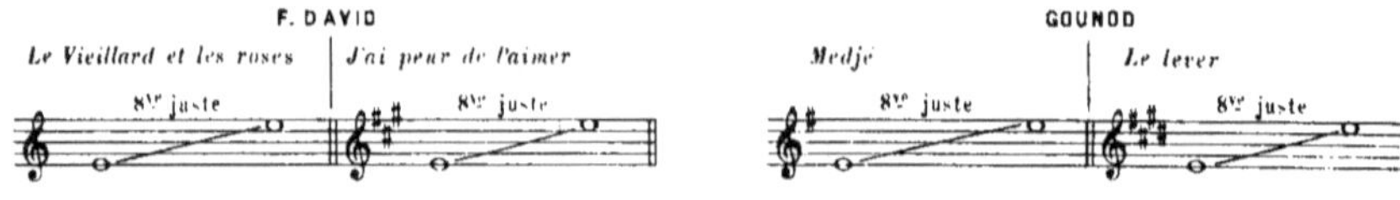

MORCEAUX DE CHANT DONT L'ÉTENDUE TOTALE EST D'UNE NEUVIÈME

MORCEAUX DE CHANT DONT L'ÉTENDUE TOTALE EST D'UNE DIXIÈME

MORCEAUX DE CHANT DONT L'ÉTENDUE TOTALE EST D'UNE ONZIÈME

MORCEAUX DE CHANT DONT L'ÉTENDUE TOTALE EST D'UNE DOUZIÈME

§ 700. — Voici encore l'*étendue* de quelques morceaux d'*opéras* ou d'*opéras-comiques* qui, bien que composés pour le *théâtre*, ont été beaucoup chantés au *concert* et au *salon*.

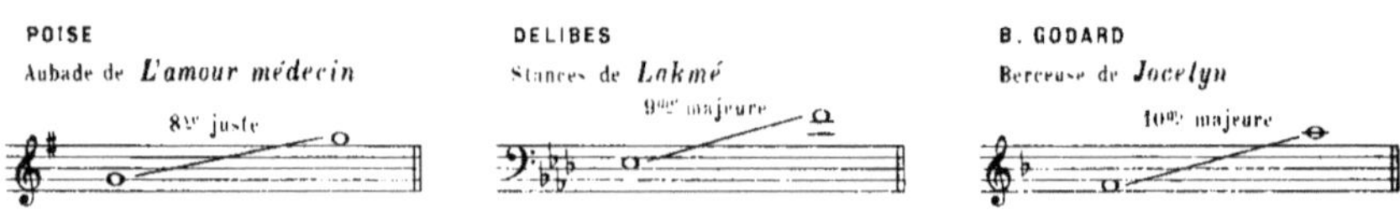

SERVITUDE DE LA MUSIQUE DE CHANT
envers les paroles

§ **701.**—La *musique vocale* se solfie, se vocalise ou se chante.

§ **702.**—Les *solfèges* et les *vocalises* sont des *exercices* ou des *morceaux* de musique vocale *sans paroles*.

§ **703.**—Les *morceaux de chant* proprement dits sont composés *sur des paroles*.

§ **704.**—La musique vocale *sans paroles* est maîtresse d'elle-même comme la *musique instrumentale*, avec cette différence que, la *voix* ayant *moins d'étendue* que la plupart des instruments, elle doit se mouvoir dans un *espace plus restreint* que ces derniers.

§ **705.**—Pour la *musique vocale sans paroles,* de même que pour la *musique instrumentale,* le compositeur choisit lui-même son *sujet;* il donne à ses morceaux tel *caractère,* telle *forme* et tels *développements* qu'il lui plait de leur donner; il les traite, enfin, absolument selon sa fantaisie.

§ **706.**—Mais, il en est tout autrement pour la *musique de chant,* dont les *sujets* sont fournis par le *poète,* le *librettiste,* le *chansonnier.*

Pour cette musique, le *sentiment,* la *couleur* et (jusqu'à un certain point) la *coupe* et même le *rythme,* sont imposés au compositeur par les *paroles,* la *situation* et la nature des *personnages* ou des *objets* en cause.

§ **707.**—C'est qu'en effet, le compositeur de *musique de chant* est tenu de *s'imprégner* d'abord des *sentiments* exprimés par les *paroles* qui lui servent de *texte,* ainsi que du *caractère général* et de la *couleur* du *sujet* (laquelle varie selon les milieux;) de s'en *bien pénétrer,* de s'en *inspirer,* en un mot, afin de les rendre fidèlement, tout en leur imprimant *plus de force,* plus de relief, par les *accents* de la *mélodie* et le *coloris* de l'*harmonie.*

§ **708.**—Il est évident, par exemple, que ROSSINI n'était pas libre (s'il eût été d'humeur à le faire) de composer un motif *allègre* et *vif* sur les paroles suivantes que chante *Arnold,* dans *Guillaume Tell,* en apprenant la mort tragique de son père.

ARNOLD

Ses jours qu'ils ont osé proscrire,
Je ne les ai pas défendus!...
Mon père, tu m'as dû maudire!
De remords mon cœur se déchire!
O ciel! je ne te verrai plus!

§ **709.**—Il n'était pas, non plus, *absolument libre* d'adopter tel ou tel *rythme* qui aurait pu lui venir à l'esprit, à cause de l'obligation où il était d'*accentuer* plus particulièrement les *syllabes d'appui* (celles que nous indiquons ci-dessus par un trait) soit en les faisant tomber sur les *temps forts,* soit en leur donnant une *durée relativement longue,* soit, enfin, par tout autre moyen qui pût favoriser l'*accentuation de ces syllabes* en raison de leur importance relative.

PAROLES MUSICALES

§ 710.—Le *musicien* étant obligé, comme nous venons de le dire, de s'inspirer des *paroles* pour trouver une *mélodie* qui s'y *adapte* parfaitement, il est très important que ces paroles soient *favorables à la musique*, tout en ayant leur *valeur littéraire*.

Il est donc essentiel que le *compositeur* ait les connaissances nécessaires pour pouvoir apprécier, sous le double rapport *poétique* et *lyrique*, les paroles qu'il devra *mettre en musique*.

C'est pourquoi nous rappellerons celles des règles de la *versification* qui touchent de plus près à notre sujet.

§ 711.—Pour que des *paroles* soient *musicales*, il faut, avant tout, qu'elles aient un *caractère*, une *couleur*, une *forme*, et que leurs *développements* soient suffisants sans être excessifs.

§ 712.—Il faut, en outre, qu'elles soient *bien rythmées;* c'est-à-dire, que leur *rythme* soit *harmonieux* et *régulier*.

La *coupe des vers* est donc d'une *importance capitale* au point de vue de leur *mise en musique*. (Voir plus loin, page 252 et suivantes, le *chapitre* consacré aux différentes *coupes de vers* dans leur application à la *musique de chant*.)

PROSODIE

§ 713.—Ce qu'on nomme *prosodie* dans la *composition musicale*, c'est l'art de donner aux *paroles* que l'on met en musique, le *ton*, l'*accent* et la *durée relative* qui leur conviennent respectivement, de manière à en obtenir une *bonne déclamation*.

En d'autres termes, *bien prosodier*, c'est faire du *chant bien déclamé, bien phrasé*.

Dans son dictionnaire de musique, J.J. ROUSSEAU dit:"Un compositeur qui *ponctue* et *phrase bien* est un *homme d'esprit*."

§ 714.—Pour *bien prosodier*, il est bon de commencer, tout d'abord, par *lire à haute voix* les paroles qu'on doit mettre en musique, en les *scandant* de manière à en bien sentir le *mouvement* et les *inflexions*. Puis, on s'inspire de cette lecture pour chercher un *motif* qui soit bien l'expression des paroles, et qui s'*adapte à leur rythme* aussi fidèlement que le permettent les *exigences musicales;* ce qui s'obtient, principalement, en faisant concorder les *notes d'appui* de la *mélodie* avec les *syllabes d'appui* des paroles, (voir § 246) et en mesurant l'accentuation des *sons* sur celle des *mots*, toutes proportions gardées; car, on sait que, pour *chanter*, il faut *soutenir* et *prolonger les sons* beaucoup plus que pour *parler*.

§ 715.—Par exemple, en mettant en musique les vers suivants:

Né dans une crèche,
Divin Rédempteur,
Ici-bas je prêche,
Les vertus du cœur

(A. PORTE)

GOUNOD a dû composer sa *mélodie* de manière à *appuyer* plus particulièrement sur les *mots* et les *syllabes* soulignés ci-dessus, soit en les faisant coïncider avec des *temps forts*, soit en leur donnant *une valeur* relativement importante comme *accentuation*.

§ 716.—Quant aux autres *mots*, aux autres *syllabes*, il les a plus ou moins appuyés, selon leur valeur dans la phrase. On comprend, d'ailleurs, que, sous ce rapport, une *certaine latitude* soit laissée au Compositeur; car, s'il devait faire *chanter* absolument comme on parle, il ne pourrait obtenir qu'une sorte de *psalmodie sèche*, qui exclurait toute *la grâce*, tout *le charme*, qui sont les conditions essentielles sans lesquelles la musique ne saurait subsister.

DÉPLACEMENT DE L'ACCENTUATION NORMALE DES TEMPS

§ 717.—On sait que la *syncope* est une note qui, *attaquée* sur un *temps faible* ou sur une *partie faible* de temps, se *prolonge* sur une *partie plus forte* de la mesure.

§ 718.—Cette *attaque* de la *note syncopée* sur un temps faible *déplace*, momentanément, l'*accentuation normale* des temps, de telle sorte que leurs rôles sont *intervertis*: le temps *fort* devient relativement *faible*, et le temps *faible* relativement *fort*. C'est ainsi que, dans l'exemple suivant, l'*accent tonique* tombe sur le *second temps* de chaque mesure.

NÉGLIGENCES DANS LA PROSODIE [*]

§ 719.—Il fut une époque où nos meilleurs compositeurs français faisaient assez bon marché des *règles de la prosodie*, quand elle gênait leur inspiration mélodique.

§ 720.—Malgré l'admiration (je dirai même le *culte*) que nous professons toujours pour ces Maîtres vénérés qui furent les nôtres, nous ne pouvons nous empêcher de regretter leurs négligences à cet égard.

§ 721.—Nous savons bien que les *librettistes* ne taillèrent pas toujours *leurs vers* d'une manière favorable à la musique, et qu'ils fournirent, parfois, aux musiciens, des paroles qui leur rendaient la *tâche très difficile*.

Mais, en pareil cas, au point de vue de *l'art pur*, il faut de deux choses l'une: ou trouver le moyen de *vaincre la difficulté* (sans la faire sentir) ou bien, obtenir de l'auteur les *changements* qui peuvent être nécessaires pour *mettre d'accord* les paroles et la musique.

§ 722.—Nous savons aussi, qu'à l'époque dont nous parlons, laquelle fut, d'ailleurs, très fertile en *ouvrages lyriques remarquables*, on était fort épris de *mélodie franche*, *bien rythmée* et exempte de complications.

§ 723.—Nous savons encore que *certains compositeurs*, chez qui les *idées mélodiques* affluaient, étaient comme entraînés par une inspiration débordante, et composaient spontanément des *motifs*, sur lesquels ils faisaient ensuite *ajuster des paroles*.

[*] Lire, dans l'ouvrage de M. SAINT-SAËNS intitulé *Harmonie et Mélodie*, le chapitre consacré à "la poésie et la musique."

§ **724.**—Ce *système* peut réussir quelquefois; mais, en principe, *il n'est pas bon;* car, il est *plus naturel* de faire de la *musique sur des paroles* que de placer des *paroles sous la musique:* La *poésie,* c'est l'*idée;* la *musique,* c'est l'*expression,* l'*accent,* le *mouvement,* la *vie;* c'est, enfin, la *déclamation chantée.* Or, l'expression d'une idée ne saurait précéder l'*idée* elle-même.

§ **725.**—C'est qu'en effet, le *langage des mots* a un *sens précis* que le compositeur connaît et doit comprendre parfaitement, ce qui lui permet de le traduire fidèlement en *musique,* celle-ci étant, d'ailleurs, d'une telle *souplesse,* qu'elle se prête, à la fois, et merveilleusement, à une *adaptation parfaite* des paroles et à l'*expression exacte* des sentiments qu'elles expriment.

§ **726.**—Tandis que le *langage des sons,* beaucoup plus subtil que celui des *mots,* a quelque chose de *vague,* dont le sens peut échapper au *poète* (fut-il doublé d'un musicien;) et que, d'ailleurs, le comprît-il absolument, il lui serait bien difficile, sinon impossible, d'en exprimer les *nuances les plus délicates,* tout en développant son sujet. Et la preuve, c'est qu'il n'y a guère de *traductions* qui puissent satisfaire entièrement l'*auteur de la musique,* par la raison qu'il peut suffire d'une *inversion* dans les paroles pour *fausser* l'accentuation et la *vérité d'expression;* d'où le proverbe italien: *traduttore, traditore.* (traducteur, traître) (*)

SYLLABE D'APPUI—ACCENT TONIQUE
VOYELLES ET SYLLABES SONORES ET MUETTES

§ **727.**—Dans toutes les *langues,* et notamment dans le *latin,* l'*italien* et le *français,* les mots qui se composent de *plusieurs syllabes* en ont toujours une qu'on *accentue* plus que les autres. C'est ce qu'on appelle la *syllabe d'appui,* celle à laquelle on donne l'*accent tonique,* c'est-à-dire, l'accent *le plus marqué.*

§ **728.**—A ce sujet, il convient d'observer, tout d'abord, que le *latin* et l'*italien* ne possèdent que des *syllabes sonores,* attendu qu'on prononce toujours l'*e: é* ou *è* comme s'il avait un *accent,* l'*e* muet n'existant pas pour eux. Ainsi, les mots latins *kyrie eleison, miserere, ave verum,* se prononcent: *Kyrié éléison, miséréré, avé vérum;* les mots italiens *venire, tenere, moderare,* se prononcent *véniré, ténéré, modéraré.*

§ **729.**—Dans la *langue française,* au contraire, nous avons l'*e* muet, ainsi nommé parce que, le plus souvent, on le prononce à peine, et parfois même, pas du tout.

Dans la *prose,* par exemple, les mots *appeler, prévenir, amener, dévouement, remercie- ment* se prononcent, à peu près, comme s'il y avait seulement: *app'ler, prév'nir, am'ner, dévoûment, remerciment.*

§ **730.**—Mais, l'*e* n'est pas également *muet* dans tous les mots; il en est, même, dans lesquels il ne l'est pas du tout.—Ainsi, on marque, généralement, celui des *monosyllabes: je, te, se* ou *ce, le, me, ne: Je* suis; *te* dirais-je? *se* peut-il? *ce* n'est rien; *le* monde; *me* trahir; *ne* pas voir.

(*) Nous supposons, ici, que le *compositeur* auquel nous faisons allusion est de ceux dont la *musique* est *bien caractérisée,* et inspirée par un *sujet déterminé,* et non de ceux qui font de la *musique passe-partout,* n'ayant *aucun caractère,* et n'allant mieux ni plus mal à un *sujet* qu'à un *autre.*

Dans ces mots, comme dans tous ceux où l'on articule la *syllabe* dite *muette*, on ne peut pas dire que l'*e* soit vraiment muet; il est plutôt *gris, peu coloré, peu sonore*, mais il existe et c'est un son.

§ **731.**—L'*s* du pluriel ne change pas la *prononciation* ni l'*accentuation* de l'*e* muet. On prononce donc de la même manière: une âme pure, des *âmes pures;* une perle fine, des *perles fines;* une douce chose, de *douces choses.*

§ **732.**—Enfin, à la *dernière syllabe* de la troisième personne du pluriel de certains temps de *verbes*, l'*e* est encore *muet*, bien qu'il soit suivi de *nt.*
Ils pleur*ent*, ils finiss*ent*, ils meur*ent;* ils pleurèr*ent*, ils finir*ent*, ils mourur*ent.*
Les *syllabes* dans lesquelles l'*e* est *muet*, comme celles dont nous venons de parler, lesquelles se terminent par *e, es* ou *ent*, sont, par cette raison, des *syllabes muettes.*

§ **733.**—Mais, il est beaucoup de *syllabes* qui, n'ayant d'autre *voyelle* que l'*e* sans aucun accent, ne sont *pas muettes,* cependant.—Telles sont celles qui, écrites par *en, em, ent, ens, er* ou *et* se prononcent *an, é* ou *è*, comme dans enfant, emprunt, entreprise, sens, aimer, projet, etc.
Toutes ces *syllabes* sont *sonores,* bien que certaines d'entre elles ne renferment que la *voyelle nasale* en qu'on prononce an.

SYLLABES LONGUES ET BRÈVES — LEUR VALEUR RELATIVE

§ **734.**—De même que les *valeurs de notes*, les *syllabes,* longues ou brèves, sonores ou muettes, n'ont pas une durée fixe et absolue, mais seulement une *durée relative.*
En effet, selon le *tempérament* du personnage qui *parle* ou *chante*, l'*état d'esprit* dans lequel il se trouve et les *sentiments* dont il est animé, il s'exprime avec plus ou moins de *vivacité* ou de *lenteur;* il *accentue* et *prolonge* plus ou moins tel *mot,* telle *syllabe,* etc., etc.
Par exemple, dans la *colère*, l'*indignation*, et, en général, dans l'expression de tout *sentiment violent,* il se livre à des *éclats de voix* accompagnés de *mouvements nerveux*, rapides, brusques et parfois *désordonnés.*
Au contraire, dans le *calme* et la *sérénité*, il parle *posément*, d'une *voix tranquille* et ses mouvements, ses gestes sont *sobres* et *mesurés.*

ACCENT TONIQUE DES MOTS LATINS OU ITALIENS

§ **735.**—Dans les mots *latins* ou *italiens*, l'accent tonique se trouve, le plus souvent, sur l'*avant-dernière syllabe*, comme, en *latin:* Je-su, Ma-ri-a, al-le-lu-ia; et en *italien:* pa-dre, a-mo-re, pon-ti-cel-lo; quelquefois, il se met sur l'*antépénultième* comme, en *latin:* glo-ri-a, do-mi-nus, li-be-ra, e-le-i-son, pec-ca-to-ri-bus; et en *italien:* vi-ve-re, se-co-lo, uo-mi-ni; enfin, quelques mots de ces deux langues ont leur *accent tonique* sur la *dernière syllabe*, comme, en *latin:* Si-on, Da-vid; et en *italien:* pie-tà, gio-ven-tù, mo-bi-li-tà.
Pour ce dernier cas, l'*accent tonique* est indiqué, dans les *mots italiens*, par un accent *grave:* à, è, ou ù.

ACCENT TONIQUE DES MOTS FRANÇAIS

§ **736.**—Quel que soit le *nombre des syllabes* dont se composent les *mots français*, l'accent tonique se place toujours sur leur *dernière syllabe sonore;* et (à part les *exceptions* ci-après § 739) *jamais* sur une *syllabe muette.*

§ **737.**—Si donc, un *mot français* se termine par une *syllabe sonore*, c'est, invariablement, sur cette *dernière syllabe* qu'on place l'*accent tonique.*

EXEMPLES

Ver_tu, cha_ri_té, é_ter_nel, a_mi, châ_te_lain, ex_tra_va_gant, ca_té_go_ri_que_ment.

§ **738.**—Si, au contraire, le *mot* se termine par une *syllabe muette*, c'est sur *l'avant-dernière syllabe* (laquelle est toujours *sonore*) que doit porter *cet accent.*

EXEMPLES

Pè_re, fil_le, an_cê_tres, per_son_na_ges, ex_tra_va_gan_ce, ils ai_ment, ils ai_mè_rent, ils cru_rent, ils dé_ses_pé_rè_rent, qu'ils fi_ni_sent, qu'ils dé_ses_pé_ras_sent.

EXCEPTIONS

§ **739.**—L'*accent tonique* peut tomber sur les syllabes ce, le et que, dans les cas suivants: sur ce, prends-le.—parce que.

Mais ici, l'e n'est pas plus *muet* que dans *bleu,* qui est une *syllabe sonore.*

MONOSYLLABES

§ **740.**—Dans les *monosyllabes*, il va de soi qu'il ne peut y avoir d'*accent tonique* que sur la *syllabe unique* dont ils sont composés. On *appuie* ou on *n'appuie pas* sur cette *syllabe*, selon la *valeur du mot* dans la phrase, et la place qu'il y occupe par rapport aux autres mots.

§ **741.**—Ainsi, dans "*Je sais bien ce que vous pensez*" le premier *accent tonique* doit porter sur le mot *bien,* qui termine le *premier terme* de la *proposition* "*Je sais bien—ce que vous pensez.*"

§ **742.**—Au contraire, dans "*Je sais bien des choses*" c'est sur le mot *sais* et non sur le mot *bien* que doit porter le premier *accent tonique*, parce que le *premier terme* de la *proposition* s'arrête, cette fois, sur *Je sais.* Cette phrase, en effet, se divise ainsi: "*Je sais — bien des choses.*"

§ **743.**—Dans l'un et l'autre cas, un *second accent tonique* a lieu sur la *dernière syllabe sonore* de la phrase; et l'on appuie moins sur les autres mots, tout en les prononçant distinctement.

§ **744.**—Ajoutons que l'*accent tonique* ne s'applique pas seulement à telle ou telle *syllabe*, mais encore, et avec plus de force, au *mot de valeur* de la phrase, celui qui, plus que les autres, en caractérise l'*idée* ou le *sentiment*, et que, dès lors, il importe de mettre en *relief.*

ACCENTS SECONDAIRES ET FACULTATIFS

§ 745.—Outre l'accent *tonique* d'un *mot*, qui appartient de droit à sa *dernière syllabe sonore*, on peut, en musique, *appuyer* et prendre des *repos* plus ou moins longs sur *d'autres syllabes*, dans des cas comme ceux dont nous allons parler.

Ces *repos* et ces *accents* sont facultatifs et *secondaires*.

N.-B.—Avant d'entrer dans aucune explication à ce sujet, nous devons faire observer que, dans tout ce qui suit, nous faisons *abstraction complète* de la *syllabe muette* des terminaisons féminines, laquelle, on le sait, ne compte pour *rien* dans la *mesure des vers*.

MOTS DE TROIS, QUATRE OU CINQ SYLLABES ET PLUS

§ 746.—Dans les mots de trois, quatre ou cinq *syllabes* et plus, (*) on peut *appuyer* et prendre un *repos* sur l'*antépénultième*, sans préjudice de l'*accent tonique* qui doit avoir lieu sur la dernière syllabe sonore.

MOTS DE DEUX SYLLABES

§ 747.—On peut *assimiler* au mot de trois syllabes celui qui, n'en ayant que *deux*, est immédiatement suivi d'un *monosyllabe* qui s'y rattache si étroitement que ces deux mots semblent, pour ainsi dire, n'en faire qu'*un*.

§ 748.—Si donc un mot de deux *syllabes sonores* est suivi d'un *monosyllabe* qui en complète le sens, comme, par exemple: *Suivez-moi! Je ne te verrai plus.* On peut appliquer la règle précédente à l'*ensemble* de ces *deux mots* formant un total de trois *syllabes*, et appuyer sur l'*antépénultième*, laquelle n'est autre que la première des deux *syllabes* dont se compose le premier mot.

Publié avec l'autorisation de Me LÉON GRUS, Éd-Propriétaire

(*) Notons, en passant, que les mots de six ou sept *syllabes* et plus sont généralement *ingrats* pour la musique. Tels sont les suivants: *délicieusement, mystérieusement, superficiellement, voluptueusement, épanouissement, évanouissement.*

PREMIÈRE SYLLABE D'UN VERS OU D'UNE PROPOSITION

§ 749.—En général, on peut appuyer sur la *première syllabe* d'un vers ou d'une *proposition* (surtout s'il s'agit d'un *monosyllabe*) à moins que le *caractère de la parole* ne s'oppose à tout repos, comme cela existe pour les expressions: *tout-à-coup, soudain, allons! buvons! silence! tais-toi! va-t'en!* etc, dont le *ton* est *impératif,* ou tout au moins *très bref.*

EXEMPLES

APPUI SUR LA PREMIÈRE SYLLABE DE CHAQUE VERS

GLÜCK— *Iphigénie en Aulide* (Chœur)

MÉHUL— *Joseph* (Prière)

HALÉVY— *Charles VI,* Quatuor (3ᵐᵉ Acte) Publié avec l'autorisation de MM. H. LEMOINE et Cⁱᵉ, Éd.-Propriétaires.

MONOSYLLABES ET DISSYLLABES QUI NE PERMETTENT PAS CET APPUI

HÉROLD— Duo du *Pré aux Clercs* (*)

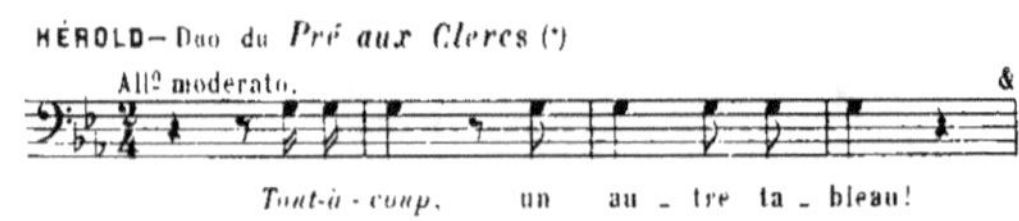

DONIZETTI— Duo de *La Favorite* (*)

(*) Publié avec l'autorisation de M. LÉON GRUS, Éd.-Propriétaire.

SYLLABES MUETTES DANS LA MUSIQUE DE CHANT

§ 750.—Dans le *chant,* comme dans la *poésie,* on doit *articuler* toute *syllabe muette* qui est suivie d'une *consonne* ou d'un **h** *aspiré,* que ce soit au commencement, au milieu, ou à la fin des *mots* ou des *vers*.

§ 751.—En principe, on doit faire l'*élision* de l'e muet, lorsque, dans le *corps* d'un *vers,* il est suivi d'une *voyelle* ou d'un **h** *non aspiré*.

§ 752.—On peut aussi faire l'*élision,* quand l'e muet qui termine un *vers féminin* est suivi d'un vers commençant par une *voyelle,* et que le sens des paroles permet la *liaison* de ces *deux vers,* de manière à ce qu'ils paraissent n'en faire qu'*un*.

§ 753.—Mais, le plus souvent, on *articule* la *syllabe muette* qui termine les *vers féminins,* alors même que les vers suivants commencent par des *voyelles*.

LICENCES

§ 754.—Exceptionnellement, et lorsque le sens des paroles exige une *suspension* entre *deux mots* qui se suivent dans le *courant du vers* (le premier mot finissant par un e muet, le *second* commençant par une *voyelle* ou un **h** *non aspiré,*) il est permis d'*articuler légèrement* la *syllabe muette,* bien que cela donne au vers un *pied de trop.*

Mais, il faut, en même temps, ménager une *respiration* (effective ou simulée) entre ces deux voyelles, pour éviter l'*hiatus* qui résulterait de leur *liaison.*

§ 755.—De bons compositeurs ont quelquefois, sans nécessité absolue, *éludé* la règle qui prescrit de faire l'*élision* de l'e muet, lorsque, dans le corps du vers, il est suivi d'une *autre voyelle.* Mais c'était, ou pour donner du *relief* à un mot important, en le *détachant* du mot suivant, ou pour permettre au chanteur de *respirer* au milieu d'une *longue phrase,* ou enfin, pour obtenir certains *rythmes fantaisistes.*

Il faut un goût très sûr pour se permettre de telles *licences,* dont, en tous les cas, il ne serait pas bon d'abuser.

VERS LYRIQUES

§ 756.—On sait qu'il y a des *vers* de dimensions très différentes: Les uns se composent de huit, dix ou douze *syllabes*, tandis que d'autres n'en possèdent que sept, six, cinq, quatre, trois, deux, ou même *une seule*.

§ 757.—En désignant la *mesure* des vers, on remplace fort souvent le mot *syllabe* par le mot *pied*; (*) ainsi, l'on dit: un vers de huit *pieds*, un vers de douze *pieds*, etc. On appelle aussi le vers de douze *pieds* un *Alexandrin*, parce qu'on en attribue l'invention à un ancien poète du nom d'*Alexandre*.

§ 758.—Les vers de dix et de douze *pieds* doivent avoir un *repos*, une sorte de *suspension*, qui les coupe en *deux parties*. Chacune de ces deux parties s'appelle *hémistiche*. Le *repos* dont nous venons de parler se nomme *Césure*

§ 759.—La *césure* du vers de douze *pieds* doit toujours tomber sur la sixième *syllabe*, le partageant ainsi en *deux parties égales*. Celle du vers de dix *pieds* se trouve, tantôt à la quatrième *syllabe*, tantôt à la cinquième.—Dans le premier cas, les *deux hémistiches* sont *inégaux*, le premier n'ayant que quatre *pieds* alors que le *second* en a six.—Dans le second cas, les *deux hémistiches* sont de *même dimension*, ayant chacun cinq *syllabes*.

VERS COURTS

§ 760.—D'une manière générale, les *vers courts* (ceux qui n'ont pas plus de six ou sept *pieds*) sont *les plus favorables* à la musique, quel que soit le mouvement qu'on veuille obtenir; mais, principalement, pour les *mouvements vifs*.

Les trois exemples ci-dessus sont publiés avec l'autorisation de MM^{es} H. LEMOINE et Cie, Ed.-Propriétaires.

(*) Cette expression n'appartient légitimement qu'à la *poésie grecque ou latine*. Mais on en a fait un si grand usage pour la *poésie française*, que nous nous croyons autorisé à nous en servir, afin de répéter moins souvent le mot *syllabe*.

VERS LONGS

§ 761.—Les *vers longs* (ceux de dix et surtout de douze pieds) conviennent principalement à la musique *large*.

CHANT LARGE composé sur des vers de *DIX* et de *DOUZE SYLLABES*

§ 762.—Cependant, il n'est pas impossible d'obtenir une *musique vive et alerte* avec des vers de dix ou douze *pieds*. Il suffit, pour cela, de faire cette musique *syllabique*, c'est-à-dire en notes *brèves et égales*, à raison d'*une seule note* pour *chaque syllabe*.

CHANT VIF composé sur des vers de *DOUZE SYLLABES*

§ 763.—On a écrit beaucoup de *chansons* et de *couplets* de *vaudevilles* sur des vers de *dix pieds* avec *césure* au *quatrième*. Il en est résulté que les *rythmes* généralement adoptés pour ces sortes de compositions sont devenus *bien vulgaires*, ce dont il faut *se défier* quand on compose sur des *vers de cette coupe*.

§ 764.—Cependant, on peut encore faire de *beaux chants* sur de pareils vers; et nous devons reconnaître qu'ils ont servi de *texte* à nombre de *jolis motifs*.

(Voir dans *Charles VI*, la cavatine de *Raymond* et la romance du *Roi*, dont nous donnons des fragments aux pages 270 et 301; voir également l'*andante* de l'air de *Catarina* de la *Reine de Chypre*, dont voici le commencement.)

VERS DE DIX SYLLABES
avec césure à la cinquième

§ **765.**—Le vers de *dix syllabes* avec *césure* à la *cinquième* fait assez l'effet de deux petits vers de *cinq pieds*.

Il avait dix ans ———————— quand j'en avais quatre,
1 2 3 4 5   1 2 3 4 5

Pour bien affirmer ———————— son droit de garçon,
1 2 3 4 5   1 2 3 4 5

Il se permettait ———————— souvent, sans me battre,
1 2 3 4 5   1 2 3 4 5

De me rudoyer ———————— de belle façon.
1 2 3 4 5   1 2 3 4 5

(PAUL COLLIN)

§ **766.**—Cette *coupe de vers* est *bonne* pour la musique; mais ce *rythme uniforme* ne pourrait se continuer bien longtemps sans devenir *monotone*, à moins qu'on ne trouvât le moyen de *rompre* cette uniformité, en jetant *quelque variété* dans la manière de *phraser* ces vers.

N.-B.—Le *rythme musical* adapté au 2me et au 4me vers n'est pas le même que celui des 1er et 3me.

VERS DE NEUF SYLLABES

§ 767.—Les vers de *neuf syllabes*, presque inusités, ont été, quelquefois, heureusement appliqués à la musique.

§ 768.—Le meilleur moyen de rendre ces vers *harmonieux*, c'est de les couper de manière à ménager un *repos de trois en trois syllabes*, comme dans les exemples suivants, tirés de la *Juive* et de *Guillaume Tell*. (En voir la musique plus bas.)

1 2 3	1 2 3	1 2 3
Mais j'entends ____	une voix ____	qui me crie:
1 2 3	1 2 3	1 2 3
Sauvez-moi ____	de la mort ____	qui m'attend! &

(SCRIBE.)

1 2 3	1 2 3	1 2 3
Il pâlit, ____	le remords ____	le déchire,
1 2 3	1 2 3	1 2 3
De l'amour ____	tous les nœuds ____	sont rompus. &

(JOUY et BIS.)

§ 769.—Mais cette condition n'a pas été toujours observée; par exemple, dans *ces vers* que nous empruntons aux *Noces de Jeannette*.

1 2 3 4 5	1 2 3 4
Pour entendre mieux ____	la voix si pure
1 2 3 4 5	1 2 3 4
Le flot clair apai ____	se son murmure, &

(M. CARRÉ et J. BARBIER.)

Cette *coupe irrégulière* ne paraît pas, cependant, avoir gêné l'inspiration du compositeur, qui a eu l'heureuse idée de faire, sur ces paroles, une *musique syllabique* et en *notes égales*, n'ayant de *repos* que sur la *dernière syllabe sonore* de chaque vers de *neuf pieds*. (Voir ci-après le troisième exemple.)

VERS SANS CÉSURE

§ 770.—D'après les règles de la versification française, les *vers* qui n'ont pas plus de *huit pieds* ne sont soumis à aucune *césure obligée*; et, dans le cours de ces vers, les *syllabes d'appui* peuvent tomber tantôt sur un pied, tantôt sur un autre: aussi bien sur le cinquième ou le sixième que sur l'un quelconque des *quatre premiers*.

§ 771.—Cette *liberté*, commode pour le *poète*, crée fort souvent des *difficultés* au musicien, quand le premier, usant de son droit, a écrit ses *paroles* sans se préoccuper des *exigences de la musique*.

§ 772.—C'est qu'en effet, pour pouvoir *développer*, d'une manière naturelle et régulière, une *phrase musicale* dont le *rythme* est, en quelque sorte, la *musculature*, il ne suffit pas que les vers soient *corrects* sous le rapport de leur *mesure totale*; il faut encore que, dans leur conformation, il y ait une *certaine symétrie* entre les membres d'une *même période*, afin que, le *premier vers* ayant déterminé un certain *mouvement rythmique*, les vers suivants ne viennent pas *contrarier* ce mouvement.

VERS DE HUIT SYLLABES

§ 773.—L'*absence de symétrie* dans la coupe des vers de *toutes dimensions* peut être une gêne pour le compositeur; mais, c'est principalement dans les vers de *huit syllabes* que cette gêne se produit souvent.

§ 774.—Cela tient à ce que, le vers de *huit pieds* étant le *plus long* de tous ceux qui n'exigent *aucune césure*, le *repos final* de chaque vers, qui seul, est obligatoire, et permet au musicien de *se retrouver*, n'y apparaît qu'à de plus *rares intervalles*.

§ 775.—Certains auteurs, qui savaient bien écrire pour la musique, se sont astreints parfois, à une *césure régulière* dans les vers de *six* ou *huit pieds*, bien qu'ils en fussent dispensés par les règles de la *versification*.

VERS DE HUIT PIEDS AVEC CÉSURE AU QUATRIÈME

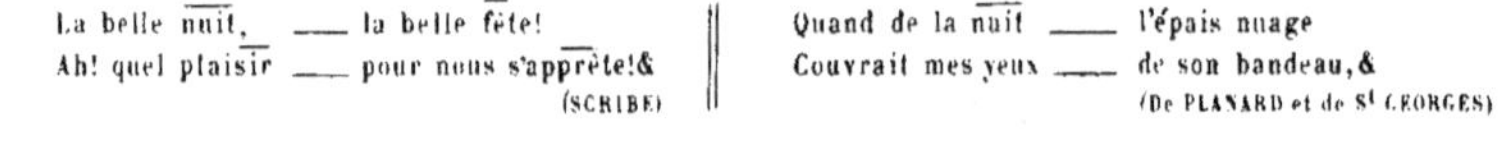

(Voir aussi: L'air de *Guido et Ginevra* "Quand renaîtra la pâle aurore," la *cavatine* de la *Juive* "Si la rigueur et la vengeance" et surtout le *duo* de la *Muette* "Amour sacré de la Patrie")

VERS DE HUIT PIEDS
en quatre groupes de deux syllabes chacun

Les trois exemples ci-dessous, sont publiés avec l'autorisation de M. LÉON GRUS, Ed.-Propriétaire

HÉROLD — *Le Pré aux Clercs*

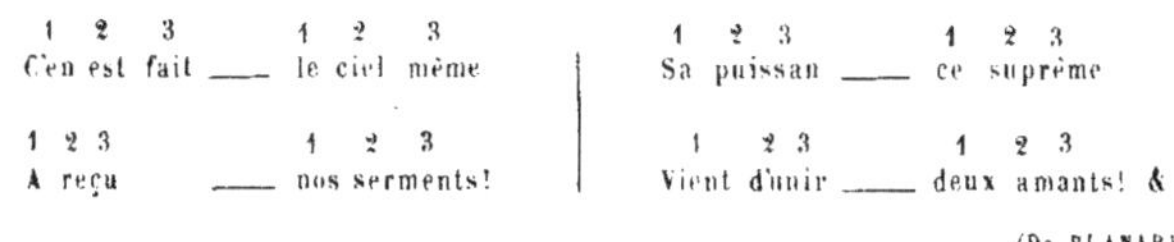

VERS DE SIX PIEDS
avec césure au troisième

Même ouvrage, (Trio du 3me Acte.)

Allo mod^{to} ma appassionato.

§ **776.**—Assurément, les *motifs* qui précèdent doivent, en grande partie, leur *franche allure* à la *coupe symétrique* des vers qui les ont inspirés.

§ **777.**—Il n'est pas douteux, en effet, que, pour obtenir un *chant* bien franc, bien rythmé, tout en respectant les règles de la *prosodie*, il faut d'abord que les paroles soient *bien coupées, bien rythmées* elles-mêmes.

§ **778.**—Il est vrai que, d'un autre côté, le *défaut de symétrie* dans la coupe des vers peut, dans certains cas, favoriser la variété et l'originalité du *rythme musical*, sans en compromettre l'équilibre.

C'est ce qui est arrivé, par exemple, pour ce refrain bien connu:

V. MASSÉ — *Les Noces de Jeannette*, (Romance de l'aiguille.)

Andante.

REMARQUES

§ **779.**—Dans ce *refrain*, en *vers* de *huit pieds*, et indépendamment du *repos* qui se trouve, nécessairement, sur la dernière *syllabe sonore* de chaque vers, il y a d'autres *repos* ainsi placés:

1er vers — *repos* sur les 1re et 4me syllabes;
2me vers — *repos* sur la 5me;
3me vers — *repos* sur les 2me et 6me syllabes;
4me vers — *repos* sur la 4me.

§ **780.**—Ces diverses dispositions des *syllabes d'appui* ont permis au compositeur de *diversifier* aussi ses *rythmes*, de telle sorte que, dans ce motif, on ne trouve pas deux mesures qui se ressemblent sous ce rapport, bien que l'*idée mélodique* s'y développe avec aisance, naturel et grâce.

§ **781.**—Ici donc, le *défaut de symétrie* dans la *coupe des vers* a été plutôt favorable au musicien.

§ **782.**—Mais, au lieu d'un *Andante*, où les mots peuvent s'étaler à leur aise et se caser facilement dans la mesure, s'il se fut agi d'un *motif* exigeant un *rythme bien accusé et régulier*, cette *coupe de vers* eut été, sans doute, *fort gênante*.

§ **783.**—Il convient, d'ailleurs, d'établir une *distinction* entre les *paroles* destinées à la composition d'un *air*, d'une *cavatine*, d'un *refrain*, d'un *récitatif* ou d'une *phrase épisodique* quelconque, et *celles* des *couplets* de *chansons*, *romances*, etc.

Nous reviendrons sur cette question, en ce qui concerne respectivement ces différents genres, aux divers chapitres qui leur sont particulièrement consacrés. Pour le moment, nous nous bornerons à résumer ce qui vient d'être dit, savoir:

1º les *vers courts* sont, en général, *les plus favorables* à la musique;

2º les vers de *dix* ou *douze pieds* conviennent surtout aux *motifs larges*;

3º les vers de *huit pieds* ne sont bons pour les morceaux à *couplets*, que si, dans toutes les *strophes*, il y a *conformité de rythme* et *concordance des syllabes d'appui* ou, tout au moins, des *repos principaux*.

Et nous ajouterons: les mots de *six* ou *sept* syllabes sont, généralement, ingrats pour la musique.

LICENCE POÉTIQUE

§ **784.**—On se rappelle qu'il y a deux espèces de *rimes* ou *terminaisons de vers*: celle du *genre masculin* et celle du *genre féminin*. (§ 107 et 108.)

§ **785.**—En principe, deux *désinences de même genre*, qui ne riment pas entre elles, ne doivent jamais se succéder comme terminant *deux vers consécutifs*; elles doivent être toujours *séparées* par une ou plusieurs *rimes de l'autre genre*.

§ **786.**—Cette règle, cependant, n'a pas empêché d'*excellents librettistes* de faire maintes fois, pour la musique, des *suites de vers* exclusivement *masculins* et variés de *rimes*, comme les suivants:

<table>
<tr><td>

Parmi les guerriers
Et les chevaliers
Du brillant tournoi,
Pour suivre la loi,
Nous allons chercher,
Au nom du plaisir. &

</td><td>

Bon gré, mal gré,
Je l'ai juré,
J'aurai raison de ce brutal!
Dans son effroi,
Il craint, ma foi!
Que tout ceci ne tourne mal!

</td></tr>
<tr><td>

De St GEORGES *"Les Mousquetaires de la Reine"*

</td><td>

M. CARRÉ et J. BARBIER *"Les Noces de Jeannette"*

</td></tr>
</table>

MÉLANGE DE VERS

§ 787.—Le mélange des vers de différentes mesures est *parfois heureux* et très usité dans le *genre lyrique*.

§ 788.—Si ces *vers différents* sont *harmonieusement groupés*, ils peuvent engendrer des *rythmes originaux* et se montrer, ainsi, favorables à la composition musicale.

OBSERVATIONS

§ 789.—La *poésie française* n'admet pas plus le vers de *treize pieds* que celui de *onze;* et cependant, l'exemple précédent finit par un vers de *treize pieds*.

Mais, il faut considérer que ce vers, qui a une *césure* à la cinquième syllabe, répond, comme *rythme*, à l'ensemble des *deux vers* qui terminent le *membre de phrase* précédent, l'un de ces vers ayant *cinq pieds* et l'autre *huit*, c'est-à-dire: *treize pieds* à eux deux.

Terminaison du 1er membre de phrase	*Terminaison du 2d membre de phrase*
Babil gracieux	Et l'amour s'éveille
Qui réjouis l'air et les cieux!	À tes accents mélodieux!

§ 790.—Un *versificateur expérimenté* peut, seul, se permettre impunément de telles *licences*, qu'il ne faut pas confondre avec les *maladresses* d'un ignorant.

Il est donc essentiel que, le cas échéant, le compositeur sache *distinguer* les unes des autres.

EMPLOI DES VERS D'UNE, DEUX ou TROIS SYLLABES

§ 791.—Les vers *d'une* ou *deux* syllabes qui, par eux-mêmes, ne pourraient exprimer une *idée suivie* sont toujours, par cette raison, associés à des vers *plus longs*.

Allons, que tout s'apprête,
Chantons!
Que rien ne nous arrête,
Buvons!

§ 792.—De leur côté, les vers de *trois syllabes* ne peuvent, que *très rarement*, se suffire à eux-mêmes.

En voici, pourtant, un exemple remarquable:

SCRIBE et HALÉVY – *La Juive* (Air d'Éléazar) Publié avec l'autorisation de MM. H. LEMOINE et Cie, Éd. Propriétaires

Voir également dans **Lalla Roukh** de FÉLICIEN DAVID le *chœur dansé* du 1er Acte: Bayadères / Plus légères   Que l'éclair / Qui fend l'air. &

§ 793.—Mais, *associés à d'autres vers*, on s'en sert assez souvent pour la musique.

Voir ci-dessus, l'air des *Noces de Jeannette*, 1er et 5me mesures.

RÉPÉTITION DE PAROLES

§ 794.—En principe, on ne doit *pas répéter* des *paroles* qui, *détachées* des autres, n'auraient *aucun sens*.— Ainsi, il eut été *mauvais* de répéter les *trois derniers mots* du vers suivant que chante *Marguerite* au 3ᵐᵉ acte de *Faust*, ces trois mots ne disant rien par eux-mêmes.

"Il était un *Roi de Thulé*". . . . . *Roi de Thulé*

§ 795.—A plus forte raison, ne doit-on *pas répéter* celles qui donneraient un *faux sens,* un *sens contraire* à la pensée de l'auteur, comme, par exemple, les deux *derniers mots* du second vers de la même chanson.

"Qui, jusqu'à la *tombe fidèle*". . . . .*tombe fidèle*

Cette *répétition* semblerait dire que c'est la *tombe qui fut fidèle,* alors que c'est le *Roi de Thulé qui fut fidèle jusqu'à la tombe.*

§ 796.—Au contraire, la *répétition* de *certains mots* peut donner *plus de force* à l'accent dramatique. Tels sont, dans l'air de *Joseph* (p.276) les premiers mots du vers "*C'est vous dont la main criminelle.*"

§ 797.—Dans le *genre léger,* notamment dans *les airs à vocalises,* quand les paroles ne sont qu'un *prétexte à musique,* on tolère *bien des répétitions* qui seraient inadmissibles dans des morceaux d'un *caractère sérieux* ou *dramatique.*

§ 798.—On doit, néanmoins, s'appliquer à y éviter les *non-sens* et surtout les *contre-sens.*

DE LA PONCTUATION

§ 799.—Dans l'ouvrage de DUPONT-VERNON intitulé: *l'art de bien dire,* nous trouvons (p.52-53) les passages suivants:

"Un *temps de repos* est toujours possible lorsque l'on rencontre un signe quelconque de *ponctuation;*— il est *nécessaire* après certains de ces signes, comme le *point et virgule* et le *point.*"

"La *ponctuation* d'une phrase sera donc pour nous un *guide précieux* des *repos* à prendre en lisant cette phrase;—mais ce sera parfois un *guide insuffisant;*—en certains cas, même, un *guide dangereux.*"

Et plus loin (p.248)

"Ne prenez *nul souci* de la ponctuation qui *contrarierait le mouvement juste* de la *pensée* ou du *sentiment.*"

Ces préceptes sont applicables à la *musique de chant.*

§ 800.—En conséquence, le compositeur doit se préoccuper, en construisant sa *phrase musicale,* de ménager des *temps de repos* et des *respirations* partout où la *ponctuation* des paroles l'exige.

SAINT-SAËNS — *Phryné,* (Duo avec Nicias.) Publié avec l'autorisation de MM. A. DURAND et Fils, Ed-Propriétaires

§ 801.—Mais, il est des cas où l'*observance absolue* de tous les *signes de ponctuation* aurait pour effet de détruire l'*expression musicale* réclamée par le *sentiment* des paroles, en *fragmentant* à l'excès l'*idée mélodique,* alors qu'elle demanderait à être *bien liée.*

Si, dans le dernier vers qui précède, il avait fallu observer à la lettre les *signes de ponctuation* qu'il contient, on aurait dû détacher, comme suit, le mot *hélas!* de ceux qui l'entourent, ce qui eut détruit le *charme expressif* dont cette musique est empreinte.

§ 802.—Et de même, la stricte observance de la *ponctuation* ôterait toute sa grâce à la phrase suivante, de l'exemple **§ 752.**

MODULATIONS ET CHANGEMENTS DE TON
dans la musique de chant

§ 803.—Nous avons expliqué (§ 157) comment, dans un *morceau développé,* le *changement de ton* s'impose, si l'on ne veut pas tomber dans la *monotonie.*

§ 804.—Dans la *musique de chant,* ce n'est pas seulement le *besoin de variété* qui oblige à moduler ; c'est, souvent aussi, la nécessité d'établir une *démarcation bien accusée* entre *deux idées* ou *deux sentiments* successifs différents, ou, simplement, pour mieux faire sentir les *nuances* qui peuvent exister entre ces *sentiments* ou ces *idées.*

§ 805.—Ainsi comprise, la modulation est un puissant moyen de *ponctuation musicale* qu'on peut ajouter à ceux précédemment indiqués (p. 2, lettre K) c'est-à-dire aux *silences* et aux *cadences.*

§ **806.**—En ce qui concerne la *musique de théâtre*, tout *changement de scène*, tout *incident* qui se produit dans le courant d'un *morceau* ou d'un *récitatif*, peuvent réclamer un *changement de ton*.

On conçoit, dès lors, que, plus ces causes déterminantes de la *modulation* sont fréquentes, plus il importe de ne pas abuser, par ailleurs, du *changement de ton*, et surtout de n'en pas user *mal à propos*.

En cela, comme en tout le reste, il convient de suivre, pas à pas, les indications qui sont fournies par le *sujet* et par le *texte*, pour rester dans la *vérité*.

§ **807.**—Quant à la *nature* des modulations ou des changements de ton qu'il convient de pratiquer selon le cas, elle est subordonnée aux *rapports* plus ou moins étroits ou aux *divergences* plus ou moins grandes qui existent entre les *idées* ou les *sentiments* à exprimer.

§ **808.**—Par exemple, quand le *caractère* du morceau reste à peu près *le même* d'un bout à l'autre, les *modulations* entre *tons voisins* peuvent suffire, et ce sont, effectivement, les plus usitées en pareil cas.

§ **809.**—Mais, s'il s'agit de marquer un *changement radical* entre deux *idées*, deux *sentiments*, deux *objets* tout-à-fait *différents*, si quelque chose d'*inattendu*, de *surprenant*, se produit en scène, le *nouveau ton* doit être pris parmi les plus *éloignés*, de manière à faire *contraste* avec celui qui le précède.

§ **810.**—Seulement, il ne suffit pas que *deux tons* soient *éloignés* pour que le passage de l'un à l'autre produise, précisément, l'effet voulu, car, certaines *modulations* donnent l'impression de la *lumière* succédant aux *ténèbres*, alors que d'autres font exactement l'*effet contraire*.

TRANSITION DU SOMBRE AU CLAIR

§ **811.**—Les *modulations* qui produisent une *transition*, plus ou moins *vive*, plus ou moins *douce*, d'une couleur *sombre* à une couleur *claire* sont, principalement, celles qui ont lieu:

1º d'un *ton mineur* à son *homonyme majeur*, comme de *la* mineur à *la* majeur;

2º d'un *ton mineur* à sa *dominante* (mode *majeur*,) comme de *la* mineur à *mi* majeur;

3º d'un *ton majeur* à celui de *même mode* placé à sa *tierce majeure supérieure*, comme de *do* majeur à *mi* majeur.

4º d'un *ton majeur* à celui de *même mode* placé à sa *seconde mineure inférieure*, comme de *do* majeur à *si* majeur; etc.

N.-B.—A moins qu'il y ait *enharmonie*, toutes ces *modulations* s'obtiennent par *addition* de trois, quatre ou cinq *dièses*, ou par *suppression* de trois, quatre ou cinq *bémols*, ce qui revient au même.

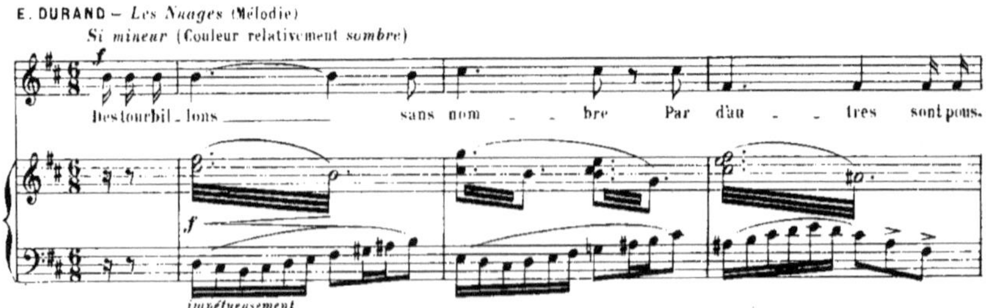

TRANSITION DU CLAIR AU SOMBRE

§ 812.—Les *modulations* qui produisent une *transition* bien marquée d'une couleur *claire* à une *couleur sombre* sont, principalement, celles qui ont lieu:

1º d'un *ton majeur* à son *homonyme mineur*, comme de *do* majeur à *do* mineur;

2º d'un *ton majeur* au *ton mineur* placé à sa *quarte supérieure*, comme de *do majeur* à *fa mineur*;

3º d'un *ton majeur* à celui de *même mode* placé à sa *tierce majeure inférieure*, comme de *do majeur* à *la* ♭ *majeur*;

4º enfin, généralement, toute *modulation* qui s'obtient par *addition* de trois, quatre ou cinq *bémols* ou par *suppression* de trois, quatre ou cinq *dièses*.

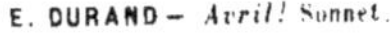

E. DURAND — *Avril! Sonnet.*

MOUVEMENT DES TEMPS, DE LA MESURE ET DES NOTES
dans la musique de chant

§ **813.**—Ainsi qu'il a été dit au § **713**, pour bien *prosodier*, il faut donner aux *paroles* que l'on met en musique, le ton, l'accent et la *durée relative* qui leur conviennent respectivement. Et plus loin (§ **734**) il est dit: selon le *tempérament* du personnage qui chante, *l'état d'esprit* dans lequel il se trouve, et les *sentiments* dont il est animé, il s'exprime avec plus ou moins de *vivacité* ou de *lenteur,* etc, etc.

A ces règles nous devons ajouter les observations suivantes:

§ **814.**—Le *mouvement* des temps et de la mesure doit être basé, pour chaque *période,* sur le *caractère général* des paroles qui la composent; et, s'il s'agit de *musique dramatique,* sur l'état *d'agitation,* de *calme* ou de *prostration* qui règne sur la *scène.*

§ **815.**—L'expression des sentiments *tendres* ou *mélancoliques* (la *langueur voluptueuse,* la *méditation,* la *rêverie,* l'*abattement,* la *consternation,* la *colère contenue* et autres sentiments analogues) exige un *mouvement* plus ou moins *lent* ou *modéré,* proportionnellement au *degré d'intensité* de ces *sentiments* et aux circonstances dans lesquelles ils se produisent.

§ **816.**—L'expression des sentiments *vifs* et *passionnés, douloureux* ou *agréables* (l'*amour ardent,* le *délire,* l'*exaltation,* l'*enthousiasme,* le *désespoir,* l'*allégresse,* la *colère débordante* ou tout autre *sentiment agité*) réclame un *mouvement* plus ou moins *rapide* suivant le *degré de vivacité* de ces sentiments et les circonstances qui les accompagnent.

§ **817.**—Mais, pour la *bonne déclamation* et la *justesse d'expression* des paroles, il ne suffit pas toujours de prendre le *mouvement* qui convient à l'*ensemble* de la *période;* car, pendant cette *période même,* des sentiments de *diverses natures* peuvent se succéder, dont l'*expression* exige, tour-à-tour, plus de *vivacité* ou plus de *lenteur.*

§ **818.**—Seulement, ces *nuances,* ces *différences,* peuvent souvent s'obtenir par l'emploi successif des *valeurs de notes,* tantôt *brèves,* tantôt *longues,* selon le cas, et sans qu'il soit besoin de changer le *mouvement général* de la *mesure.*

(Voir, page 284, les passages **F** et **G** de l'air d'Aïda.)

RITOURNELLES

§ **819.**—Le mot *ritournelle* dérive du verbe italien *ritornare,* qui veut dire *retourner.*

Ce nom est donné à la *petite phrase instrumentale* qui précède ordinairement le *chant* dans les morceaux de *musique vocale;* parce que, dans les *chansons* et les *romances* on retourne effectivement à *cette phrase* après chaque *couplet.*

§ **820.**—Par extension, on donne également le nom de *ritournelle* à toute *phrase* ou *parcelle de phrase instrumentale* qui se joue quand *la voix se tait,* soit dans le courant du morceau, soit à la *fin.*

BUT, UTILITÉ ET OPPORTUNITÉ DES RITOURNELLES

§ **821.**—La *ritournelle* qui précède le *chant* et lui sert de *prélude,* a pour objets: de *donner le ton* au *chanteur,* et d'*appeler l'attention* de l'auditeur sur le morceau qu'on va lui faire entendre.

Cette *ritournelle* est, habituellement, comme un *avant-goût* du morceau de *chant* qu'elle annonce.

§ **822.**—Lorsque, le *chant* terminé, une *ritournelle* achève le morceau, ce n'est, souvent, qu'une *superfétation,* dont le but unique est de *ne pas finir court.*

Mais, au *théâtre,* elle a parfois une autre *utilité,* qui est d'accompagner quelque *jeu de scène,* tel, par exemple, qu'une *sortie.*

§ **823.**—Quant aux *ritournelles* qu'on introduit quelquefois *dans le courant* d'un morceau, elles peuvent être *diversement motivées;*

c'est:

tantôt pour établir une *démarcation* entre les *diverses périodes* et les *diverses parties* du morceau;

tantôt pour servir, à la fois, de *liaison* et de *transition* entre *deux idées, deux sentiments différents.*

§ **824.**—Ce peut être, aussi, dans un intérêt purement *musical* ou *poétique;*

Soit pour remplir les *mesures supplémentaires* que nécessitent, parfois, les *repos* que l'on ménage dans la *partie de chant* (§§ **148, 149** et **150**); soit pour obtenir *certains effets pittoresques.* (Voir le § **828** ci-dessous, et l'exemple du § **150**, page 49.)

§ **825.**—On ne doit pas faire de *trop longues ritournelles,* surtout pour les morceaux qui n'ont qu'un accompagnement de *piano,* comme les *romances, mélodies* et *duos* destinés au concert et au salon.

§ **826.**—On ne doit pas, non plus, les *multiplier* inutilement dans le courant du morceau, une fois le *chant commencé;* et surtout, il ne faut pas qu'une *ritournelle* vienne, inopportunément, se jeter au milieu d'une phrase, et *séparer des mots* qui, pour avoir un sens, ont besoin d'être *liés* l'un à l'autre et dits d'*un seul trait.*

(On rencontrera, sans doute, *ce défaut* dans des ouvrages d'une autre époque, mais ce n'en est pas moins un *défaut.*)

§ **827.**—Dans la *musique de théâtre*, toute *ritournelle* doit avoir sa *raison d'être* (§§ 821 à 824 ci-dessus.)

Sa durée doit être calculée d'après ce qui se passe *sur la scène* ou *dans l'esprit* du personnage qui chante. (§ 831)

§ **828.**—Néanmoins, dans les morceaux que nous intitulons *airs-cavatines* (§ 863) lesquels ont surtout un *intérêt musical*, on peut, quand le *sujet* le comporte, se livrer à certaines *fantaisies:* par exemple, faire *dialoguer* la *voix* avec l'un des *instruments* de l'orchestre, comme dans l'air du *Pré aux Clercs* (page 275) et l'air du *Rossignol* des *Noces de Jeannette.* Cela devient, alors, une sorte de *duo concertant,* entre le *chanteur* et l'*instrumentiste.*

De la FORME des MORCEAUX de CHANT en GÉNÉRAL
et particulièrement de ceux qui sont destinés au théâtre

§ **829.**—La *contexture* d'un *morceau de chant* quelconque dépend beaucoup, on le conçoit , de la *coupe* et du *caractère* des *vers* sur lesquels il est bâti; de leur *nombre* (plus ou moins grand) de leur *sens* (tantôt *suivi,* tantôt *coupé;*) de la *nature des idées* qu'ils expriment et de l'ordre dans lequel ces idées se succèdent.

§ **830.**—En ce qui concerne particulièrement la *musique de théâtre,* la *conduite* et le *développement* des diverses parties de l'œuvre dépendent, en outre, des exigences de l'*action dramatique* et des *jeux de scène* que cette action nécessite.

§ **831.**—Il faut donc, en composant ce genre de musique, avoir, constamment, sous les yeux, ce qui devra *se passer en scène;* concevoir à l'avance les *mouvements* auxquels devront se livrer les *personnages* qu'on fait agir; calculer le *temps probable* qu'il faudra pour accomplir chacun de ces *mouvements,* et *développer en conséquence* la musique qui devra les accompagner, de manière à ce qu'elle cadre parfaitement avec la *mise en scène:* qu'elle ne soit ni *trop longue* ni *écourtée.*

§ **832.**—Dans cet ordre d'idée, on doit avoir égard *aux dimensions de la scène* à laquelle on destine l'ouvrage que l'on compose, et *proportionner* toutes choses à sa *superficie.*

§ **833.**—On comprend aisément que les *mouvements de scène* sont forcément *plus courts* sur un *petit théâtre* que sur un *grand,* et que, plus ces *mouvements* sont étendus, plus il faut de temps pour les exécuter.

Ainsi, par exemple, l'*entrée d'un cortège* ou d'une *foule quelconque,* sur la vaste scène de l'*Opéra,* exigera *six, huit* ou *dix fois* plus de temps que si elle avait lieu sur une *petite scène.*

§ **834.**—Il faut, d'autre part, faire *chanter* chaque personnage dans le *style* et la *couleur* qui conviennent à son *caractère,* à son *individualité;* par exemple, ne pas mettre dans la bouche d'un *paysan* la musique qu'on écrirait pour un rôle de *prince.*

§ **835.**—De plus, il faut savoir se servir des *ressources multiples* de l'*orchestre,* pour *peindre,* autant qu'on peut le faire au moyen des sons, non seulement la *situation dramatique* et les *sentiments* qui animent les personnages de la pièce, mais encore le *côté pittoresque* du lieu où se passe l'*action,* de manière à ce que la *musique s'harmonise* avec les *tableaux* qui se déroulent devant les yeux.

§ **836.**—On doit comprendre que, pour *mener à bien* une *tâche aussi complexe,* il ne suffit pas d'être un *excellent musicien,* mais qu'il faut être aussi un *homme d'esprit* doublé d'un *érudit.*

On peut, en effet, être un *musicien de grand talent,* et n'avoir ni le *tempérament dramatique,* ni le don de traduire en musique, avec *justesse,* les idées et les sentiments exprimés par les paroles.—C'est ce qui explique comment certains compositeurs, qui font de *très bonne musique instrumentale,* ne réussissent pas au *théâtre.*

OPÉRAS et OPÉRAS-COMIQUES

§ **837.**—Les partitions *d'opéras* et *d'opéras-comiques* renfermant des *types de morceaux* dont les différentes *coupes*, les différentes *formes*, peuvent servir de *modèles* aussi bien aux *compositions* destinées au *concert* qu'aux *œuvres dramatiques* elles-mêmes, c'est par l'analyse de ces *partitions* que nous commençons l'étude de la *musique de chant* au point de vue de la **Forme**.

OPÉRA

§ **838.**—On sait qu'un *opéra* est une œuvre *lyrique* et *dramatique* en un ou *plusieurs actes*. Chaque acte est divisé par *scènes*, lesquelles renferment des *récitatifs* et des *morceaux*.

§ **839.**—Ces *morceaux*, qui se détachent des *récitatifs* avec plus moins de relief, peuvent être de *formes* et de *caractères* bien divers: *airs, cavatines, romances, couplets, chansons, duos, trios, quatuors, chœurs, ensembles*, etc, sans compter les *morceaux symphoniques: ouvertures, entr'actes, marches* et *airs de ballets*.

OPÉRA - COMIQUE

§ **840.**—L'*opéra-comique* et le *grand opéra* diffèrent, nécessairement, de caractère. De plus, ils diffèrent en ce que, dans l'*opéra-comique*, la déclamation *chantée* est, généralement, remplacée par la déclamation *parlée;* et qu'on n'y pratique le *récitatif* que très accidentellement.

§ **841.**—Mais, si ces *deux genres d'opéras* sont de *caractères différents*, la coupe des morceaux y est *la même*, toutes proportions gardées. Ainsi, un *air d'opéra-comique* peut être taillé sur le *même plan* qu'un *air d'opéra*.

RÉCITATIF ou RÉCIT

§ **842.**—Le *récitatif* est une *déclamation notée*.

§ **843.**—On distingue deux sortes de récitatifs: le *récitatif de débit* ou *récitatif débité*, et le *récitatif chantant* ou *expressif*.

§ **844.**—Le *récitatif de débit* n'est pas assujetti à une *mesure rigoureuse*, et la plus grande liberté est laissée au *chanteur* pour son exécution.

C'est pourquoi l'*orchestre* se taisait pendant la durée des *récitatifs de cette espèce*, dans les *anciens opéras italiens*, où ils étaient en usage.

Ils n'étaient soutenus, alors, que par quelques accords de *clavecin* ou de *piano*, parce qu'il paraissait plus facile de faire suivre le *chanteur*, dans son *débit* plus ou moins *fantaisiste*, par un seul *accompagnateur* que par *tout un groupe de musiciens*. C'était aussi un moyen de faire ressortir les morceaux avec *orchestre*.

§ **845.**—Plus tard, on abandonna ce système, et les *récitatifs* furent accompagnés par le *quatuor à cordes* exclusivement, les *instruments à vent* étant réservés pour les *morceaux*.

De nos jours, *tous les instruments* de l'orchestre participent plus ou moins à l'*accompagnement* des récitatifs, selon la *couleur* et la puissance qu'on veut obtenir.

§ 846.—Le *récitatif chantant* ou *expressif* est parfois *mesuré*, mais, souvent aussi, une *certaine latitude* est laissée au *chanteur*, sous le rapport du *mouvement* et de la *mesure*.

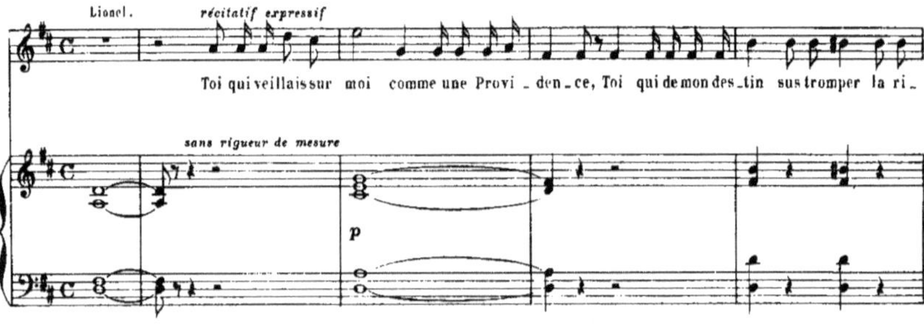

§ 847.—Ce qui constitue la différence la plus marquée entre le *récitatif chantant et mesuré*, d'une part, et d'autre part, *l'air*, la *romance*, le *duo*, etc, le *morceau*, en un mot, c'est que celui-ci se compose de *phrases* et de *périodes régulières* plus ou moins *symétriques*, qui sont le *développement logique* d'une *idée mère*, et qui constituent un *tout homogène* d'une *forme précise*, comme serait une *figure* se détachant nettement du *fond d'un tableau*.

Tandis qu'un *récitatif* (même mesuré) n'est soumis à *aucune carrure*, à aucun développement *symétrique*; que l'*unité tonale* n'y est pas plus observée que l'*unité de rythme et de mesure*, puisqu'on peut y *moduler* à volonté, commencer *dans un ton* et finir *dans un autre* souvent *fort éloigné*; qu'enfin, la *forme* du *récitatif* n'a pas cette *homogénéité* qui caractérise ce qu'on appelle un *motif*, un *air*, une *mélodie*.

On se rendra bien compte de cette *différence*, si l'on compare la *romance de l'Éclair* (dont nous avons donné le *commencement* à la page 256) avec le *récitatif* précédent qui lui sert de *préambule*.

§ 848.—Néanmoins, tout en laissant à la *partie récitante* l'indépendance dont elle a besoin (au point de vue de la *déclamation*) on peut l'accompagner d'un *thème* développé de telle sorte qu'il en résulte un *tout homogène*.

Voici un admirable exemple de cette manière intéressante d'*encadrer* un *récitatif*.

AIR ET CAVATINE

OBSERVATIONS PRÉLIMINAIRES

§ **849.**—Il règne une certaine confusion dans l'application qu'on fait des mots *Air* et *Cavatine*. On les emploie souvent *l'un pour l'autre*, et il arrive qu'un *même morceau* est intitulé de *façons différentes* dans les diverses éditions de l'ouvrage auquel il appartient.

C'est ainsi que ce qui s'appelle l'*air de Rosine*, dans l'édition E. GALLET du *"Barbier de Séville"* avec paroles françaises, est intitulé *cavatine*, dans l'édition SCHLESINGER avec paroles italiennes.

§ **850.**—Il faudrait, pourtant, s'entendre à ce sujet, et établir une distinction entre les *différentes formes de l'air*.

§ **851.**—Et d'abord, déclarons que les *expressions air, grand air, cavatine*, dont on se sert pour désigner ces *différentes formes*, ne s'appliquent aucunement au *caractère* du morceau, mais seulement à sa *coupe* et à l'importance plus ou moins grande de ses *développements*.

Ainsi, la *cavatine* suivante est d'un caractère *sombre;*

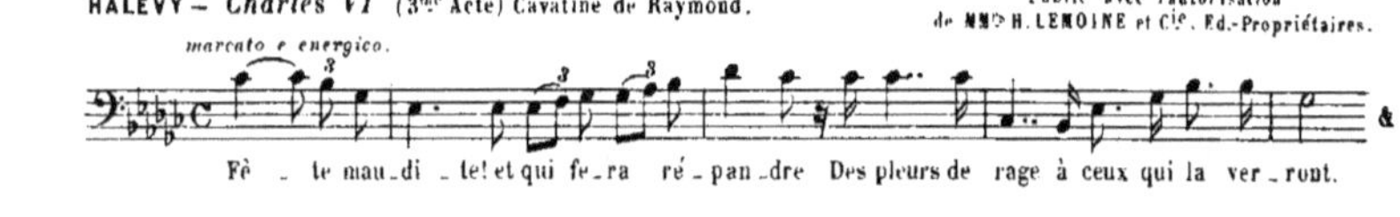

celle-ci, d'un caractère *sévère* mais *calme;* | cette autre est d'un caractère *gracieux.*

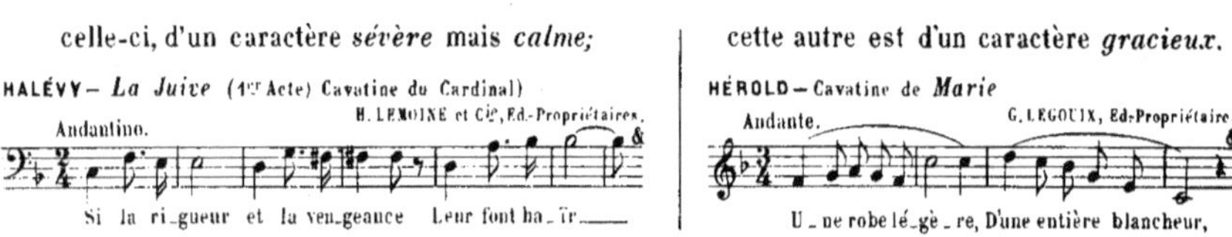

Et cette dernière, d'un caractère *allègre*.

D'autre part, voici *deux airs* dont le premier est *gai* et le second *pathétique*.

AIR

§ 852.—Un *chant complet*, vocal ou instrumental, qu'il soit *long*, qu'il soit *court*, s'appelle communément *un air*. Ainsi, l'on dit: l'air *"Au clair de la lune;"* l'air *"Vive Henry IV;"* un air de chasse, un air de danse, un air de ballet, air populaire, air connu, air villageois, air triste, air gai, etc.

§ 853.—Dans les *ouvrages lyriques* primitifs, il y avait des *airs* fort *courts;* ou, plutôt, toute *phrase de chant* pour voix seule, qui, ayant par elle-même un *sens complet*, émergeait de la déclamation lyrique pure et simple, s'appelait un *air*.

Voici, par exemple, un *air* de RAMEAU qui n'a que *dix-neuf* mesures, dont *quatre* de *répétition*.

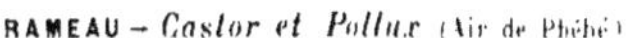

GRANDS AIRS A DEUX OU TROIS MOUVEMENTS

§ 854.—Mais, depuis la fin du XVIIIme siècle, l'*air d'opéra* est devenu l'un des morceaux les plus importants d'une partition.

§ 855.—L'*air classique complet*, autrement dit le *grand air*, se divise, ordinairement, en *deux parties principales*, la *première*, en mouvement plus ou moins *lent*, la *seconde*, en mouvement plus ou moins *vif*.

§ 856.—Un *troisième mouvement* (*chant* ou *récit*) est parfois intercalé entre les deux parties principales de l'*air*. (Voir, page 275, l'air d'*Isabelle*, du *Pré aux Clercs*, et page 280, l'air d'*Agathe*, du *Freischütz*.)

§ 857.—Fort souvent, un *récitatif* prépare et conduit à l'air proprement dit.

§ 858.—Voici le plan accoutumé du *grand air* avec *récit préliminaire:*

1° **Récitatif**—transition entre l'*action* et la *réflexion;*

2° **Cantabile**—période de *réflexion*, de *concentration morale;*

3° **Allegro**—*manifestation extérieure* des *sentiments* provoqués par la *réflexion*, ou des *résolutions* qu'elle détermine.

§ 859.—Mais, si telle est la *forme habituelle* de l'air à *deux mouvements*, cette forme est loin d'être la seule. Ainsi, l'air de *Leporello:* "Madamina" de **Don Giovanni**, débute par l'*allegro* et finit par l'*andante*. (Voir p. 277.)

N.-B.—Le *grand air d'opéra* est, pour le *chanteur*, ce que le *concerto* est pour l'instrumentiste, c'est-à-dire, un *morceau* dans lequel il peut déployer, tour-à-tour, ses qualités de *style*, de *sentiment* et de *virtuosité*.

CAVATINE

§ 860.—La *Cavatine* est un *air,* généralement à *un seul mouvement* dont les développements sont beaucoup plus restreints que ceux d'un *grand air.*

Elle se compose, ordinairement, de *trois périodes.*

Première période, *motif principal;*

Deuxième période, une ou plusieurs *phrases de milieu;*

Troisième période, répétition du *motif principal.*

C'est, comme on le voit, la *petite coupe ternaire.* (§ **345**.)

§ 861.—De même que l'*air* proprement dit, la *cavatine* est quelquefois *précédée* d'un *récitatif* et terminée par une *Coda.*

§ 862.—Ce genre de morceau est toujours placé à un moment où l'*action dramatique* s'arrête sur une *situation déterminée;* sorte de *pause* pendant laquelle tout l'intérêt se concentre sur la musique. C'est donc, uniquement, un *morceau de chant* qui se rattache plus ou moins à la *pièce,* mais ne lui est pas indispensable.

AIR - CAVATINE, AIR DE SCÈNE

§ 863.—Certains *grands airs,* à deux ou trois mouvements, se présentant dans les *mêmes conditions* que ci-dessus (§ **862**) nous les appellerons *airs-cavatines.* (Voir l'air du *Pré aux Clercs,* p. 275.)

§ 864.—Mais il est d'autres *airs* qui sont de véritables *scènes,* pendant lesquelles l'*action marche* sans interruption.

Ceux-ci se *jouent* en même temps qu'ils se *chantent;* nous les nommerons *airs de scène.*

§ 865.—La *forme* d'un *air de scène* étant subordonnée aux *incidents* qui se produisent pendant sa durée, il s'en suit que sa *coupe* est aussi *variable* que peuvent l'être ces *incidents* eux-mêmes.

§ 866.—Parmi les *airs de scène,* on en trouve dont les *motifs principaux* sont entremêlés de *récitatifs;* (air du *Freischütz,* page 280 ,) il en est d'autres dont la *partie de chant principale* (celle du *soliste*) est *coupée* par des *ensembles* ou par des *chœurs.* (Air de *Siméon,* page 278 .) Pareille chose se présente (mais c'est *très exceptionnel*) au milieu de la *cavatine* de la **Juive** "Si la rigueur et la vengeance" (page 286.)

§ 867.—Bien que les *airs-cavatines* ne soient pas sujets aux mêmes *péripéties* que les *airs de scène,* leur forme est *variable,* cependant, au même titre que celle des *fantaisies instrumentales.*

§ 868.—Lorsque le *premier motif* de l'une des parties de l'air (*Andante* ou *Allegro*) est bâti sur des paroles qui se peuvent répéter, *on reprend,* habituellement, ce *premier motif,* après une ou plusieurs phrases de *milieu.*

C'est la *coupe ternaire* (§ **345**) la *coupe cavatine* (§ **860**) appliquée à cette *partie de l'air.*

§ 869.—Cette *même coupe* est applicable à l'*allegro* comme à l'*andante,* et parfois, en effet, on donne cette *forme ternaire* à l'une et à l'autre de ces *deux parties.* (Voir, 1ᵉ l'air du *Pré aux Clercs,* p. 275; 2ᵉ l'air du *Freischütz,* p. 280.)

§ **870.**—Mais il y a des cas, où, le *premier motif* étant plus développé, sa *répétition* ferait *longueur*. On se dispense alors de le répéter, et l'on emploie la *coupe binaire*, comme cela a lieu, par exemple, dans l'*adagio* de l'air de *Joseph,* qui se compose de *deux phrases* de seize mesures chacune, la première en *la* majeur, la seconde au ton de sa *dominante*, *mi* majeur.

Il est vrai que, si le *premier motif* de cet *adagio* ne se reprend pas entièrement, les *quatre dernières mesures* de chacune des phrases A et B ne sont que la *répétition* des *quatre mesures précédentes.*

Il en est de même des *cinq dernières mesures* du motif C de l'*allegro,* qui ne sont qu'une *redite* des *cinq mesures* qui les précèdent.

§ **871.**—Enfin, la *coupe* de certains *airs de scène* sort, forcément, de l'ordinaire, en raison des *sentiments divers* qui y sont exprimés successivement.

Tel est l'air d'**Aïda** (page 282) dont on trouvera l'*analyse* à sa suite.

GRANDS AIRS A UN SEUL MOUVEMENT

§ **872.**—A côté des *morceaux de chant* dont nous venons de parler, il en est d'autres dont les *développements* sont tels que, bien qu'à *un seul mouvement,* ils méritent d'être comptés au nombre des *grands airs.*

Tels sont: 1º l'air de *Figaro* du **Barbier de Séville** de ROSSINI (Voir page 281) 2º l'air "*Ah! quel plaisir d'être soldat*" de la **Dame blanche;** 3º l'air "*O Richard, ô mon Roi!*" de **Richard cœur-de-lion,** dont le mouvement varie peu et la mesure pas du tout, etc, etc.

RAPPORTS DE TONALITÉ
entre les diverses parties d'un air

UNITÉ TONALE ET MODULATION

§ **873.**—L'*unité tonale* est généralement observée dans la composition d'un air. C'est-à-dire que, le plus souvent, il commence et finit dans le *même ton,* sinon dans le *même mode.* (Voir p. 275.)

§ **874.**—Quant au *récitatif* qui, parfois, lui sert de *préambule,* il est *indépendant* de l'air lui-même, aussi bien sous le rapport de la *tonalité* que sous celui de la *mesure,* du *mouvement* et du *rythme.* (Voir l'air de *Joseph,* p. 276.)

§ **875.**—Mais, si rien n'oblige à écrire le *récitatif* dans le *même ton* que l'*air* auquel il conduit, rien non plus ne s'oppose à ce qu'il débute par ce *même ton,* sauf à *moduler* par la suite. (Voir l'air du *Freischütz,* p. 280.)

§ **876.**—L'*air d'opéra* (tel qu'on l'a compris depuis plus d'un siècle) ayant toujours d'assez grands développements, on conçoit la nécessité d'y *moduler,* pour ne pas tomber dans la *monotonie.* (§ 157)

Si donc, il y a *unité tonale* entre le commencement et la fin du morceau, il est indispensable que, dans son cours, on passe par une ou plusieurs autres *tonalités,* et qu'on s'y maintienne suffisamment pour *reposer du ton principal.*

Seulement, ainsi que nous l'avons expliqué page 261, les *changements de ton* doivent arriver *à propos* et être appropriés aux *sentiments* qu'il s'agit d'exprimer.

COUPES DE VERS
appliquées aux diverses parties d'un Air ou d'une Cavatine

§ **877.**—Ainsi qu'il a été dit aux §§ 829 et 830 la *contexture* d'un *air varie* suivant la *coupe des paroles*, les *sentiments* qu'elles expriment et l'*action* qui se déroule.

§ **878.**—Les vers de *huit*, de *dix*, et surtout de *douze pieds*, sont ceux qu'on emploie de préférence dans les *récitatifs*, parce qu'ils se prêtent mieux à l'*exposition des idées* que les vers *plus courts*.

Ceux-ci ne s'y rencontrent que *très accidentellement*, comme, par exemple, ce vers de *six pieds*: "Un mot consolateur" dans la première scène de **Faust**:

Rien!... en vain j'interroge en mon ardente veille.	12 pieds
La nature et le créateur.	8 »
Pas une voix ne glisse à mon oreille.	10 »
Un mot consolateur!	6 »

§ **879.**—En ce qui concerne les *coupes de vers* les plus favorables à la composition de l'*andante* et de l'*allegro*, les explications détaillées que nous avons données précédemment (§§ 756 à 793) leur sont applicables.

Mais nous devons ajouter à ces explications les observations suivantes:

VERS DE HUIT SYLLABES SANS CÉSURE

§ **880.**—Nous avons dit (§ 773) que les vers de *huit pieds* étant les *plus longs* de ceux qui n'ont *aucune césure obligée*, cette *coupe de vers* pouvait être *une gêne* pour le compositeur.

§ **881.**—Cependant, les différents *motifs* dont se compose un *air d'opéra* n'étant pas faits, généralement, pour s'adapter à *plusieurs couplets*, les vers de *huits pieds sans césure obligée* peuvent leur convenir parfaitement.

Ainsi, l'*allegro* de l'air de **Joseph** (page 276) est entièrement construit sur des vers de *huit pieds*, dont la première *syllabe d'appui* est, tour-à-tour, la première, la deuxième, la troisième, la quatrième ou la cinquième du vers.

<table>
<tr><td>

Frères jaloux. troupe cruelle,
 1   2   3 4
C'est vous dont la main criminelle
  1   2
A son amour m'osa ravir.
1 2 3 4
Vous avez pu voir sans frémir
1   2 3 4   5
Ses pleurs, sa douleur paternelle!
1   2

</td><td>

Ingrats! je devrais vous haïr.
1   2
Et pourtant, malgré ces alarmes,
1   2   3
Malgré cet affreux souvenir,
 1 2
Si vous pouviez vous repentir
1 2   3   4
Je serais touché de vos larmes.
1 2 3   4 5

</td></tr>
</table>

Mais, si ce morceau, au lieu d'être seulement *expressif* et *dramatique*, avait exigé un *rythme symétrique*, comme cela arrive pour certains *airs de caractère*, il eut été bien difficile, sinon impossible, de l'obtenir sur des vers *ainsi taillés*.

§ **882.**—Pour les morceaux développés, tels que les *grands airs*, les *grands duos*, les *scènes*, etc, il est bon que la *coupe* des vers soit *variée*; qu'elle ne soit pas la même pour *toutes les périodes*.

EMPLOI de RITOURNELLES dans les AIRS et les CAVATINES

§ **883.**—Des *ritournelles* peuvent être placées dans les *airs* et les *cavatines*, non seulement à titre d'*introduction*, mais encore comme *démarcation* entre les *diverses périodes* et les *diverses parties* dont ces morceaux se composent; et cela, à la **condition de se conformer aux prescriptions** des §§ 825 et 826.

GRANDS AIRS

HÉROLD — *Le Pré aux Clercs* (2me Acte) Air d'Isabelle (Trois mouvements)

Publié avec l'autorisation de M. L. GRUS, Ed.-Propriétaire.

REMARQUE.—Une particularité de ce *grand air*, l'un des plus remarquables du répertoire de l'opéra-comique, c'est, après une *belle introduction*, (*) dans laquelle le *violon solo* joue un rôle prépondérant, le *dialogue* qui s'établit: d'abord, entre cet instrument et la *voix*, puis, entre la *voix*, la *clarinette* et la *flûte*; ce qui, par endroits, en fait un morceau *concertant*.

(*) Rappelons que cette *introduction* se joue avant le *lever du rideau* et à titre d'*Entr'acte*.

MÉHUL — Grand air de Joseph (Deux mouvements, récitatif non compris)
Andante.
Récitatif en du majeur et la mineur.
Allegro.
Vainement Phara_on, dans sa reconnais_san _ ce, S'empresse à flatter mes dé_sirs;
Au milieu des hon_neurs, de la magnifi_cen _ ce, Mon cœur est tourmen_té par d'a_
A tempo.
_mers souve_nirs.
Adagio.
A 1re phrase du cantabile (16 mesures en la majeur)
Champs pa_ter_nels! Hé_bron, dou_ce val_lé _ e! Loin de vous a lan_gui ma jeu_
_nesse e_xi_lé _ e. Comme au vent du dé_sert se flé_trit u _ ne fleur, Comme au vent du dé_
B 2de phrase du cantabile (16 mesures eu mi majeur)
_ sert se flé_trit u _ ne fleur. O mon père, ò Ja _ cob! dans u_ne
pu _ re i _ vres_se Tu m'appelais l'es _ poir, l'ap_pui de ta vieil_les _ se, Et sans
moi tu vieil_lis en pleu _ rant mon mal_heur, Et sans moi tu vieil_lis en pleu _ rant mon mal _
Allegro.
C 1re phrase de l'allegro.
_heur. Frè _ res ja _ loux,
(14 mesures en la majeur)
trou_pe cru_el _ le, C'est vous, c'est vous dont la main crimi_nelle A son a _ mour m'osa ra_vir, C'est
vous, c'est vous dont la main crimi_nelle A son a_mour m'osa ra _ vir.
D 2de phrase ou phrase de milieu de l'allegro (12 mesures en mi majeur et la mineur)
Vous a_vez pu voir sans fré_mir Ses pleurs, ses pleurs, sa dou_leur pater_nel _ le! In _

MOZART — *Don Giovanni*, Air de Leporello. (Deux mouvements)

MÉHUL — *Joseph*, Air de Siméon coupé par des *ensembles*

REMARQUES ET OBSERVATIONS

L'*air* se continue, sans *changer d'allure* et avec *alternance de chœur* et de *solo*, pendant *cent et quelques mesures;* ce qui en fait *cent-soixante-six* au total.

C'est donc un *grand air;* et, comme le commandait *la situation*, cet *air* est, d'un bout à l'autre, en *mouvement agité*.

Cela devait être; car, étant donné le *désespoir* auquel se livre SIMÉON, on ne pouvait, sans *contre-sens*, lui faire chanter un *motif posé*, c'est-à-dire, un *cantabile*.

N.-B.—Ce morceau est entièrement composé sur des *vers de huit pieds*, vers *peu musicaux*, ainsi que nous l'avons dit, page 256.

Aussi, n'est-ce point ce qu'on peut appeler un *air mélodique;* c'est seulement un *air déclamé*, dans lequel, cependant, MÉHUL a su trouver le moyen d'introduire quelques *phrases chantantes*, telles que:

> 1º celle du début: "Non, non! l'Eternel que j'offense,
> "M'accable du poids de mes maux

> 2º celle du chœur: "O Siméon! malheureux frère!
> "Calme cette affreuse douleur!

> 3º celle de Siméon: "Malgré leur naïve innocence,
> "Je sens redoubler mon effroi;"

Mais, aucune phrase du *chant* ne sert de *thème* à ce morceau, dont l'*unité* réside, surtout, dans les *développements* de *dessins* d'accompagnement tels que celui-ci.

WEBER — *Le Freischütz* — Air d'Agathe, avec *récitatifs* intercalés entre les *principaux motifs*.

Publié avec l'autorisation de MM H. LEMOINE et Cⁱᵉ, Éd.-Propriétaires.

A.L. 9892.

ROSSINI — *Le Barbier de Séville*, Air de Figaro (1ᵉʳ seul mouvement) Publié avec l'autorisation de Mᵉ E. GALLET, Éd.-Propriétaire

(*) Cet Air n'a pas moins de 230 mesures sans compter les 42 mesures de ritournelle qui lui servent d'Introduction.

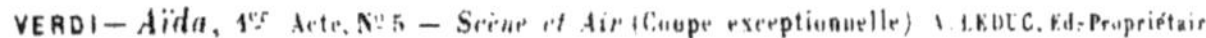
VERDI — Aïda, 1er Acte, Nº 5 — Scène et Air (Coupe exceptionnelle) A. LEDUC, Ed.-Propriétaire

A Récitatif.
Allegro agitato.
AIDA
Basse chiffrée

Vers nous reviens vainqueur! Ma lèvre a pronon_cé cette parole im_pi_e!

Quoi! lui, vainqueur d'un père ar_mé pour m'ar_ra_cher à mes ty_rans, Me rendre u_ne pa_

_trie... Un trône et le grand nom qui_ci je dois ca_cher Quoi! vainqueur de mes frè_res,

Le ver_rai_je, les mains teintes du sang ché_ri, Tri_omphant,ac_cla_mé

_par nos fiers ad_ver_saires, Traînant après son char, mon pè_re, un Roi! flé_tri! De fers meurtri!

B 1er motif (mi mineur 16 mesures)
Più mosso. pp

Que cet_te pa_ro_le Loin de moi s'en_vo_le, Qu'A_ï_da con_so_le Un

pè_re a _ do_ré! Pé _ ris . . . se! Pé_ris _ . se! Pé_ris _ se la

Cadence évitée
ou modulante

Récitatif

ra _ ce D'un peuple ab_hor_ré! Ah! est-ce moi qui me_

D Rappel du motif d'orchestre qui caractérise l'état d'âme d'Aïda, chaque fois qu'elle songe à son amour

Andante poco più lento della 4ª volta.

_nace? Et mon a _ mour! puis - je donc ou_bli_er Cette vi _ ve ten_

pour RADAMÈS (*)

E Chant déclamé (7 mesures)
Animato.

_dres_se Qui de les _ cla_ve. Ainsi qu'un gai ray_on, charmait la dé_tres_se? Moi! deman_der la mort de Rada_

_mès! de ce_lui que j'a_do_re! Ah! fut-il donc ja_mais Tourment sembla_ble au _

feu qui me dé _ vo_re!

F 3me motif qui se compose de trois périodes, savoir: F, 16 mesures en la ♭ mineur; G, 16 mesures en la ♭ majeur;
Allegro giùsto poco agitato.
Ces noms sa_crés et d'époux et de pè_re. Ne puis-je donc, hé_las! les mur_mu_rer! Pour l'un pour
H, 14 mesures de Coda.
l'autre, en ma douleur a_mè_re, Je ne vou_drais que pri_er et pleu_rer! Mais la pri_ère est, hé_las! un blas_
_phè_me. Mais les soupirs, les pleurs sont cri_mi_nels, Et je n'ai plus qu'un re_fu_ge su_
_prème, La froi_de mort et ses dons_ éter_nels. Grâ_ce, grands Dieux!
C'est trop souf_frir; Dans ma dou_leur plus d'es_pé_ran_ce! Fa_tal a_
_mour, tris_te dé_men_ce. Bri_se mon cœur!__ fais-moi__ mou_rir!

REMARQUES ET OBSERVATIONS

Dans cet air, le *récitatif* **A** résume les deux périodes de *transition* et de *réflexion* dont la *seconde* est, ordinairement, le sujet d'un *cantabile*.

Mais ici, en raison de l'*état d'agitation* dans lequel se trouve le personnage qui chante , un *cantabile* eut été un *contre-sens*, c'est-à-dire, ce qu'on doit éviter avant tout dans la *musique dramatique*.

Le *motif* **B** est une *première manifestation* du sentiment provoqué par la *réflexion* qui précède.

La *brusque modulation* **C**, par laquelle finit ce motif, exprime le *changement subit* qui s'opère dans le cœur d'Aïda, au souvenir de son amour pour Radamès.

Cette *réaction* produit un moment d'*accalmie* pendant lequel le *mouvement se ralentit*. (Motifs **D, E** — *Andante*)

Ces *motifs* en mouvement *plus lent* constituent une *seconde période* de *réflexion*, qui détermine une *nouvelle manifestation* de sentiments, lesquels sont exprimés par les motifs **F** et **G** qui suivent, ainsi que par la *Coda* (**H**) qui termine le morceau.

On peut donc diviser cet air en *quatre parties*, savoir:

1° première période de *transition* et de *réflexion* (**A**) ;

2° première *manifestation extérieure* de sentiments (**B**) ;

3° seconde période de *réflexion* (**C, D, E**) ;

4° nouvelle *manifestation extérieure* de sentiments (**F, G, H**).

CAVATINES

HALÉVY — *Les Mousquetaires de la Reine*, Air d'Hector. Publié avec l'autorisation de MM^rs H.LEMOINE et Cie, Éd.-Propriétaires

1re PÉRIODE – Motif principal (20 mesures) — 2me PÉRIODE – Phrase de milieu (34 mesures) — 3me PÉRIODE – Répétition du motif principal et *Coda* (9 mesures)

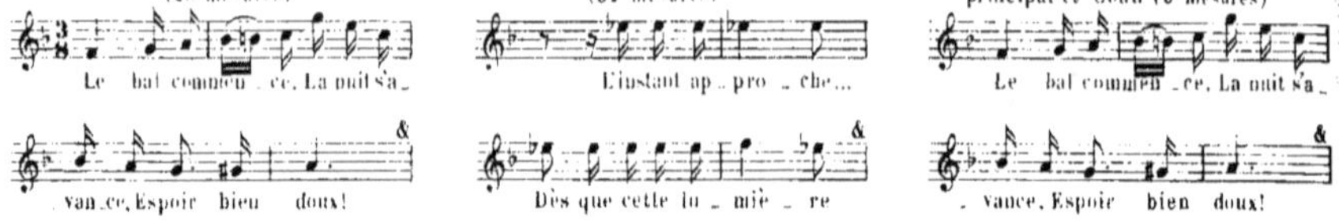

N.-B.— Dans les *phrases de milieu* de cette **Cavatine** (intitulée *Air* dans la partition (§ 849) *l'intérêt mélodique* passe, alternativement, de *l'orchestre* à la *partie vocale*. Celle-ci, comme on le voit ci-dessus, n'est guère par endroits qu'un *récitatif mesuré*, pendant que l'orchestre fait entendre les huit premières mesures du *motif principal*,

d'abord en *la* ♭ 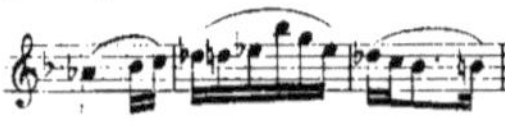 puis, en *mi* ♮ 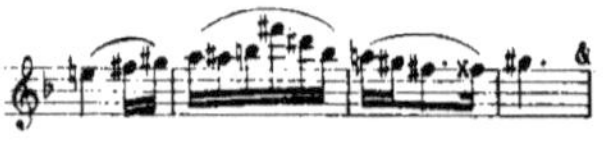

DONIZETTI — *La Favorite*, (4me Acte) Récitatif et Cavatine. L. GRUS, Éd.-Propr.

Fernand – *Récitatif* (12 mesures)

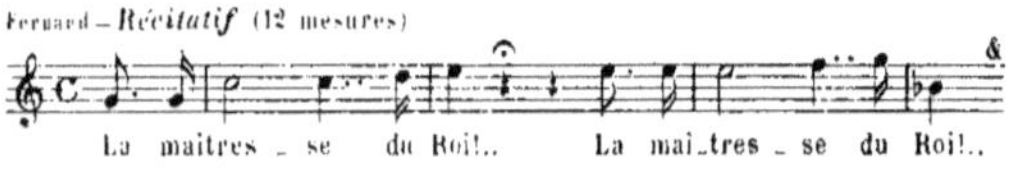

CAVATINE

1re PÉRIODE – Motif principal (10 mesures) — 2me PÉRIODE – Phrases de milieu (9 mesures) — 3me PÉRIODE – Répétition du motif principal et *Coda* (14 mesures)

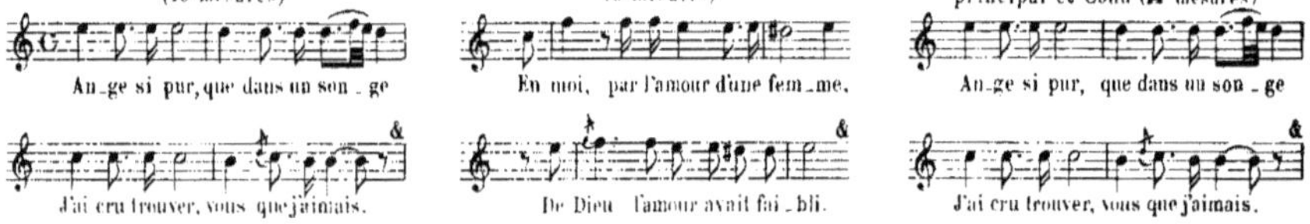

HALÉVY — *La Juive*, Cavatine du 1er Acte. Publié avec l'autorisation de MM^rs H.LEMOINE et Cie, Éd.-Propriétaires

A *Motif principal* (24 mesures)

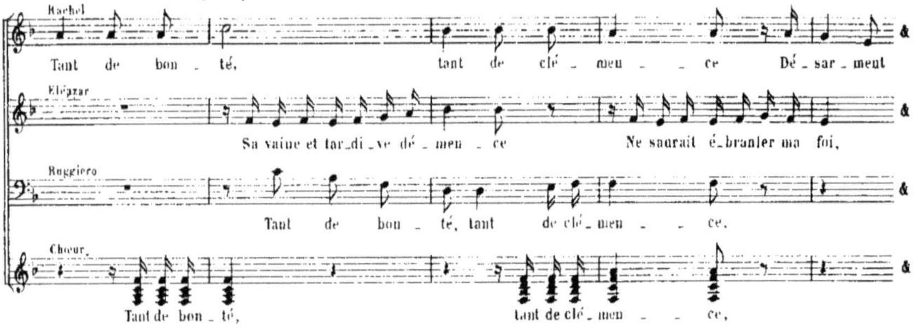

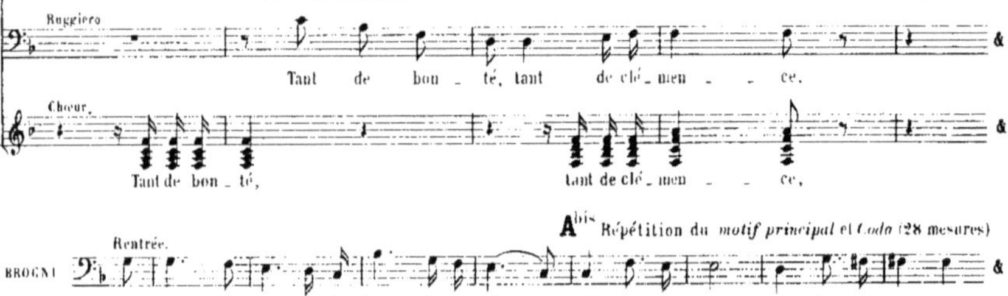

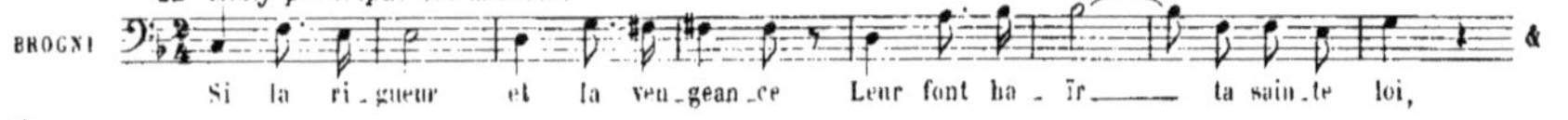

B *Ensemble* (22 mesures, y compris la rentrée)

A^bis Répétition du *motif principal* et *Coda* (28 mesures)

MORCEAUX A COUPLETS
POUR UNE SEULE VOIX AVEC OU SANS REFRAIN

§ 884.—Il y a *deux genres principaux* de *morceaux à couplets* pour une seule voix: le *genre-romance* et le *genre-chanson*.

§ 885.—Entre ces *deux genres*, se placent les *morceaux* qui, dans les opéras, sont intitulés *couplets*, lesquels se composent, en effet, de *deux couplets*, mais ne sont ni tout-à-fait dans le sentiment de la *romance* ni tout-à-fait dans l'esprit de la *chanson*. C'est une sorte de *genre intermédiaire* assez mal défini et dont les limites sont mal déterminées; si bien, qu'on donne, parfois, le titre de *couplets* à des morceaux qui sont plutôt des *romances*, et réciproquement.

Heureusement, ces questions de *mots* sont de peu d'importance.

ROMANCE

§ 886.—La *romance* est un *morceau de chant* d'un caractère *gracieux* ou *sentimental*, poétique ou dramatique, *tendre* ou *pathétique*, qui se compose de deux ou trois *strophes* ou *couplets*, avec ou sans *refrain*.

CHANSON

§ 887.—La *chanson* est un *petit poème lyrique*, dont le sujet est tantôt *bachique* ou *érotique*, tantôt *patriotique*, *satirique* ou *philosophique*, et dont le caractère est, le plus souvent, *gai*, *badin*, *martial* ou *rustique*.

§ 888.—La *chanson d'opéra* n'a, ordinairement, que *deux* ou *trois couplets*, lesquels sont, généralement, *avec refrain*.

COUPLET ET REFRAIN

§ 889.—Chaque *strophe* mise en musique constitue ce qu'on appelle un *couplet*.

§ 890.—Le *refrain* est une phrase qui se *répète* (paroles et musique) à la fin de chaque *strophe*.

§ 891.—En principe, *tous les couplets* d'une romance ou d'une chanson doivent pouvoir se chanter sur *le même air*.

§ 892.—Mais, les exigences d'une *bonne déclamation*, d'une *bonne prosodie* ou d'une *juste expression* des paroles, ne permettent pas toujours de conserver *identiquement* l'air du premier couplet pour les *couplets subséquents*, et l'on est souvent obligé d'apporter à *cet air* des modifications, soit dans le *rythme* ou l'*intonation*, soit dans le *mode* ou la *mesure*. (Voir, plus loin, pages 299 à 301.)

§ 893.—En ce qui concerne le *refrain*, bien que ce qui le caractérise soit la *répétition des mêmes paroles* avec la *même musique*, on peut, cependant, apporter quelques *variantes* aux paroles, pourvu qu'on leur conserve la *même forme générale*.

Voici, par exemple, les *variantes* apportées aux paroles du *refrain* de la *Romance* de DALAYRAC que nous donnons plus loin, page 294.

Refrain du 1er Couplet	Refrain du 2me Couplet	Refrain du 3me Couplet
Mais... je regarde, hélas!	Mais... mais j'écoute, hélas!	Paix!... il appelle, hélas!...
Le bien-aimé ne revient pas!	Le bien-aimé ne chante pas!	Le bien-aimé n'appelle pas!

ROMANCES et CHANSONS de CARACTÈRE

§ **894.**—Ainsi que nous l'avons dit (§ 543) des morceaux de *même caractère* peuvent être construits sur des *plans différents*.

Ce principe, posé par nous, à propos de *musique instrumentale*, est applicable aux *chants de caractère* dont nous allons nous occuper.

Si nous plaçons dans ce présent chapitre ce qui concerne ces chants de caractère, c'est que, le plus souvent, ils se présentent sous forme de *couplets*, et qu'ils tiennent, généralement, de la *chanson* ou de la *romance*, aussi bien par l'*esprit* que par la *forme*.

§ **895.**—Nous nous sommes expliqué au sujet du *caractère* et de l'*origine* de la **Barca-rolle** (§ 517.) de la **Berceuse** (§ 518;) du **Bolero** (§ 519;) de la **Polonaise** (§ 526;) de la **Ta-rentelle** (§ 528;) et de la **Valse** (§§ 529 et 530.)

Il nous reste à parler de quelques *autres genres*, plus spécialement affectés à la *musique de chant*.

AUBADE ET SÉRÉNADE

§ **896.**—L'*aubade* et la *sérénade* sont des *romances amoureuses* qui se chantent sous les fenêtres de la bien-aimée.

La seule différence qu'il y ait entre elles, c'est que l'*aubade* se chante au *point du jour*, tandis que la *sérénade* se chante à la *nuit close*.

§ **897.**—Il n'y a point pour elles de *rythme déterminé*, et leur caractère *varie* selon les temps et les lieux où se passe l'action à laquelle elles se rattachent, et aussi, suivant le personnage qui les chante et l'esprit général de l'ouvrage auquel elles appartiennent.

PAÏSIELLO et, plus tard, ROSSINI ont écrit la *sérénade* du *"Barbier de Séville"* en mesure à *deux-quatre*; et l'on verra ci-après (page 292) une *aubade semi-bouffe* écrite à quatre temps.

§ **898.**—Cependant, les mesures à trois-huit, trois-quatre et six-huit sont celles dont on s'est servi le plus souvent, pour les morceaux de cette nature, le *rythme ternaire* ayant quelque chose de plus *arrondi*, de plus *moelleux* que le *rythme binaire* (qui est *carré*) et, par cette raison, se prêtant mieux aux *accents langoureux* d'une *chanson d'amour*.

Du reste, il est à remarquer que, si la *sérénade* de ROSSINI dont nous venons de parler, est écrite, effectivement, en mesure à *deux-quatre*, la partie principale de l'accompagnement est en *doubles-triolets*, et, par conséquent, en *rythme ternaire*. (Voir le deuxième exemple ci-après)

§ **899.**—Un accompagnement de *guitare* et de *mandoline* est ce qui convient le mieux au caractère de la *sérénade* et de l'*aubade*.

A cela, il y a deux raisons: d'une part, ces deux instruments étant des plus *portatifs*, il est naturel de s'en servir pour s'accompagner en chantant sous des fenêtres (d'autant plus, qu'ils ne gênent aucunement la voix du chanteur;) d'autre part, ce sont les *instruments de prédilection* des espagnols; or, l'*Espagne* est la terre classique des *sérénades*.

§ 900.—Pour le théâtre, un simple accompagnement de *mandoline* ou de *guitare* étant *trop maigre*, on lui adjoint, ordinairement, des *pizzicati* du *quatuor à cordes*.

GRÉTRY — *L'amant jaloux*.

ROSSINI — *Le Barbier de Séville*, (1ᵉʳ Acte) E.GALLET, Éd.-Propriétaire.

MOZART — *Don Juan*, Sérénade

§ 901.—A défaut de *guitare* et de *mandoline*, les *pizzicati* dont nous venons de parler suffisent, habituellement, pour accompagner l'*aubade* ou la *sérénade*. (Voir l'exemple du § 913.)

LÉGENDE, BALLADE ET FABLIAU

§ 902.—On nomme *légende*, le *récit* d'un *fait imaginaire* ou d'une *histoire* plus ou moins *défigurée* par des traditions.

Telle est, par exemple, la *légende populaire* du *Juif-errant*, qui fournit à SCRIBE et S! GEORGES le sujet d'un *grand opéra* dont HALÉVY fit la musique (1852)

Le *sujet* de la **Dame de pique**, opéra-comique de SCRIBE et HALÉVY (1860) repose, également sur une *légende*.

Légende de la *Dame de pique*. Publié avec l'autorisation de MM!? H. LEMOINE et C!?, Éd.-Propriétaires.

§ 903.—La *ballade* est une sorte de *légende*, composée en *strophes égales*, qui renferme le *récit* de quelque *évènement merveilleux* ou *fantastique*, d'où l'on tire, parfois, une *morale*.

§ 904.—La *couleur* de la *ballade* est souvent *sombre;* mais, la donnée sur laquelle elle repose pouvant être purement *poétique* ou *sentimentale*, son caractère doit être, alors, d'une *nuance* plus douce. (Voir, outre celle de *Lalla-Roukh* ci-après indiquée, la *ballade* de la *Reine Mab*, dans *Roméo et Juliette*, de GOUNOD.)

§ 905.—Pour ce genre de morceau, qui, presque toujours, est avec *refrain*, il n'y a point de mesure déterminée: la *ballade* de *Robert le diable* "Jadis régnait en Normandie" est à six-huit; celle de *Lalla-Roukh* est à trois-quatre; celle de *Charles VI* est à douze-huit et la plupart des autres sont à deux-quatre, C ou ₵.

§ 906.—Quand le *sujet* de la *ballade* est *dramatique*, il exige un *rythme bien accusé;* aussi, y trouve-t-on fréquemment la *croche pointée* suivie de la *double-croche*.

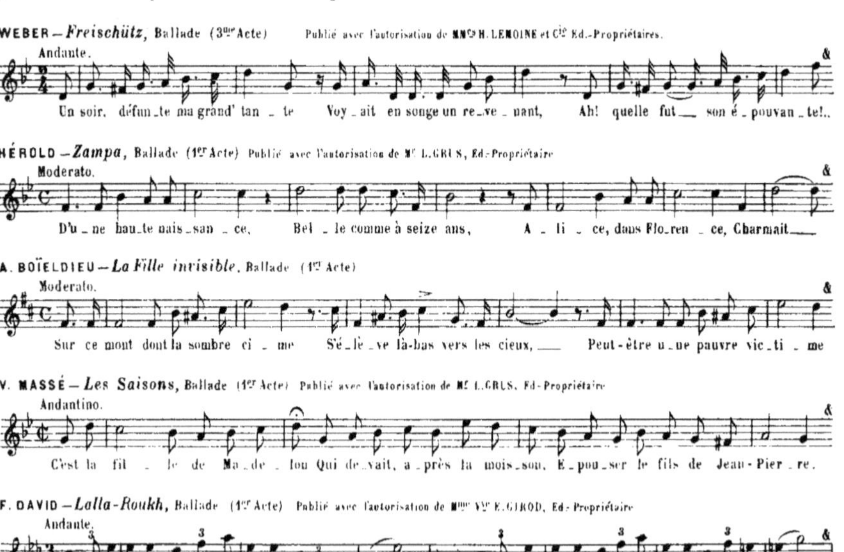

§ 907.—Le *fabliau* est une sorte de *ballade*, dans le *style ancien*, d'un caractère *moins sombre* que ne l'est, ordinairement, la *ballade* elle-même.

C'est le *récit* d'une action *pastorale, chevaleresque* ou *plaisante*, dont le *sujet*, en tout cas, est *romanesque*. (Les *ballades* de *Lalla-Roukh* et de *Charles VI* qui précèdent pourraient être intitulées *fabliaux*.)

Le plus bel exemple que nous connaissions de ce genre de morceau est celui des *Deux nuits* de BOÏELDIEU.

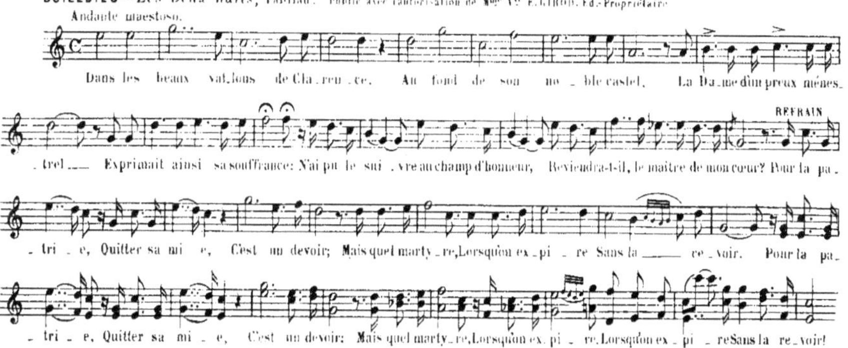

MADRIGAL

§ 908.—Le *madrigal* est un morceau fort court qui fut en grand honneur au XVIme siècle. C'est une sorte de *compliment*, en vers libres et d'un *tour galant*, qui se termine, habituellement, par une *saillie* fine et délicate.

§ 909.—Le *genre madrigalesque*, quelque peu *suranné*, n'est usité, de nos jours, que dans les ouvrages dont le *sujet* remonte à l'époque de sa vogue; et encore, ne le place-t-on, le plus souvent, que dans la bouche d'un *personnage* lui-même *démodé*, tel, par exemple, que le *Baron de Montaterre*, dans Madelon, de BAZIN. ou bien encore, par *manière de plaisanterie*, comme dans Mignon, le madrigal de *Laërte*.

§ 910.—On trouve bien, il est vrai, dans Roméo et Juliette, de GOUNOD, le *madrigal* à deux voix: "*Ange adorable*" qui, celui-là, est sincèrement *sentimental*. Mais, à ce compte, tous les *duos d'amour* pourraient être intitulés *madrigaux*, attendu que les amoureux y échangent, habituellement, *les propos les plus flatteurs*.

PASTORALE ET VILLANELLE

§ 911.—La *pastorale* et la *villanelle* sont des morceaux d'un *caractère champêtre*, qui doivent être empreints d'une *grande simplicité*, tant sous le rapport du *rythme* et de la *mesure* que sous celui de l'*intonation*.

§ 912.—Les qualités qu'on doit y rechercher, sont: la *franchise*, la *fraîcheur*, la *grâce* naïve et parfois touchante.

VARIÉTÉ et NUANCES
dans le caractère de chacune des espèces de chansons
ou romances de genre

§ 913.—Nous avons dit: (§ 897) le caractère d'une *aubade* ou d'une *sérénade* varie selon les *temps* et les *lieux* où se passe l'action à laquelle elles se rattachent, et aussi, suivant le *personnage* qui les chante et l'*esprit général* de l'ouvrage auquel elles appartiennent.

Et en effet, la *sérénade* de l'**Amant jaloux** est d'une *touchante simplicité;* celle de **Don Juan** est *élégante, séduisante,* mais *mensongère;* celle de *Méphistophélès,* dans le **Faust,** de GOUNOD, est *goguenarde* et *sardonique;* enfin l'*aubade* suivante, chantée par un *facétieux personnage,* dans un *ouvrage bouffe,* est dite sur un *ton léger* et *badin.*

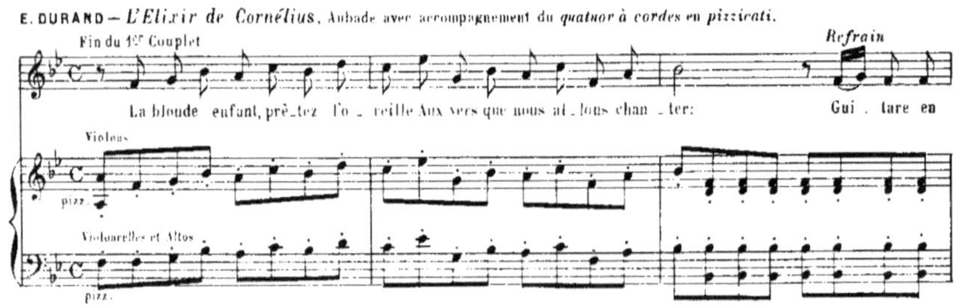

§ **914.**—L'observation que nous faisons ci-dessus au sujet de la *sérénade* et de l'*aubade* peut s'appliquer à chaque espèce des différents caractères dont nous venons de parler.

Ainsi, des *deux barcarolles* qui suivent, la *première* est empreinte d'un *sentiment mélancolique*, tandis que la *seconde* exprime une *félicité parfaite*.

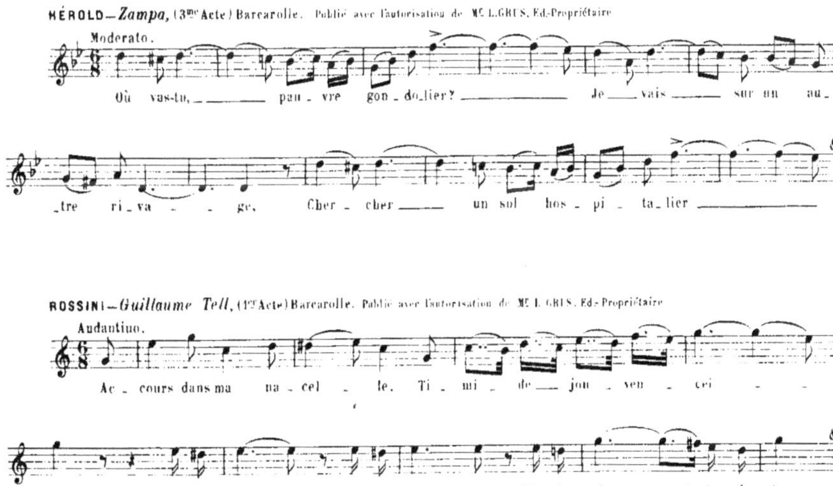

FORMES DIVERSES
des morceaux à couplets

§ 915.—Il y a *deux formes principales* de morceaux à couplets, savoir:

1º la *petite coupe binaire* dont le type est *l'ancienne romance;*

2º la *petite coupe ternaire* dont les types sont la *cavatine* (§ 860) et le *rondeau* (§ 928)

§ 916.—Parmi les morceaux de l'une comme de l'autre *forme*, il en est *qui ont un refrain,* il y en a *qui n'en ont pas.*

PETITE COUPE BINAIRE.

§ 917.—Ainsi qu'il a été dit au § 344, la *petite coupe binaire* est celle qui se compose de *deux périodes* peu développées. (Elles peuvent avoir de quatre à seize mesures.) (*)

CHANSON en petite coupe binaire, SANS REFRAIN

WEBER — *Le Freischütz*, Chanson de Gaspard. A. LEDUC, Ed.-Propriétaire.

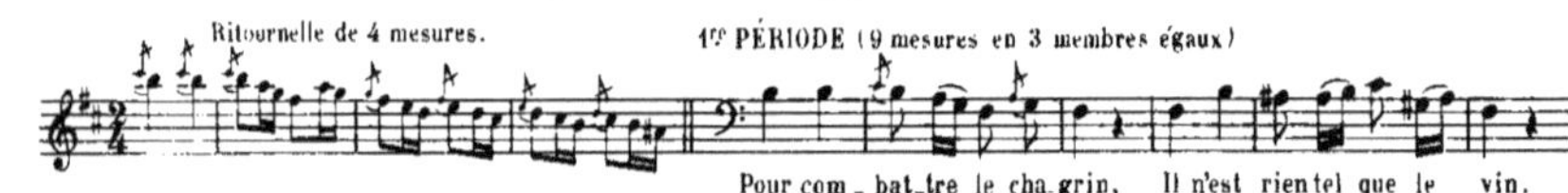

§ 918.—Des *deux périodes* qui constituent la petite coupe binaire, la *seconde* est parfois un *refrain*.

ROMANCE en petite coupe binaire, AVEC REFRAIN

DALAYRAC — *Nina ou la folle par amour*, Romance de Nina.

(*) Les *ritournelles* ne sont pas comprises dans ces *périodes;* ce ne sont que des *hors-d'œuvre,* qui ne comptent presque jamais dans la *forme générale* d'une *romance* ou d'une *chanson.*

§ 919.—D'autres fois, le *refrain* est si court qu'il n'occupe que les *dernières mesures* de la seconde période.

ROMANCE en petite coupe binaire, AVEC REFRAIN TRÈS COURT

HÉROLD — *Marie*, Romance d'Adolphe.   Publié avec l'autorisation de M. LEGOUIX, Éd.-Propriétaire.
N.-B.—La ritournelle de cette romance n'est que la *reproduction* (par anticipation) des 8 premières mesures du chant.

PETITE COUPE TERNAIRE

§ 920.—Comme on l'a vu au § 345, la *petite coupe ternaire* est celle qui se compose de *trois* périodes peu développées, (quatre, six, huit, dix ou douze mesures; seize tout au plus.)

ROMANCE en petite coupe ternaire, SANS REFRAIN

MÉHUL — *Joseph*, Romance.

§ 921.—De ces *trois périodes*, la troisième est souvent un *refrain*.

ROMANCE en petite coupe ternaire, AVEC REFRAIN

BOÏELDIEU — *Le petit Chaperon rouge*, Romance.

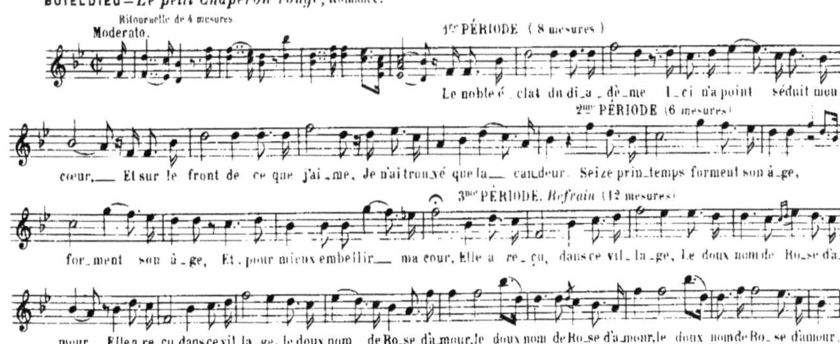

DIGRESSION

RAPPORTS DE MESURE ET DE TONALITÉ ENTRE LE COUPLET ET LE REFRAIN

§ **922.**—Lorsqu'on commence par le *couplet*, ainsi que cela a lieu dans tous les exemples qui précèdent, on peut conserver, pour le *refrain*, la *mesure*, le *ton* et le *mode primitifs*, et c'est ce qu'on fait généralement, surtout quand le *couplet* est en *mode majeur*.

§ **923.**—Mais on change, parfois, le *mode* ou la *mesure*, ou même l'un et l'autre, pour le *refrain*. (Voir les deux exemples ci-dessous.)

§ **924.**—Après un *couplet mineur* on fait souvent un *refrain majeur*. (Mêmes exemples.)

§ **925.**—Le *contraire* est possible, mais se fait beaucoup plus rarement. (Voir la *ballade* de **Robert le diable**, dont le *couplet* est en *majeur* et le *refrain* en *mineur*.)

§ **926.**—Il est également très rare qu'on ne finisse pas dans *le ton* par lequel on a commencé. Cependant la *chanson* du **Freischütz** (page 294) et l'*aubade* de la **Juive** (ci-dessous) commencent en *mineur* et finissent dans le *relatif majeur* du *ton primitif*; ce qui vient corroborer ce que nous avons dit (§ 186) à propos de l'*alliance de deux tonalités*, et principalement de celle qui peut exister entre *tons relatifs*.

COUPLET en *mineur* et à *4 temps;* **REFRAIN** en *majeur* et à *3 temps*

SUITE DES DIVERSES FORMES
FORME-CAVATINE

§ **927.**—Lorsque la *troisième période* (refrain ou non) n'est que la *répétition* (intégrale ou partielle) de la *première*, cette *petite coupe ternaire* du couplet est (toutes proportions gardées) de *forme-cavatine*.

COUPLETS en FORME-CAVATINE

RÉPÉTITION INTÉGRALE de la *première période* pour le REFRAIN

HÉROLD — *Le Pré aux Clercs*, Romance d'Isabelle. Publié avec l'autorisation de M. L. GRUS, Éd-Propriétaire

1re PÉRIODE (8 mesures)

2me PÉRIODE (4 mesures)

3me PÉRIODE ou REFRAIN (8 mesures) répétition intégrale de la 1re période

RÉPÉTITION PARTIELLE de la *première période* pour le REFRAIN

A. ADAM — *Si j'étais Roi*, Romance du 1er Acte. A. LEDUC, Éd.-Propriétaire.

1re PÉRIODE (8 mesures) finissant par une *modulation* au ton de la *dominante*. *la* b majeur.

Andante.

2me PÉRIODE (4 mesures)

3me PÉRIODE *Répétition* des six premières mesures de

la 1re période et conclusion en re b majeur

CODA

OBSERVATIONS — Dans ce dernier exemple, la *première période* finissant en *la* b majeur, ton de la *dominante*, on ne pouvait répéter intégralement cette *période* dans la *troisième*, parce que celle-ci, étant la *dernière du couplet*, devait, forcément, finir dans le *ton principal*, *ré* b majeur. — Ce cas qui se présente fréquemment, est *analogue* à celui que nous avons signalé (§ **426**) au sujet du *menuet*.

RONDEAU

§ 928.—Le *rondeau* est une *sorte de chanson* qui commence et finit par le *refrain,* lequel revient à la suite de *chaque couplet,* de telle façon que s'il y a *deux couplets,* le *refrain* se chante *trois fois;* (voir l'exemple ci-après.) S'il y a *trois couplets,* le *refrain* se chante *quatre fois;* etc.

GRÉTRY—*Richard cœur-de-lion,* Couplets en forme de rondeau.

§ 929.—Les principes exposés aux §§ 890 et 893 sont applicables au *refrain* d'un *rondeau* comme à tout autre refrain.

FORME - RONDEAU

§ 930.—La *forme-rondeau* peut convenir à toutes les espèces de *morceaux à couplets:* romances, mélodies, rondes, etc.

HALÉVY—*Le val d'Andorre* (1er Acte) Romance de Rose de Mai.
Publié avec l'autorisation de MM^{rs} H. LEMOINE et Cie, Éd-Propriétaires.

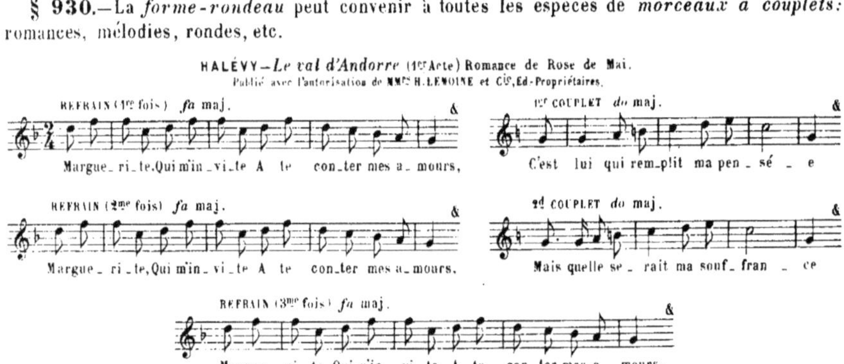

§ **931.**—Dans les morceaux en *forme-rondeau*, le *refrain* est, nécessairement, dans le *ton principal*, puisque c'est par lui que les morceaux commencent et finissent.

§ **932.**—A une époque où l'on modulait peu, le *couplet* qui sert de *milieu*, était, parfois, dans le même ton et le même mode que le *refrain*. (Voir les couplets de *"Richard cœur-de-lion"* qui précèdent.)

§ **933.**—Mais, de nos jours, ces deux parties du *rondeau* se font, généralement, dans des *tons* ou des *modes différents*; (Voir ci-dessus la romance du *"Val d'Andorre."*)

§ **934.**—On peut aussi les faire en *mesures différentes*, comme dans l'exemple suivant:

MAUVAISES COUPES DE VERS
et arrangement des différents couplets sur le même air

§ **935.**—Nous avons dit: (§ 894) en principe, tous les *couplets* d'une *romance* ou d'une *chanson* doivent pouvoir se chanter sur le *même air*.

Pour que cette condition puisse être absolument remplie, il est nécessaire que *toutes les strophes* formant *couplets* soient taillées sur le *même patron*, de telle sorte que les *syllabes d'appui* se correspondent bien d'une *strophe* à l'*autre*, et permettent au compositeur de trouver un *rythme musical* qui convienne aussi bien aux *deuxième* et *troisième couplets* qu'au *premier*.

§ **936.**—Malheureusement, les *librettistes* n'observent pas toujours cette *concordance de rythme* entre toutes leurs strophes, et, lorsqu'il s'agit de mettre une *même musique* sur ces strophes dont les *repos* sont *diversement placés* et ne coïncident pas entre eux, l'inspiration du musicien peut en être fort empêchée, car, un *rythme* qui convient parfaitement à l'une des *strophes* peut *ne pas convenir* du tout aux autres; et en pareil cas, le compositeur se voit obligé: ou de renoncer à une *idée mélodique* dont il est épris, ou de faire de *mauvaise prosodie*, ou enfin, d'apporter à chaque couplet les *modifications* exigées par les *vers de coupes différentes* sur lesquels il doit bâtir son morceau.

C'est à ce dernier parti que le *compositeur consciencieux* s'arrête ordinairement.

§ **937.**—Cependant, les plus *grands maîtres* peuvent être parfois embarrassés pour accorder le *rythme musical* avec celui des *paroles*.

Ainsi, GRÉTRY dans son admirable romance de *Richard cœur-de-lion*, débute ainsi:

c'est-à-dire, en faisant tomber la *syllabe muette* des deux premiers mots sur les *notes longues* et le *temps fort* des deux premières mesures; ce qui est une *grosse faute de prosodie* (§§ 713 et 738.) Mais cette *phrase musicale* est *si belle* dans sa simplicité, qu'on ne saurait en vouloir à GRÉTRY de ne l'avoir pas sacrifiée *aux paroles*. Ce qu'il faut regretter, c'est que celles-ci n'aient pas été arrangées de manière à *bien cadrer* avec la musique.

De son côté, voici comment MÉHUL a *phrasé le début* du *deuxième couplet* de la romance de *Joseph*,

ce qui a le tort de se prêter à *une équivoque*, de provoquer un *quiproquo*, en permettant de croire qu'il s'agit, ici. de *Troyes* en Champagne ou de l'ancienne *Troie*. Mais, ce grand maître ne pouvait pas, sans détruire le caractère *simple* et *naïf* de cet air si touchant, déclamer ce premier vers d'une manière irréprochable: là, encore, ce furent les *paroles* qui eurent tort.

§ **938.**—La question du repos et de l'accentuation des *syllabes d'appui* n'est pas la seule qui puisse nécessiter des *changements* dans *l'air primitif* pour l'un ou l'autre des *couplets qui suivent*: la *justesse d'expression* et *d'accentuation* des paroles peuvent aussi exiger des modifications, soit dans le *rythme* ou *l'intonation*, soit dans le *mode* ou la *mesure*.

MODIFICATIONS DANS LE RYTHME

§ **939.**—Des *modifications* doivent être apportées au *rythme* de *l'air primitif*, lorsque les *syllabes d'appui*, les *accents toniques* des deuxième et troisième *couplets*, ne concordent pas avec les *notes d'appui* de la *mélodie*.

Ainsi, étant donné ce début de *romance*, dont le *rythme musical* s'adapte parfaitement aux paroles du *premier couplet;*

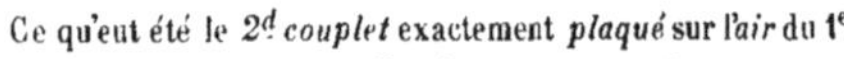

Ce qu'eut été le *2d couplet* exactement *plaqué* sur *l'air du 1er*

il n'était pas possible de répéter *identiquement* ce rythme dans le *second*, à cause de la *mauvaise prosodie* et de la *stupide déclamation* que cela eût produit, par *endroits*, comme on peut en juger par ce qui suit.

Voici donc comment l'auteur a dû *modifier* son premier motif. pour le faire cadrer avec les paroles du *second couplet.*

MODIFICATIONS DANS L'INTONATION

§ **940.**—Si les *idées*, les *images* ou les *sentiments* exprimés dans les divers couplets sont de *nuances différentes*, on peut, quelquefois, faire sentir ces *nuances*, au moyen de *modifications* apportées dans l'*intonation* de certains passages de la *mélodie primitive*.

C'est ainsi qu'HALÉVY, dans cette belle romance de *Charles VI* "C'est grand pitié" a fait sentir la *nuance* qui existe entre les paroles du *premier couplet*:"Soit mort si promptement"et celles du *second couplet*:"Priez et parlez bas!"en *baissant de ton* pour ces dernières.

N.-B.—Remarquez que, conformément à la règle du § **939**, l'auteur de *Charles VI* a dû, dans le *second couplet* de cette *romance*, modifier le *rythme primitif* dans les passages suivants:

1º de la première à la deuxième mesure pour éviter cette énorme faute.

2º de la deuxième à la troisième pour éviter celle-ci.

CHANGEMENTS DE MODE ET DE MESURE

§ **941.**—Quand les idées à exprimer sont, non seulement de *nuances différentes*, mais encore de *caractères* tout-à-fait *opposés*, comme, par exemple, des *pensées tristes* répondant à de *riantes pensées*, et *vice-versa*, le *changement de mode* peut s'imposer, et même des *changements de mesure*.

Mais, des divergences aussi marquées ne se rencontrant guère dans des *couplets d'opéras*, qui, presque toujours, ne reposent que sur une seule et même *idée*, un seul et même sentiment, nous renvoyons pour ces *changements de mesure* et de *mode*, au chapitre qui traite des *chansons* et des *romances* composées pour le *concert* et le *salon*; ces derniers morceaux étant souvent de *petits poèmes* dont *chaque couplet* peut exprimer un *sentiment différent*, et exiger, en conséquence, des *variantes* ou des changements plus ou moins *profonds*.

VARIANTES DE FANTAISIE
dans le chant ou dans l'accompagnement

§ **942.**—On peut faire des *variantes*, par pure *fantaisie*, soit dans le *chant*, soit dans l'*accompagnement*, pour obtenir de la *diversité*, intéresser l'*esprit* et le tenir *en éveil*.

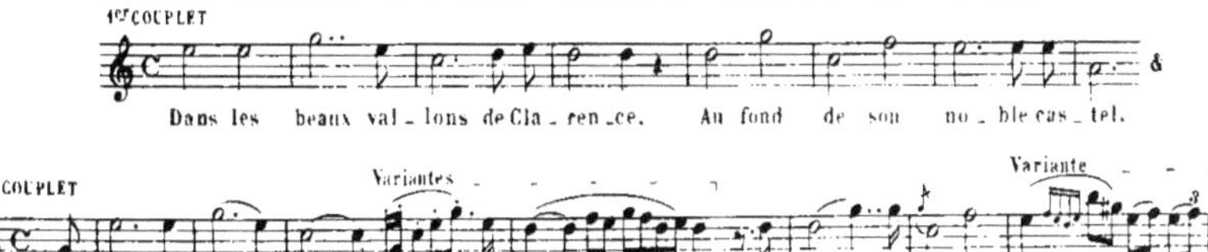

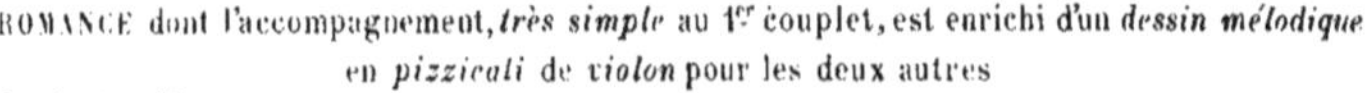

ROMANCE dont l'accompagnement, *très simple* au 1er couplet, est enrichi d'un *dessin mélodique* en *pizzicati* de violon pour les deux autres

VARIANTES OU CHANGEMENTS DANS LE REFRAIN

§ **943.**—Lorsque les *paroles* d'un refrain sont *invariables*, il n'y a d'autres changements à apporter à la *musique de ce refrain* que ceux qui sont dictés par la *fantaisie.*

§ **944.**—Ajoutons, qu'au point de vue de la *coupe des vers*, le *refrain invariable* est dans les mêmes conditions qu'un motif d'*air* ou de *cavatine.*(§§ 886 et 887)

RITOURNELLES des CHANSONS et ROMANCES

§ **945.**—Les *chansons* et *romances* débutent, généralement, par une *ritournelle* qui leur sert d'*introduction.*

§ **946.**—Cette *ritournelle* revient, ordinairement, après *chacun* des *couplets* dont ces morceaux se composent, pour marquer une *séparation* entre eux, et laisser un moment de *repos* au chanteur.

§ **947.**—Mais, au lieu d'*une seule ritournelle*, on en fait quelquefois *deux:* l'une pour l'*introduction*, l'autre pour la *démarcation* entre les couplets.(Voir l'exemple du § 918)

§ **948.**—A moins de *circonstances particulières* (dépendant du *sujet* que l'on traite et de l'*action* que celui-ci nécessite) les *ritournelles* de *chansons* et de *romances* ne doivent pas être *longues;* surtout celles de *démarcation* dont nous venons de parler. Pour ces *ritournelles,deux* ou *quatre* mesures suffisent habituellement. (Voir le même exemple)

On peut aller, cependant, jusqu'à *six* ou *huit* mesures, quand le mouvement est *vif.*

§ 949.—Si les circonstances auxquelles nous faisons allusion ci-dessus (§ 942) ont obligé le compositeur à développer davantage la *ritournelle d'introduction*, et qu'il veuille placer cette même ritournelle *entre les couplets*, il faut qu'il la *raccourcisse*, comme l'a fait ADOLPHE ADAM pour la romance de *Si j'étais Roi.*

Ritournelle de la Romance dont le 1er Couplet est à la page 297.

§ 950.—Dans les morceaux qui ont un *refrain*, la place de la *ritournelle de séparation* est entre le *refrain* et le *couplet* qui suit, et non entre le *couplet* et le *refrain*. Ce dernier (sauf exception motivée) doit s'enchaîner au *couplet*, sans autre interruption qu'une *rentrée*, si elle est nécessaire.

En conséquence, si, dans un *rondeau*, on veut une *ritournelle de séparation*, il faut la placer à la *suite du refrain.* Mais certains *rondeaux* se chantent sans arrêt, et n'ont pas d'autre *ritournelle* que celle d'*introduction.* (Voir les couplets de *Richard cœur-de-lion*, p. 298.)

§ 951.—Certaines *romances d'opéras*, intercalées dans des *morceaux d'ensemble*, peuvent être amenées de telle sorte qu'une *ritournelle d'introduction* leur serait inutile et *ferait longueur.*

Telle est, par exemple, la *romance* du *Pré aux Clercs* (dont nous donnons le premier couplet page 297,) laquelle arrive au milieu du *duo dialogué* par lequel commence le *final* du 1er acte.

HÉROLD—*Le Pré aux Clercs*, Final du 1er Acte commençant en Duo.   Publié avec l'autorisation de M. E. GRUS, Éd-Propriétaire.

DUO VOCAL

§ **952.**—Il y a des *duos* de *tous les caractères* et de *toutes les coupes.*

Par leur *forme générale,* les uns tiennent de la *romance;* d'autres, de la *cavatine;* d'autres, du *rondeau;* d'autres enfin, du *grand air.*

Le ravissant *duo* du 1ᵉʳ acte de la *Dame blanche* "Il s'éloigne, il nous laisse ensemble" se compose de *deux couplets dialogués* avec un *ensemble* pour *refrain;* la *Sicilienne* du 1ᵉʳ acte d'*Haydée* "C'est la fête au Lido" est une *berceuse* à deux voix en forme de *Rondeau;* la *Tyrolienne* de la *Sᵗ Sylvestre* de F. BAZIN "Noble et fière châtelaine" est une *sérénade* à deux voix et en *deux couplets,* etc.

Il y a également des *duos* genre *barcarolle,* genre *boléro,* genre *villanelle,* etc; et aussi des *nocturnes* à deux voix de différentes formes.

§ **953.**—Quant aux *duos dramatiques,* il en est qui, comme les *grands airs,* sont à *deux* ou *trois mouvements,* et d'autres à *un seul.*

§ **954.**—Un *duo vocal* est donc une sorte d'*air à deux voix;* seulement, ces *deux voix* se font entendre tantôt sous forme de *dialogue,* tantôt sous forme d'*ensemble.*

§ **955.**—Après ce que nous avons dit des *coupes diverses* et des *différents caractères* de l'*air* et de la *romance,* nous pensons qu'il suffira de donner quelques explications au sujet des *ensembles* et des *dialogues* pour qu'on sache bâtir un *Duo.*

DIALOGUE

§ **956.**—Le *dialogue musical* est une *conversation chantée.*

§ **957.**—Un *dialogue* doit être plus ou moins *vif* ou *lent,* plus ou moins *serré* ou *large,* suivant l'*esprit* et les *sentiments* exprimés par les interlocuteurs en présence. (Voir §§ 843 à 848.)

§ **958.**—Le *dialogue* peut se composer, tour-à-tour : 1° de *phrases chantantes* réunissant les conditions qui caractérisent le *motif* (§§ 19 et 847) 2° de *récitatifs* non mesurés; (l'exemple suivant renferme ces deux cas.)

HALÉVY — *Les Mousquetaires de la Reine,* Duo du 2ᵐᵉ Acte. Publié avec l'autorisation de MM. H. LEMOINE et Cⁱᵉ, Ed.- Propriétaires.

3º de *phrases déclamées* et *mesurées*, que l'on accompagne, ordinairement, d'un *dessin d'orchestre*, afin de donner un *intérêt musical* qui, le plus souvent, fait défaut au *chant déclamé*. (Voir, outre l'exemple suivant, les *dialogues* **A**, **D** et **F** du *duo* de **Zampa**) (p.308 et 309.)

A. ADAM — *Le Châlet*, 2ᵈ Duo. Publié avec l'autorisation de MM⁵ H. LEMOINE et Cⁱᵉ, Éd.-Propriétaires.

ENSEMBLES

§ 959. — Dans *certains ensembles*, les *deux voix* marchent à *l'unisson* ou à *l'octave*, ce qui, dans l'un et l'autre cas, s'appelle *chanter à l'unisson*.

VERDI — *Aïda*, (3ᵐᵉ Acte) Duo entre Aïda et Radamès. A.LEDUC, Éd.-Propriétaire.

(Ces *ensembles* à l'unisson ne doivent se faire que dans le cas où les *personnages* en présence sont animés des *mêmes sentiments*.)

§ 960.—Mais, le plus souvent, les *deux voix* forment *harmonie*, (harmonie qui, à deux parties, est nécessairement *incomplète*, puisqu'un *accord complet* n'a pas moins de *trois* ou *quatre sons*,) soit qu'elles *marchent simultanément* à la *tierce*, à la *sixte* ou à d'autres *intervalles harmoniques;* soit qu'elles se répondent à la façon du *genre concertant:* le *mouvement* étant distribué d'une manière *alternative* dans les *deux parties vocales.*

MOUVEMENT SIMULTANÉ DES DEUX VOIX

MOUVEMENT ALTERNATIF DES DEUX VOIX

§ 961.—Si les deux interlocuteurs sont d'*humeur* et de *sentiments différents*, on doit faire sentir cette *différence*, dans les *ensembles* comme dans le *dialogue*, en donnant à chaque partie le *caractère* qui lui convient en propre.

§ 962.—Quelquefois,on fait entendre,d'abord *seule*, la *mélodie prédominante* de l'ensemble,avant de réunir les *deux voix*.

§ 963.—Parfois même,cette *mélodie prédominante* est chantée séparément et successivement par les *deux voix*, pour revenir plus tard en *ensemble*.

§ **964.** — Voici, pour terminer, l'analyse d'un *grand duo dramatique à trois mouvements*, qui est construit conformément aux *règles traditionnelles* des *grands morceaux de chant*; il se compose:

1º de *deux dialogues* bâtis, principalement, sur un *même dessin d'orchestre*;

2º de *deux ensembles*, l'un en *mouvement lent*, l'autre en *mouvement vif*.

On voit donc qu'il y a une grande analogie entre la *forme générale* de ce *duo* et celle d'un *grand air*. (§§ **855** et suivants.)

CANTABILE
C 1er ENSEMBLE 1re Phrase, (8 mesures)
O __ dou _ leur! il me __ croit in _ fi _ dè _ le,
O __ dou _ leur! en vain __ ma voix rap _ pel _ le.
2me Phrase. (4 mesures dialoguées)
Ses droits et mon serment; ses
Mes droits et son serment;
Répétition de la 1re phrase et Coda (15 mesures)
Il __ me croit, __ il me __ croit in _ fi _ dè _ le
Ma voix __ en vain, __ ma voix en vain rappel _ le
D 2me Dialogue, (24 mesures)
1e tempo.
ALPHONSE
CAMILLE
Quel est donc cet é _ poux? Ne m'in _ ter _ ro _ gez pas!
E Motif principal de l'Allegro, (17 mesures)
Allegro vivace.
CAMILLE
Il faut se quit _ ter pour la vi _ e,
Répétition du motif précédent.
ALPHONSE
Eh quoi, se quit _ ter pour la vi _ e,
F 3me dialogue, (37 mesures)
Animé.
ALPHONSE
CAMILLE
Non, Ca _ mil _ le, tu ne m'aimas ja _ mais! O ciel!
ff
Ebis Reprise du motif E
CAMILLE (17 mesures)
Il faut se quit _ ter pour la vi _ e,
ALPHONSE (17 mesures)
Eh quoi, se quit _ ter pour la vi _ e,
G Coda 2d ensemble, (24 mesures)
Pour ton bon _ heur, __ pour ton bon _ heur __ fe _ ra des __ voeux,
Ritournelle finale
(12 mesures)
Est de pou _ voir __ ex _ pi _ rer, __ ex _ pi _ rer __ à tes yeux.

MORCEAUX d'ENSEMBLE pour PLUSIEURS VOIX
Trios, Quatuors, Quintettes, etc... et Chœurs

§ 965.—Ce chapitre étant consacré non seulement aux *trios, quatuors, quintettes vocaux*, etc, mais encore aux *morceaux* écrits pour des *masses chorales*, nous devons commencer par donner, au sujet de ces derniers, les explications suivantes:

CHŒURS

§ 966.—Les *chœurs* n'étant pas destinés à être chantés par des *artistes di primo cartello* , doués de *voix exceptionnelles*, on comprend la nécessité d'en maintenir les diverses parties dans l'*étendue ordinaire des voix* pour lesquelles elles sont écrites. (§§ 674 et 675, 683 à 685.)

§ 967.—On doit, de plus, y éviter *toute difficulté d'exécution* qui serait insurmontable pour de *simples choristes*.

§ 968.—Ces conditions étant observées, toutes les *combinaisons* auxquelles se prêtent les *trios, quatuors vocaux,* etc, sont applicables aux *chœurs*.

FORME ET CARACTÈRE DES MORCEAUX A PLUSIEURS VOIX

§ 969.—Pour ce qui est du *caractère* et de la *forme générale* des morceaux de *chant à trois parties et plus*, ce qui a été dit au sujet des *duos* (§§ 952 à 958) leur est applicable: ils se composent, comme ces derniers, de *dialogues* et d'*ensembles*; seulement, les *dialogues* sont répartis entre *un plus grand nombre de personnages,* et les ensembles comprennent *un plus grand nombre de parties*.

BOÏELDIEU—*Jean de Paris*, Final du 1ᵉʳ Acte.

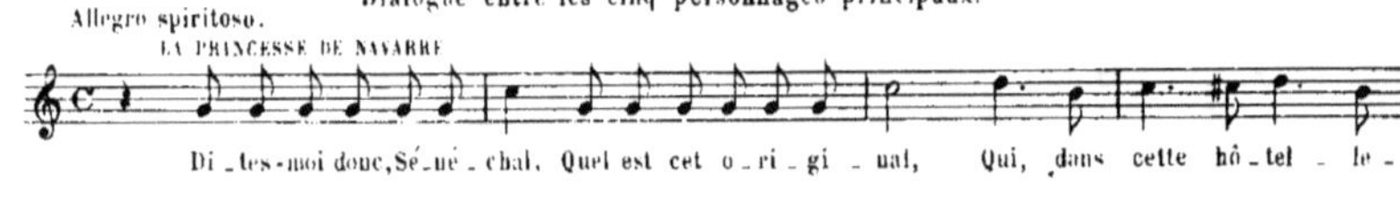

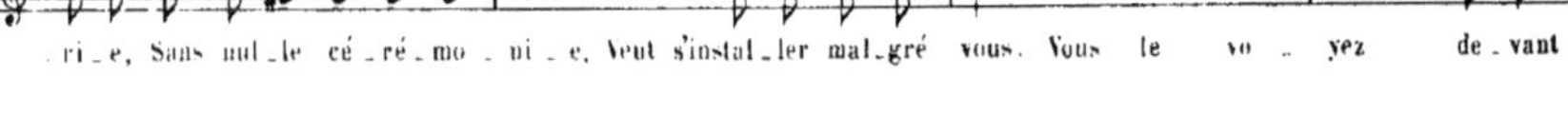

ENSEMBLES

§ 970.—Parmi les *ensembles vocaux* à trois parties et plus, il en est qui n'ont aucun *accompagnement instrumental*.

Nous citerons, notamment, le *Trio sans accompagnement* de **Robert-le-Diable** "*Cruel moment, fatal mystère!*" le *quatuor* du **Comte Ory** "*Noble châtelaine*" et l'ensemble suivant.

§ 971.—Ces *ensembles sans accompagnement* doivent être écrits suivant les règles de l'harmonie et du *contrepoint*, en tenant compte, toutefois, des *observations* qui ont été faites (§ **196** et suivants) touchant l'*application* de certaines de ces règles à la *composition idéale*, et en s'inspirant aussi des *indications* qui ont été données (page 177 et suivantes) au sujet des dispositions diverses du *quatuor à cordes*, abstraction faite, bien entendu, de ce qui est tout-à-fait particulier aux *instruments* dont il s'agit dans ce chapitre.

§ 972.—Dans les *ensembles vocaux* sans accompagnement, il est indispensable que *la plus grave* des parties vocales fournisse une *bonne basse* à l'harmonie.

§ 973.—Quant aux *ensembles* dont l'*accompagnement instrumental* fait entendre la *vraie basse*, il n'est pas nécessaire que *cette basse* soit faite, en même temps, par la partie la plus grave *des voix*, et l'on peut disposer celles-ci à son gré, au-dessus de la *basse instrumentale*.

(Voir, dans l'exemple suivant, le passage **A** à **B** de la partie de *Ténor*)

PARTIES RÉELLES

§ 974. — Ainsi qu'il a été dit au § **208**, il est rare qu'on écrive à plus de *quatre parties réelles*, même quand on dispose d'un grand nombre de *voix* ou d'*instruments*.

Voici, par exemple, un *ensemble* pour lequel l'auteur disposait de *six voix*, et qu'il n'a écrit qu'à *trois* ou à *quatre parties réelles*.

§ 975. — On peut même, de *parti-pris*, faire marcher à l'*unisson* ou à l'*octave*, toutes les voix d'un ensemble de *trio*, *quatuor*, etc, comme celles d'un *duo* (§ 959.)

§ 976. — Mais, le plus souvent, les *voix* sont disposées de telle sorte qu'elles forment *harmonie*, soit qu'elles marchent *du même pas* et *simultanément*, en *accords plaqués*, soit qu'elles se meuvent d'une *manière indépendante* les unes par rapport aux autres, soit enfin qu'elles se *répondent* en une sorte de *dialogue harmonique*.

Ensemble de voix marchant simultanément en accords plaqués.

Ensemble de voix marchant d'une manière indépendante.

DIALOGUE HARMONIQUE

§ 977. — Que les voix marchent *simultanément* ou d'une manière *indépendante*, on doit, autant que possible, rendre *intéressants* et surtout *bien chantants* les *dessins mélodiques* des diverses *parties vocales*, tout en les combinant de manière à en obtenir une *harmonie* d'une *plénitude* satisfaisante, selon le nombre de voix employées.

§ **978.** — Quelquefois, *une ou plusieurs des parties vocales* sont chargées de la *mélodie prédominante* pendant que les autres ne font qu'une sorte d'*accompagnement*.

§ 979.—Dans les *chœurs mixtes* (ceux qui, comme les précédents, sont écrits pour voix *d'hommes* et voix de *femmes*) il arrive, assez fréquemment, que *deux* parties des *voix d'hommes* sont *doublées* à l'octave supérieure par les *voix de femmes* correspondantes.

§ 980.—De même que pour la *musique instrumentale* (§ 441) on peut *fractionner* certains traits ou *dessins mélodiques*, soit à cause de leur trop grande *étendue*, soit pour ménager des *respirations* aux chanteurs.

Dessin mélodique du *Ténor*, dont le *renforcement* à *l'unisson* est réparti entre le *soprano* et la *basse*, ni l'une ni l'autre de ces dernières voix ne pouvant l'exécuter intégralement.

Dessin mélodique de longue haleine, *fractionné* entre les *voix graves* et les *voix hautes*, dans le double but de les maintenir dans l'étendue de leurs *diapasons respectifs*, tout en leur ménageant des *respirations nécessaires*.

§ 981.—Placé à propos, le *genre fugué* peut être d'un bon effet dans les *ensembles vocaux*.

ROSSINI—*Guillaume Tell*, Introduction du 1er Acte. Publié avec l'autorisation de Mr L. GRUS, Ed.-Propriétaire.

§ 982.—Ainsi qu'il a été dit (§ 961) on doit, dans les *ensembles*, comme dans les *dialogues*, donner à chaque partie la *physionomie* qui convient au *personnage* qui doit l'interpréter, suivant les sentiments qui l'animent. Qu'on remarque, dans le *fragment* ci-dessous, les *différences d'expression* qui existent entre la *partie* du poltron *Dandolo*, agité par la peur, celle de *Camille* et de *Ritta*, l'une et l'autre *consternées* et comme *paralysées* par la présence du terrible *Zampa*, et enfin, celle de ce *bandit passionné*, à la vue de *Camille*, objet de ses désirs.

HÉROLD—*Zampa*, (1er Acte) Quatuor. Publié avec l'autorisation de Mr L. GRUS, Ed.-Propriétaire.

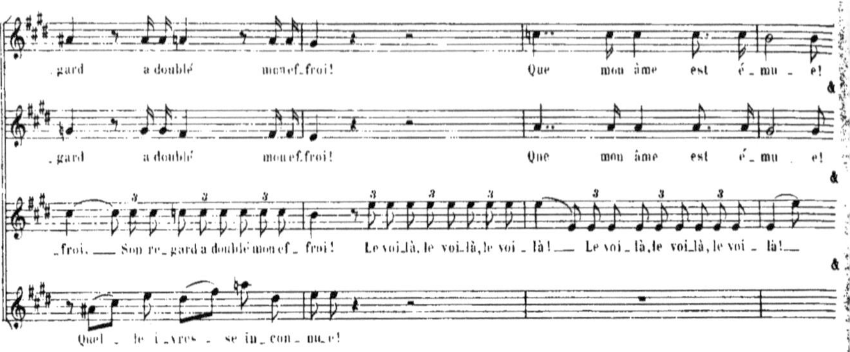

Voir également les *ensembles* du *trio final* de la **Dame blanche** (1ᵉʳ acte) dont toutes les *parties de chant* sont si bien appropriées aux *caractères respectifs* des trois personnages. Voir aussi, dans le même ouvrage, l'admirable *scène de la vente*, au 2ᵐᵉ acte.

CROISEMENTS

§ 983.—On peut, quelquefois, faire des *croisements* entre les *parties vocales*, mais c'est à la condition que ces *croisements* ne soient pas de nature à empêcher de distinguer la *mélodie prédominante*.

§ 984.—C'est surtout, au contraire, pour mettre *en relief* un *dessin mélodique intéressant* qu'on fait ainsi monter accidentellement une partie *au-dessus* de celles qui lui sont *ordinairement supérieures*.

UNISSONS ET OCTAVES CONSÉCUTIFS-ACCIDENTELS

§ 985.—On a vu (§ 975) que, de *parti pris*, on peut faire *marcher ensemble*, à l'unisson ou à l'octave, toutes les voix; et d'autre part (§ 978) que plusieurs des *parties vocales* peuvent être, à la fois, chargées de faire entendre la *mélodie prédominante*, à l'octave ou à l'unisson, pendant que les autres parties ne font qu'une sorte d'*accompagnement*.

Les parties qui marchent à l'*unisson* ou à l'*octave*, n'étant que des *redoublements* les unes des autres, ne comptent, en somme, que pour *une seule partie réelle* (§ 210)

§ 986.—Ajoutons à cela que, si l'on veut réduire, accidentellement, le nombre des *parties réelles* d'un ensemble, sans cependant les faire taire, on peut, momentanément, en confondre deux ou trois, en les faisant marcher à l'unisson ou à l'octave.

(Voir, page 74, l'ensemble de *Sémiramis*.)

OUVERTURE

RÉFLEXIONS PRÉLIMINAIRES

§ **987.**—*Il est de mode*, aujourd'hui, de commencer un *opéra*, non plus par une *ouverture*, mais seulement par une *introduction* ou un *prélude* de quelques mesures.

Pourquoi cela?

Serait-ce par la raison que, dans la *musique dramatique moderne*, l'orchestre s'étant emparé du *rôle prépondérant* qui, naguère encore, appartenait aux *chanteurs*, il serait superflu de donner à la *partie symphonique* déjà très importante, *un grand morceau de plus?*

Ou bien, pense-t-on que les *spectateurs*, ne s'intéressant plus qu'à l'*action dramatique*, n'auraient pas la patience d'écouter un *morceau purement musical* ayant une certaine durée?

Nous ne savons.

Mais, à notre avis, une *ouverture bien faite* avait son charme et sa raison d'être: c'était comme une *préface* qui préparait parfaitement au *sujet de la pièce* et en faisait pressentir la *couleur* et le *caractère*.

Et vraiment, n'eut-il pas été regrettable que *cette mode*, s'établissant un siècle plus tôt, nous eût privés des belles ou charmantes *ouvertures* de MOZART, CHÉRUBINI, MÉHUL, BEETHOVEN, BOÏELDIEU, ROSSINI, WEBER, AUBER, HÉROLD, etc.

Qu'il nous soit donc permis d'espérer qu'on n'a pas définitivement renoncé à la *forme-ouverture* qui nous a valu tant d'adorables pages de *musique symphonique*.

ORIGINE DES THÈMES OU MOTIFS
d'une Ouverture d'Opéra

§ **988.**—Parmi les *nombreux motifs* que doit renfermer un *opéra* (phrases de chant, traits ou dessins d'orchestre, etc.) on peut, généralement, trouver une *grande partie* (sinon la *totalité*) des *thèmes* qui sont nécessaires à la composition de l'*ouverture*.

§ **989.**—Ainsi construite au moyen de *matériaux* fournis par la *partie lyrique* de l'œuvre à laquelle elle appartient, l'*ouverture* est une sorte d'*exorde*, résumé des principaux motifs qu'on doit entendre par la suite.

§ **990.**—Ce système, qui consiste à bâtir l'ouverture d'un opéra au moyen de *thèmes* qui lui sont empruntés, est celui que nos *compositeurs dramatiques* ont suivi le plus souvent.

§ **991.**—Cependant, bien des musiciens ont trouvé plus intéressant de *composer de toutes pièces* leurs ouvertures, en créant des *thèmes* tout exprès pour elles.

CARACTÈRE ET DÉVELOPPEMENTS
qu'il convient de donner à une Ouverture

§ **992.**—Une *ouverture* doit être écrite dans le *style* et le *caractère général* de l'ouvrage auquel elle est destinée.

§ **993.**—Ses *développements* doivent être, jusqu'à un certain point, proportionnés à l'importance de cet ouvrage.

(On comprend, en effet, qu'il serait peu sensé de donner de *très grands développements* à l'ouverture d'un *petit ouvrage*, de même qu'il serait ridicule de faire, pour un *opéra-bouffe*, une ouverture d'un caractère *pompeux* ou *pathétique*.)

FORME GÉNÉRALE DE L'OUVERTURE

§ 994.—Il existe quelques ouvertures à *un seul mouvement*, lequel, en pareil cas, est *un mouvement vif*. Telles sont celles des *Noces de Figaro* de MOZART et du *Mariage secret* de CIMAROSA.

(Bien entendu, nous considérons comme *quantité négligeable* les *trois mesures* en *mouvement large* qui servent de *prélude* à ce dernier morceau.)

§ 995.—Mais, le plus souvent, une ouverture se compose de *deux mouvements principaux*, dont l'un est plus ou moins *lent* et l'autre plus ou moins *vif*, sans préjudice de *ceux* qui peuvent se présenter *incidemment*. (Nous appellerons *Andante* le mouvement *lent*, et *Allegro* le mouvement *vif*, quel que soit *leur degré* de *vitesse* ou de *lenteur*.)

Voici quelques exemples d'*ouvertures* à *deux mouvements*.

Comme *ouvertures à deux mouvements*, citons encore celles de *La Dame blanche* et des *Deux nuits* de BOÏELDIEU; celles de la *Muette de Portici* et d'*Haydée* d'AUBER.

§ 996.—Il y a aussi des ouvertures à *trois, quatre mouvements et plus*.
Parmi les ouvertures à *trois mouvements* nous citerons les suivantes:

ROSSINI – *Maometto secondo* — Maestoso $(\frac{3}{4})$ Andante maestoso $(\frac{2}{4})$ Allegro moderato (C)[*]

WEBER – *Preciosa* — Allegro moderato $(\frac{3}{4})$ Moderato $(\frac{2}{4})$ Allegro con fuoco (C.)

AUBER – *Le Domino noir* — Allegretto $(\frac{3}{4})$ Allegro non troppo $(\frac{3}{8})$ Allegro assai $(\frac{6}{8})$

HALÉVY – *Charles VI* — Moderato assai (C) Adagio $(\frac{12}{8})$ Allegro non troppo (C.)

» *Le Val d'Andorre* — Andantino $(\frac{6}{8})$ Allegretto $(\frac{6}{8})$ Allegro moderato (C.)

§ 997.—L'ouverture de *Guillaume Tell* de ROSSINI a quatre mouvements:

Andante $(\frac{3}{4})$ Allegro (C) second Andante $(\frac{3}{8})$ Allegro vivace $(\frac{2}{4})$.

§ 998.—L'ouverture de *La Part du diable* d'AUBER change *sept fois* de mouvement;
celle de *Galathée* de VICTOR MASSÉ en change *dix fois*.
Ces *dernières coupes* sont tout à fait *exceptionnelles*.

§ 999.—Du reste, quand on puise dans *un opéra* les *éléments constitutifs* de son *ouverture*, la *coupe* de celle-ci dépend beaucoup, on le conçoit, de la *nature*, du *nombre* et de l'*importance* de ces éléments, qui sont les *matériaux* au moyen desquels on la construit.

§ 1000.—Quant à l'ouverture que l'on compose *de toutes pièces* (§ 994) on lui donne la *forme* que l'on veut, puisque les *thèmes* dont on se sert pour la bâtir sont imaginés *en vue de sa construction*.

§ 1001.—Certaines ouvertures sont de *véritables tableaux*. Telle est celle du *Jeune Henri* de MÉHUL, qui représente une *chasse à courre*, ainsi que celle de *Guillaume Tell* ci-dessus mentionnée, qui est une *peinture* de différentes scènes de la *nature Alpestre*.

§ 1002.—La coupe de pareilles ouvertures (*genre descriptif*) est, nécessairement, *subordonnée aux programmes* que s'imposent leurs auteurs.

UNITÉ TONALE ET RAPPORTS DE TONALITÉ
qui doivent exister entre les diverses parties de l'ouverture

§ 1003.—Sauf des exceptions extrêmement rares, l'*unité tonale* a été observée dans la composition des *ouvertures*, qui, presque toutes, commencent et finissent dans le même ton.—C'est là un principe qui doit être généralement suivi.

§ 1004.—Mais, s'il en est ainsi du *ton*, il en va différemment du *mode*.

§ 1005.—En effet, un grand nombre d'*ouvertures* commencent en *mode mineur* et finissent en *mode majeur* (même tonique)
Telles sont celles des ouvrages suivants:
Don Juan (*ré* mineur, *ré* majeur;) *Guillaume Tell* (*mi* mineur, *mi* majeur;)
Le Domino noir (*fa* mineur, *fa* majeur;) *Charles VI* (*ré* mineur, *ré* majeur;) etc.

---

[*] Il est à remarquer que cette *ouverture* commence par *deux mouvements lents de suite*, dont le premier a quatre-vingt-cinq mesures et le second quatre-vingt-dix, alors que l'*allegro moderato* qui la termine n'en a que cinquante-quatre.— C'est le seul cas que nous connaissions d'une ouverture où les mouvements lents tiennent une aussi large place.

EXCEPTIONS

§ 1006.— Quelques ouvertures commencent dans un *ton mineur* et finissent par son *relatif majeur*, comme :

Preciosa (*la* mineur, *do* majeur;) *Le Pré aux Clercs* (*sol* mineur, *si* ♭ majeur;)

Haydée (*ré* mineur, *fa* majeur;) etc.— Mais la *grande affinité* qui existe entre un *ton mineur* et son *relatif majeur* autorise cette licence. (§ 186)

§ 1007.— On peut encore trouver *telle ouverture* dont le *commencement* et la *fin* sont dans des *tonalités moins homogènes* que les précédentes.

Cette infraction à la règle est ordinairement motivée par la nécessité de placer certains *motifs* dans tel ou tel ton selon les *instruments* qui doivent les exécuter, afin d'en obtenir de *bonnes sonorités*.

Tel est le cas de l'ouverture des *Noces de Jeannette*, qui débute par un *carillon* en *mi* majeur, alors que le *ton principal* du morceau est celui de *la* par lequel commence et finit l'*allegro*.

§ 1008.—Mais, ces *exceptions* ne sauraient infirmer la règle du § 1003 ; elles prouvent, seulement, que cette règle n'est pas considérée comme *absolue* par tous les musiciens.

FORME DE L'ANDANTE

§ 1009.— Il en est de la forme d'un *Andante d'ouverture* comme de celle d'un *Adagio de sonate* : cette forme est *très variable*. (§§ 404 et suivants)

Dans l'ouverture de la *Flûte enchantée* de MOZART, le premier mouvement (un *adagio*) n'est qu'une *introduction* composée d'*un seul motif*, lequel est précédé de quelques *accords plaqués*.

Dans celle de *Don Juan* du même auteur, l'*Andante*, bâti sur des *fragments* de la musique qui accompagne l'*apparition* du *Commandeur* au dernier acte, est une magistrale *introduction* de dix-huit mesures.

L'*adagio* par lequel commence l'ouverture du *Freischütz* de WEBER se compose :

1° d'un *dessin mélodique* de huit mesures sans accompagnement, ayant le caractère d'une *introduction* ;

2° d'un *Cantabile* de seize mesures dont le *chant* est confié aux *cors* ;

3° d'un *récit dramatique* de douze mesures dont le *motif* est emprunté à l'air de MAX.

Il est donc de *forme ternaire*.

§ 1010.—En général, dans les ouvertures de ROSSINI, l'*andante* est composé sur *deux motifs*, dont l'un est un *Cantabile* ou *phrase chantante*, et l'autre, un *thème assez court* (trait ou dessin mélodique) plus ou moins développé.

Celui des deux motifs qui se présente le *premier* est, ordinairement, *répété* après le *second*, ou seulement *rappelé*. (Voir ci-après l'*Andante* de l'ouverture du *Barbier de Séville*, page 326.)

Mais, le grand maître italien a procédé quelquefois différemment.

Par exemple, dans l'ouverture de *Sémiramis*, les deux motifs de l'*andante* se *répètent* l'un et l'autre: le *premier, exactement*, mais à l'*octave;* le *second*, avec de *nouveaux développements* et dans d'autres modes.

§ 1011.—Dans les *ouvertures* d'AUBER, l'*andante* est, généralement, *assez court:* celui de la **Muette de Portici** n'a que douze mesures à $\frac{6}{8}$; celui d'*Haydée* a seize mesures à $\frac{9}{8}$.

Son ouverture du **Domino noir**, bien qu'à *trois mouvements*, ne possède pas d'*andante*.

§ 1012.—Les ouvertures d'HÉROLD n'ont pas toujours, non plus, de *véritable andante*.

Dans celle de **Zampa**, le refrain de la *ballade*  vient interrompre, momentanément, l'*allegro vivace* par lequel débute le morceau; et plus loin, un *solo de clarinette* en *mouvement modéré* tient lieu de *cantabile*.

Le *motif expressif* ou *Cantabile* de l'ouverture du *Pré aux Clercs* est également un *solo de clarinette* en mouvement modéré.

§ 1043.—En examinant les exemples d'ouvertures à *deux mouvements* que nous donnons à la page 320, on peut constater qu'elles commencent *toutes* par l'*andante* pour finir par l'*allegro*.

§ 1014.—Mais, fort souvent, l'*andante* est précédé lui-même de quelques mesures d'un *tutti éclatant*, en mouvement *plus ou moins vif*, dont le but est de *commander le silence* et d'appeler l'attention du *spectateur*, afin qu'il écoute avec recueillement la musique de l'*andante* qui, d'habitude, est dans les *nuances douces*.

Cette précaution n'est pas superflue, car (tout le monde a pu le remarquer) quand le *début d'une ouverture* se joue *piano* ou surtout *pianissimo*, au milieu des conversations de la salle, on en perd *tout le commencement*.

FORME DE L'ALLEGRO

§ 1015.—La construction d'un *allegro d'ouverture,* dans sa forme la plus simple, exige l'emploi de *deux motifs principaux* et de quelques *motifs secondaires.*

§ 1016.—Ainsi que les *deux thèmes* d'un *allegro de sonate* (§ 367) les *deux motifs principaux* d'un *allegro d'ouverture* doivent être d'allure différente (chacun d'eux ayant une *physionomie* qui le distingue de l'autre) de manière à éviter, à la fois, l'*uniformité* et la *confusion* qui résulteraient, sans cela, du plus ou moins de *similitude* de ces deux motifs.

§ 1017.—Habituellement, de ces *deux motifs principaux,* le premier est le plus *vif,* le plus *fin* ou le plus *brillant;* le second est plus *posé,* plus *chantant:* c'est ce qu'on appelle le *cantabile,* c'est-à-dire le *chant.*

§ 1018.—Pour ce qui est des *rapports de tonalité* qui doivent exister entre ces *principaux motifs,* tout ce qui a été dit aux §§ **384** à **394** leur est applicable.

§ 1019.—Les *motifs secondaires* sont destinés à relier entre eux les *motifs principaux* et à jeter de la *variété* dans les *effets d'orchestre.* Ce sont les *divertissements* ou *passages épisodiques* de l'ouverture.

Tantôt ils se présentent sous forme de *dialogues;* (voir l'exemple **X** ci-dessous) ou bien, ce sont des *tutti d'orchestre;* (voir, p. 327, *Allegro du Barbier,* lettre **B**.)

D'autres fois, ce sont des *progressions ascendantes* formant *crescendo;* ces *crescendos* se placent à la fin des *périodes* (§ 1021) et surtout de la *dernière* où ils précèdent immédiatement la *coda* (*Allegro du Barbier,* lettre **D** et **D**bis;) ou ce sont, au contraire, des *progressions descendantes* en *diminuendo;* (voir ci-dessous l'exemple **Y**.)

Enfin, on rencontre, parfois, des *passages épisodiques* construits à la manière du *travail thématique.* (Voir, p. 329, l'ouverture du *Pré aux Clercs,* lettre **G**.)

§ 1020.—A tout cela, il faut ajouter une *coda* dont le *thème* peut être pris: soit dans l'un des *principaux motifs,* soit dans l'un des *motifs secondaires;* à moins qu'il ne soit composé *tout exprès,* ou *emprunté* spécialement à l'une des parties quelconques de l'*opéra* lui-même.

BOÏELDIEU — Ouverture du *Calife de Bagdad*

Dialogue entre le 1er Violon et le *second,* le 1er doublé par le *Hautbois* ou la *Flûte,* le 2d doublé par la *Clarinette.*

ROSSINI — Ouverture de *Guillaume Tell,* Décroissance de l'orage. Publié avec l'autorisation de M. L. GRUS, Éd.-Propriétaire.

DIVISION ET CONDUITE DE L'ALLEGRO D'OUVERTURE
dans sa forme la plus simple

§ 1021.—La *coupe* la plus simple de l'*Allegro d'ouverture* est celle qui le divise en *deux grandes périodes* à peu près pareilles, dont l'une est la *période d'exposition*, et l'autre la *période de répétition* (§§ 360 à 363)

Voici la *marche* qui a été généralement suivie dans la *conduite* de ces *deux périodes;* notamment par ROSSINI dans la plupart de ses *ouvertures*. (Voir ci-après l'analyse de l'*allegro* de celle du *Barbier de Séville.*)

PREMIÈRE PÉRIODE

A.—*Premier motif*, d'un caractère *vif, léger* ou *brillant* (Ton principal;)

B.—*Tutti* et *modulation* conduisant *au ton* du *second motif;*

C.—*Second motif*, d'un caractère *plus posé*, plus *chantant* que le premier et dans un autre ton que celui-ci;

D.—*Crescendo* conduisant à un nouveau *tutti,* lequel est quelquefois suivi d'une *courte Coda.*

SECONDE PÉRIODE

Abis *Répétition* du premier motif (même ton que la première fois;)

      (Ici, au besoin, un *épisode transitif* en *modulations convergentes.*)

Cbis *Répétition* du second motif (cette fois dans le *ton principal;*)

Dbis *Répétition* du *crescendo, tutti* et *coda* (celle-ci plus développée que la première.) Le tout dans le ton principal.

MODIFICATIONS APPORTÉES A CE PLAN

§ 1022.—Dans certaines ouvertures l'*allegro* renferme *trois* ou *quatre motifs principaux* au lieu de *deux.*

C'est principalement dans les ouvertures à *un seul mouvement* (§ 994) que pareille chose se rencontre. (Voir ci-après, page 328 , l'analyse de l'ouverture du *Pré aux Clercs.*)

§ 1023.—On peut, dans la *seconde période,* intervertir l'ordre dans lequel se sont présentés, la première fois, les *motifs principaux* de l'*allegro,* en répétant le *deuxième* ou le *troisième motif* avant de répéter le *premier.*

Par exemple, quand ces *motifs principaux* sont au nombre de *deux* seulement, procéder ainsi qu'il suit:

SECONDE PÉRIODE

Abis *Répétition* du *second motif* (dans un *autre ton* que la première fois, mais *non* dans le *ton principal.*)

X.—*Épisode* ou *divertissement* ramenant au *ton principal* (dans l'une des formes § 1019.)

Abis *Répétition* du *premier motif* (ton principal.)

Y.—*Strette* et *Coda* en **tutti**, avec ou sans *crescendo.*

§ 1024.—D'autre part, le *crescendo* dont il est question ci-dessus peut ne se faire qu'une *seule fois*, soit à la *fin* de la *première période* (Voir page 329 , lettre F) soit, surtout à la fin de la *seconde.* (Voir l'ouverture du *Domino noir*, le dernier mouvement en mesure à $\frac{6}{8}$.)

ROSSINI.—Ouverture du *Barbier de Séville*.

ALLEGRO CON BRIO
A 1er motif (24 mesures en mi mineur)
p
B Tutti et modulation (44 mesures en mi min. sol maj. ré maj. et sol min.)
ff
C 2d motif (32 mesures en sol majeur)
D Crescendo conduisant à un tutti et une rentrée (32 mesures en tout)
pp
cre . scen . do.
Abis - Répétition du 1er motif
p
Cbis - Répétition du 2d motif C (24 mesures en mi majeur)
Dbis - Répétition du crescendo et Coda (56 mesures en mi majeur)
pp
cre scen . do.

HÉROLD. — *Le Pré aux Clercs*, Ouverture à un seul mouvement.   Publié avec l'autorisation de Mr L. GRUS, Ed.-Propriétaire.

F Crescendo et tutti (14 mesures)
pp
cresc
G Travail thématique composé sur le motif B (28 mesures)
ff
E bis - Répétition (en si b) du motif E (24 mesures)
p
D bis - Répétition (en si b) de la phrase incidente D (12 mesures)
A bis - Répétition du motif A, autrement développé.
ff
ff
H Strette et Coda débutant par la répétition des mesures 7 à 13 du motif B (16 mesures)
f

MUSIQUE DE CHANT
pour le salon

RÉFLEXIONS PRÉLIMINAIRES

MUSIQUE DE SALON — MUSIQUE DE THÉÂTRE

§ **1025.**—La *musique de chant* composée spécialement pour le *salon* n'est pas conçue dans le *même esprit* que la *musique de théâtre;* et cela, pour les raisons que voici:

1026.—Toute *pièce de théâtre* suppose une *action*, du *mouvement*, des *gestes*, c'est-à-dire de la vie. La *musique* dont on l'accompagne doit, nécessairement, s'accorder avec cette *action*, ce *mouvement*, ces *gestes;* elle doit, en un mot, être *vivante* elle-même.

C'est seulement en remplissant cette condition qu'on peut obtenir ce qui s'appelle de la *musique scénique*.

§ **1027.**—La majeure partie des *morceaux d'opéras* qui peuvent être comparés à ceux que l'on fait pour le *salon* (airs, mélodies, romances, duos, etc.) sont, le plus souvent, l'*expression* d'un *sentiment général* déterminé par une *situation particulière*.

Chacun de ces morceaux est comme *un coin* de *grand tableau*. (*)

§ **1028.**—Au contraire, les *pièces de vers* sur lesquelles on compose la *musique de salon*, sont autant de *petits poèmes* qui, dans leur *cadre exigu*, forment comme un *tableau complet* de petite dimension.

En raison de l'*exiguïté* de ces pièces, les sentiments et les idées qu'elles expriment sont *rapidement esquissés;* les *détails* s'y succèdent plus nombreux et *plus pressés;* les nuances y sont *plus délicates*.

Ici, pas d'*action effective*, pas de *gestes*, pas de *mouvement réel*.

§ **1029.**—A la vérité, *certaines de ces pièces* ont quelqu'analogie avec des *airs d'opéras*, tant par leur *forme* que par la nature de leur *sujet*.

Ce sont, parfois, des *récits* dramatiques, poétiques ou pittoresques, qu'on intitule *scènes* ou *scènes lyriques*, parce qu'on y raconte *une action*.

Mais ce n'est pas l'*action* elle-même, l'*action réelle*, puisqu'elle ne s'effectue pas; donc, ce n'est qu'une *fiction*, ce qui est bien différent.

§ **1030.**—Néanmoins, on peut toujours donner, à la musique des pièces de ce genre, une *allure* plus ou moins *théâtrale*, en tenant compte, bien entendu, des *conditions* dans lesquelles ces *morceaux de salon* doivent être exécutés.

Si donc ces *scènes* supposent quelques mouvements, il suffit de les *indiquer brièvement*.

(*) Il convient d'observer, pourtant, que certains morceaux (*chansons et couplets*) introduits dans les *opéras*, ne sont, parfois, que des *hors-d'œuvre* qui, n'étant pas intimement *liés* à l'*action*, ont une grande analogie avec les *morceaux de salon*.

§ **1031.**—Le mot *romance* qui, jusqu'à ce jour, a été conservé dans les *partitions d'opéras*, pour désigner les *morceaux de chant* d'un caractère *sentimental*, écrits pour une *seule voix* et divisés par *couplets*, (§ 886) ce mot *romance*, disons-nous, est tombé en désuétude pour ce qui concerne la *musique vocale de salon*.

En effet, depuis un demi-siècle environ, le mot *mélodie* est appliqué à tout morceau de *chant-solo* écrit pour le *salon*, quelle que soit sa forme et son caractère; à moins, cependant, que ce ne soit une *scène* (§ 1037) ou une *chanson*.

§ **1032.**—Avant cette époque, on n'appelait *mélodie* qu'un morceau dont *toutes les strophes* n'étaient pas mises sur la *même musique*.

§ **1033.**—Mais, le mot *romance* étant tombé en *défaveur* (comme chose *surannée*) et le mot *mélodie* étant devenu *à la mode*, les *romances*, comme les autres morceaux de *chant-solo*, ont été appelées *mélodies*.

Et cette défaveur du mot *romance* a été telle qu'on a *débaptisé* des morceaux qui, sous cette dénomination, avaient eu de *très grands succès*, pour les appeler du *nom à la mode*, sans, d'ailleurs, qu'aucune modification ait été apportée à leur *forme primitive*.

Nous-même, nous avons dû subir la *tyrannie de cette mode*, et intituler *mélodies* de simples *romances*, que les éditeurs eussent refusé de publier sous ce dernier titre.

§ **1034.**—Il importe, pourtant, d'établir une distinction entre le morceau dont *l'air est le même* pour *toutes les strophes*, c'est-à-dire, le *morceau à couplets* (§ 886) et celui dont les *strophes* ne sont *pas toutes* sur le *même air*.

Nous appellerons le premier, *mélodie-romance*, et le second, purement et simplement, *mélodie*.

FORMES DIVERSES
des morceaux de chant composés pour le salon

§ **1035.**—On peut donner, aux morceaux de chant que l'on compose pour le salon, telle forme que l'on veut, pourvu que cette forme *cadre bien* avec les paroles.

§ **1036.**—Parmi les *petits poèmes lyriques* destinés au salon, il en est qui sont *coupés* de telle sorte que la *forme générale* de la composition musicale qui doit leur être adaptée en est clairement indiquée par les paroles.

§ **1037.**—Il s'en trouve, par exemple, qui se composent de *trois périodes distinctes*, de *coupes différentes*; savoir: 1º *l'exposé du sujet*, en quelques vers de *dix* ou *douze pieds* (c'est le *récitatif*;) 2º de paroles *expressives* et d'un *caractère posé*, qui demandent un *cantabile* (c'est l'*andante*;) 3º de paroles *plus animées* qui réclament un *mouvement plus vif* (c'est l'*allegro*.)

Ces morceaux, dont la *forme générale*, est, comme on le voit, celle d'un *air d'opéra*, (§ 858) ces morceaux, disons-nous, sont ceux que, dans la musique de salon, on appelle *scènes lyriques*, *scènes dramatiques*, ou *scènes* tout simplement.

§ **1038.**—Il en est d'autres (et c'est le plus grand nombre) qui, se composant de *strophes égales*, avec ou sans *refrain*, indiquent nettement la *forme-romance*. (§ 886)

§ **1039.**—Lorsque ces petites pièces *commencent* et *finissent* par le *refrain,* c'est la *forme-rondeau.* (§§ **928** et **930**)—Nous appellerons *Mélodie-rondeau* tout morceau commençant et finissant par le *refrain,* dont les *strophes intermédiaires ne sont pas toutes* sur *le même air.* (Voir, ci-après, *Plaisir d'amour.*)

§ **1040.**—Quant aux *pièces de vers* qui n'ont pas été spécialement écrites pour la musique, on en trouve, sans doute, de *toutes les formes* et de *tous* les *genres.*

§ **1041.**—Mais (si l'on en excepte le *sonnet,* dont la forme est particulière) ces pièces, le plus souvent, sont divisées par *strophes égales* de *trois* ou *quatre* à *huit* ou *dix vers.*

§ **1042.**—Lorsque *chacune* de ces *strophes,* ainsi taillées sur le même patron, est assez développée pour former un *couplet* de dimension raisonnable, et que les *idées* ou les *sentiments* exprimés par les uns et les autres sont suffisamment *homogènes,* on peut faire, de ces *strophes,* une *mélodie-romance* ou une *chanson,* selon le caractère des paroles.

Pour la *mélodie-romance* on n'admet, habituellement, que *trois couplets;* mais, la *chanson* en a souvent *cinq,* et parfois davantage.

§ **1043.**—Quand les *strophes* qu'on doit mettre en musique sont *courtes* et *nombreuses,* il est préférable, si l'enchaînement des idées le permet, d'en réunir *deux* ou *trois* dans un *même couplet,* plutôt que de les faire aller *toutes* sur le même *petit air,* dont le retour incessant deviendrait insupportable.

§ **1044.**—D'ailleurs, la *forme-romance* n'est nullement obligatoire pour les *pièces* dont les vers sont *groupés* par *strophes égales,* et l'on peut, quand on le juge à propos, leur donner d'*autres formes musicales;* de celles, notamment, dont toutes les *strophes* ne sont pas mises sur la même musique, et que nous intitulons *mélodies* (§§ **1032** et **1034**)

§ **1045.**—Seulement, en ce qui concerne ces dernières, il faut, autant que possible, et pour les raisons que nous avons exposées aux §§ **511** à **515**, s'arranger de manière à ce que l'*un* des motifs principaux (si ce n'est *deux*) revienne *au moins une seconde fois*.

§ **1046.**—Avec *certains genres de poésies,* cette dernière condition n'est pas toujours facile à remplir.

Le *sonnet,* par exemple, qui se compose de *deux quatrains* suivis de *deux tercets,* ne se prête que rarement à la *reprise* du *motif principal,* la période des *tercets* ne répondant à celle des *quatrains,* ni par le *nombre* de ses vers, ni par l'*ordre* dans lequel se succèdent les *rimes masculines* et *féminines.*

§ **1047.**—Si l'on ne peut répéter intégralement l'un des *motifs principaux,* il faut tâcher, du moins, d'en obtenir des *développements* (par *imitation* ou *déduction*) afin qu'il y ait *unité d'idée* dans la composition.

Ces *développements* doivent être, nécessairement, appropriés aux *paroles* dont ils sont l'*expression musicale.*

§ **1048.**—Pour en revenir aux *pièces de vers* qui, divisées par *strophes égales,* permettent de donner à la musique la *forme-romance* ou la *forme-mélodie,* nous devons faire observer que beaucoup de ces pièces sont *trop longues* pour entrer en *totalité* dans la composition d'un simple *morceau de chant.*

En pareil cas, on se voit obligé de faire une *sélection* parmi les *strophes trop nombreuses* dont elles sont composées, afin de ne point dépasser les *proportions raisonnables* qu'on peut donner à ce genre de composition.

C'est ainsi qu'ayant eu l'heureuse idée de mettre en musique "Le lac" cette belle méditation de LA-MARTINE, qui se compose de *seize strophes de quatre vers,* dont *trois alexandrins,* NIEDERMEYER en choisit *six,* savoir: 1º les *trois premières,* dont il fit un *chant déclamé* de quarante-deux mesures à quatre temps simples (C) comprenant *trois périodes* (une par *strophe;*) 2º les quatrième, treizième et seizième dont il fit *trois couplets* de dix-huit mesures à $\frac{6}{8}$, qu'il intitula **romance**.

De son côté GOUNOD, ayant eu la non moins heureuse idée de puiser à la même source "Le soir" et "Le vallon" il y fit, pour sa musique, les *sélections* suivantes:

"Le soir" de LAMARTINE se composant de *treize quatrains* de huit pieds, GOUNOD en choisit *six*, dont il fit *deux couplets de trois strophes* chacun. — Pour le *Vallon*, qui se compose de *seize quatrains de vers alexandrins*, il fit un *récitatif chantant des quatre premiers vers*, puis, *deux couplets de deux strophes* chacun: les neuvième et dixième pour le *premier couplet*, les douzième et treizième pour le *second*.

EXEMPLES DE QUELQUES-UNES DES FORMES QU'ON PEUT DONNER
AUX MORCEAUX DE SALON

E. DURAND — *Hamlet*, Scène dramatique en *forme d'Air*. Publié avec l'autorisation de M. CHOUDENS, Éd. Propriétaire.

PREMIÈRE PÉRIODE — Exposé du sujet — *RÉCITATIF*

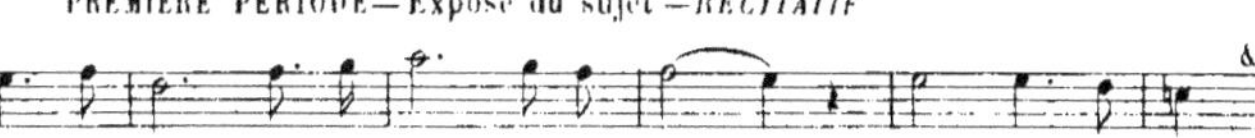

DEUXIÈME PÉRIODE — Cantabile — *ANDANTE*

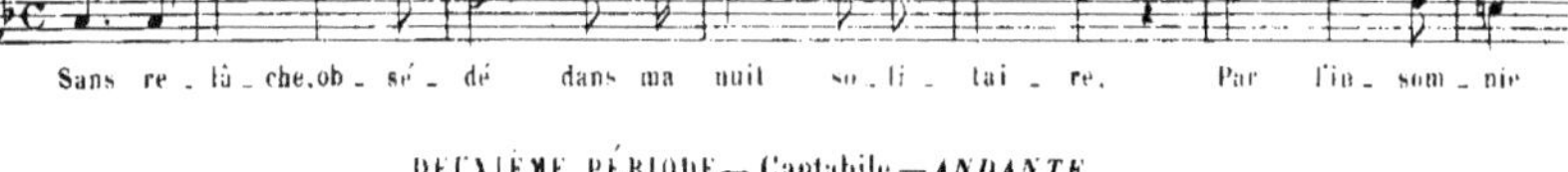

TROISIÈME PÉRIODE — Agitation — *ALLEGRO*

V. MASSÉ — Strophe de *Psyché*. Forme-Cavatine. Publié avec l'autorisation de M. J. GRUS, Éd-Propriétaire.

A Motif principal (10 mesures) 1 vers de 12 pieds.

B 1re phrase de milieu - 10 mesures (2 vers de 12 pieds et 1 de 8)

C 2de phrase de milieu - 11 mesures (1 vers de 8 pieds et 1 de 12, 3 de 8 et 1 de 12)

Abis Motif principal - 10 mesures - plus, 9 mesures de CODA (1 seul vers de 12 pieds)

RÈGLES APPLICABLES A LA MUSIQUE DE CHANT
composée pour le salon

Ces règles ayant été précédemment formulées, et pour ne pas *nous répéter* inutilement, nous renvoyons aux divers chapitres où elles sont traitées. Seulement, nous mentionnerons à l'occasion, les *modifications* que leur nouvelle application rendra nécessaires.

Pour les questions de détails, consulter la *table des matières*.

DES VOIX (Page 237)

§§ 666 à 700 (Particulièrement les §§ 696 à 699)

SERVITUDE DE LA MUSIQUE DE CHANT ENVERS LES PAROLES (Page 243)

§§ 710 à 712

PROSODIE (Page 244)

§§ 713 à 755

VERS LYRIQUES (Page 252)

§§ 756 à 793

RÉPÉTITION DE PAROLES (Page 260)

§§ 794 à 798

§ 1049.—C'est surtout dans les *morceaux de diction,* comme on en rencontre beaucoup dans la musique de salon, qu'il faut éviter de répéter des paroles inutilement.

Ce qui est permis, par exemple, c'est de répéter le *dernier* ou les *deux derniers vers* d'un *couplet,* d'une *période* ou surtout d'un *refrain,* pour mieux en *marquer la fin;* mais cela, à la condition que les *paroles répétées* auront, par elles-mêmes, sinon un *sens complet* (ce qui serait le mieux) du moins, s'il est partiel, un *sens suffisant* pour être compris, en le rapprochant de ce qui vient d'être dit. (Voir, page 294, la chanson du *Freischütz* et la romance de *Nina;* page 295, les romances de *Marie,* de *Joseph* et du *Petit Chaperon rouge;* enfin, page 297, les romances du *Pré aux Clercs* et de *Si j'étais Roi.*)

DE LA PONCTUATION (Page 260)

§§ 799 à 802

MODULATIONS ET CHANGEMENTS DE TON
dans la musique de chant (Page 261)

§§ 803 à 805, 807 à 810

§ 1050.—Dans les morceaux à couplets : *Mélodies-romances* ou *chansons,* (morceaux courts dont le *motif* est peu développé) on doit se montrer très *sobre de modulations,* et ne s'engager que dans des *tonalités* qui soient, vis-à-vis du *ton principal,* dans des rapports tels qu'on puisse revenir à celui-ci facilement et rapidement.

(Revoir le chapitre de la *modulation,* page 50 et suivantes.)

MOUVEMENT DES TEMPS, DE LA MESURE ET DES NOTES
dans la musique de chant (Page 264)

§§ 813 à 818

RITOURNELLES (Page 265)

§§ 819 à 826 (Particulièrement les deux derniers,) et §§ 945 à 950,
en faisant abstraction de ce qui concerne particulièrement la *musique de théâtre.*

§ 1051.—Nous avons dit (§ 825) "On ne doit pas faire de *trop longues ritournelles,* surtout "pour les morceaux qui n'ont qu'un accompagnement de *piano,* comme les *romances, mélodies* "et *duos* destinés au *salon.*"

En effet, dans ces morceaux, les *ritournelles* n'étant pas occupées pas des *jeux de scène,* et leur exécution au *piano* ne pouvant avoir le charme et l'intérêt d'une *exécution orchestrale,* elles jetteraient *un froid* et paraitraient *fastidieuses* en se prolongeant.

Si donc, le *sujet* de l'un de ces morceaux réclame une *ritournelle* qui soit l'expression d'*une idée* ou d'*une peinture* quelconque, il faut la faire aussi *concise* que possible, en se bornant à *indiquer seulement* cette expression.

RÉCITATIF (Page 267)
§§ 842 à 848

§ **1052.**—Le *récitatif* était très rarement employé dans les *morceaux de salon*, à l'époque où la *forme-romance* et la *forme-rondeau* étaient à peu près les seules en usage pour ce genre de composition.

Mais, depuis que les *scènes lyriques* sont entrées dans le domaine du concert, le *récitatif* y a trouvé place, à titre d'*introduction*, et comme *exposé du sujet* qui se développe, ensuite, sous l'une des formes: *romance, air* ou *mélodie.*—Seulement, le *récitatif chantant* y est *presque exclusivement usité*, et ce n'est guère que dans le *genre bouffe* qu'on y admet le *récitatif de débit.*

MORCEAUX A COUPLETS

ROMANCES, CHANSONS ET CHANSONNETTES (Page 287)
§§ 884 à 893

ROMANCES ET CHANSONS DE CARACTÈRE
§§ 894 à 914

Formes diverses des morceaux à couplets (Page 294) §§ **915** et **916**

Petite coupe binaire §§ 917 à 919 — Petite coupe ternaire §§ 920 et 921
Forme-Cavatine § 927 —Rondeau et forme-rondeau §§ 928 à 934

RAPPORTS DE MESURE ET DE TONALITÉ
entre les couplets et le refrain (Page 296)
§§ 922 à 926

MAUVAISES COUPES DE VERS
et arrangement des différents couplets sur le même air (Page 299) §§ **935 à 941**
Variantes de fantaisie (Page 301) §§ **942 à 944**

§ **1053.**—Ainsi qu'il a été dit déjà (§§ 770 à 774) les vers d'une certaine dimension qui n'ont *pas de césure* (notamment ceux de *huit syllabes*) ne se prêtent pas toujours au *bon développement rythmique* de la phrase musicale.

Et nous ajoutons: ces *vers sans césure* peuvent être surtout gênants dans les *morceaux à couplets.*

§ **1054.**—Or, s'il est parfois difficile de faire aller sur le *même air* les *deux seuls couplets* dont se compose, ordinairement, une *romance d'opéra,* on doit comprendre que la difficulté doit être souvent plus grande encore quand il s'agit des *trois, quatre* ou *cinq couplets* d'une *chanson* ou d'une *romance* comme il en existe beaucoup pour le *salon.*

En effet, tel *rythme musical* qui convient parfaitement à *tel couplet* peut ne pas convenir du tout à *tel autre;* et nous le répétons, c'est, le plus souvent, la coupe des *huit pieds sans césure* qui présente cet inconvénient.

§ **1055.**—Cette coupe, *ingrate* pour le *musicien*, est, au contraire, *des plus commodes* pour le *versificateur;* aussi, en fait-il un *très grand usage.*

Pour le *poète* qui ne destine pas ses vers à la *musique*, il est tout naturel et fort légitime qu'il ne tienne aucun compte des *exigences de cette dernière*, et qu'il use des libertés que lui accordent les *règles de la versification.*

Néanmoins, de véritables poètes ont écrit des *pièces de vers* qui sont *rythmées* à la manière des *meilleurs poèmes lyriques.*—THÉOPHILE GAUTIER, par exemple, à qui l'on prête ces paroles: "La musique est le plus cher de tous les bruits" paraît ne pas avoir dédaigné *ce bruit si cher* quand il a écrit des vers comme ceux-ci:

<table>
<tr><td align="center">GAZHEL</td><td align="center">VILLANELLE</td></tr>
</table>

Dans le bain, _______ sur les dalles,	Quand viendra ____ la saison ____ nouvelle,
A mon pied _______ négligent	Quand auront ____ disparu _______ les froids,
J'aime à voir _______ des sandales	Tous les deux, ____ nous irons, ____ ma belle,
De cuir jaune _______ et d'argent	Pour cueillir ____ le muguet ____ au bois
etc.	etc.
(36 vers de 6 pieds sur le *même rythme*)	(7 vers de 8 pieds,(*rythmés* comme ci-dessus) et 1 vers de 2 pieds,pour chacune des trois strophes)

N.-B.—Cette dernière pièce de vers, si bien taillée pour la musique, a tenté bien des compositeurs,qui en ont fait des *mélodies* publiées sous divers titres: *Villanelle, La saison nouvelle,* etc.

§ **1056.**—Sans donner à ses vers une coupe aussi *uniforme* que celle des vers précédents, le *parolier* qui écrit pour le *musicien* doit chercher à favoriser l'éclosion de *mélodies franches,* régulières et *bien rythmées.* A cet effet, lorsqu'il divise sa *poésie* par *strophes,* dans l'intention d'en obtenir des *couplets* qui aillent tous sur le *même air,* il faut qu'il prenne le soin de faire concorder les *repos principaux* des vers qui se correspondent dans chaque *strophe,* pour que le musicien puisse trouver un *rythme* qui convienne également à *tous les couplets.*

Malheureusement, cette condition est trop souvent négligée par le *parolier,* et il est rare que le compositeur ne soit pas forcé d'apporter des *modifications* plus ou moins *légères,* plus ou moins *profondes,* à l'air du premier couplet pour l'adapter à chacun des *couplets subséquents.*

§ **1057.**—Ce que nous venons de dire s'applique, non seulement aux *vers de huit pieds,* mais encore à tous ceux qui, dans leur cours, sont susceptibles de renfermer une ou plusieurs *syllabes d'appui* réclamant *un repos.*

Voici quelques exemples des *modifications* qu'on peut être obligé d'apporter, selon le cas, à *l'air du 1er couplet,* pour en obtenir une *bonne adaptation* aux couplets suivants:

MODIFICATIONS DANS LE RYTHME
entraînant le déplacement de certaines intonations

GOUNOD — *Prière* (Vers de 8 pieds) Publié avec l'autorisation de MMrs H. LEMOINE et Cⁱᵉ, Ed.-Propriétaires.

1ᵉʳ COUPLET

2ᵐᵉ COUPLET

VARIANTES ET MODIFICATIONS
dans le rythme et l'intonation

E. DURAND — *Chants d'Armorique*, N:3, Les Goëlands (Vers de 12 pieds) A. LEBEAU, Éditeur.

CHANGEMENTS DE MODE ET DE MESURE

E. DURAND — *Jours lointains*. Publié avec l'autorisation de MM:s E. BALDOUX et Cie, Ed-Propriétaires.

A L. 9892

COMPLICATIONS

RÉSULTANT DES MODIFICATIONS APPORTÉES A L'AIR PRIMITIF

§ 1058.—Toutes ces *modifications* sont autant de *complications* qui peuvent être un obstacle à la *vulgarisation* des morceaux qui les ont subies.

§ 1059.—A la vérité, quand ceux-ci s'adressent exclusivement à *une élite* d'artistes ou d'amateurs exercés, les changements en question ne présentent pas de graves inconvénients; et même, ils ont parfois l'avantage d'enrichir la composition en y jetant de la *variété*.

§ 1060.—Mais, si de tels morceaux étaient destinés *aux masses*, il serait bien difficile à celles-ci de saisir et de retenir toutes ces *variantes*, et, selon toute apparence, elles devraient renoncer à les apprendre.

§ 1061.—Voyez ce qui arrive pour la *Marseillaise!... Le peuple* ne chante jamais que le *premier couplet* de notre *beau chant national*, qui, comme chacun le sait, est entièrement bâti sur des *vers de huit pieds*.

A quoi attribuer ce fait, sinon à la difficulté qui se présente, dès le *second couplet*, d'adapter, aux paroles de celui-ci, l'*air primitif* bien connu de tous.

C'est qu'en effet, ces *deux couplets* sont *rythmés* de façon tout-à-fait différente.

MÉTHODES ET PROCÉDÉS
propres à réduire ces complications

§ 1062.—Afin de *réduire* au *minimum* les *changements* à opérer dans l'*air primitif*, il faut, tout d'abord, au lieu de se borner à faire cadrer cet air avec les paroles du *premier couplet*, examiner *parallèlement* les *différentes strophes* qu'on veut mettre en musique; en déterminer le *rythme prédominant*; et faire, de celui-ci, *la base* du *rythme musical*.

§ 1063.—Si les vers qui se *correspondent* d'une *strophe* à l'*autre* ne concordent pas parfaitement entre eux sous le rapport du *rythme*, il faut tâcher de trouver un *motif assez souple* pour qu'il se prête facilement aux *modifications* nécessitées par ce manque de *concordance*. A cet effet, il est bon de *chanter* tour-à-tour *chaque couplet*, avant de rien arrêter de *définitif* dans la *composition du motif*.

§ 1064.—Certains *procédés*, appliqués à cette *composition*, peuvent favoriser l'arrangement des *différentes strophes* sur le *même air*, sans y faire de *changements notables*.

Voici en quoi consistent quelques-uns de ces procédés.

340

§ **1065.**—On *insiste* sur certaines notes de la *mélodie,* pour pouvoir en *varier le rythme* sans en *déplacer les intonations.*

§ **1066.**—On *introduit* dans la *phrase musicale* une ou plusieurs *notes de plus* que celles qui sont strictement nécessaires pour le *nombre des syllabes,* de manière à ce qu'on puisse *en attribuer deux,* tantôt à *l'une* de ces syllabes, tantôt à *l'autre,* selon les besoins de la prosodie.

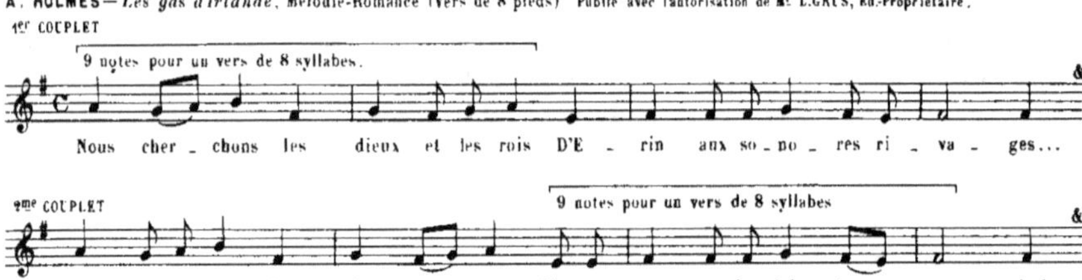

§ **1067.**—Enfin, on se sert très souvent du *rythme syllabique* en *notes égales.*

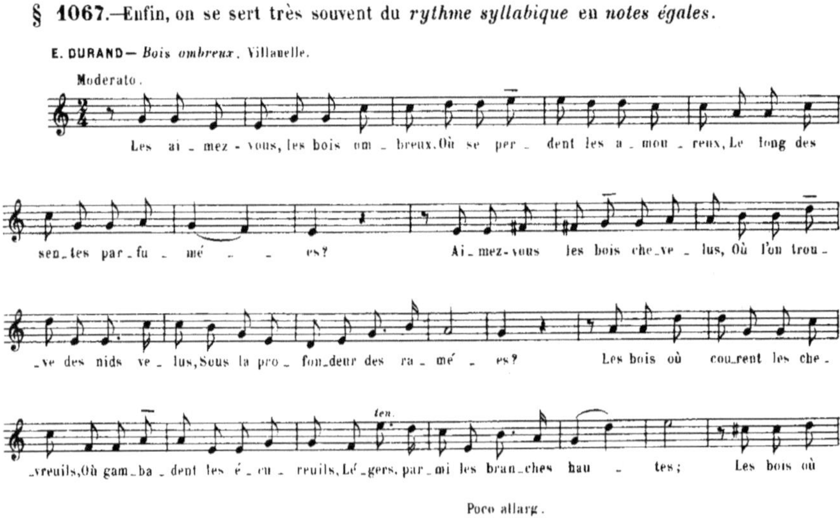

§ **1068.**—L'avantage de ce *rythme neutre*, c'est que, n'ayant ni *longues* ni *brèves*, il permet au chanteur d'*accentuer*, à son gré, tantôt *une syllabe*, tantôt *une autre*, selon les exigences de la *déclamation*.

§ **1069.**—Mais, *certaines applications* de ce *rythme* présentent des *inconvénients* qu'il est utile de signaler.

§ **1070.**—Par exemple, on a souvent (*trop souvent* à notre sens) abusé, pour la *chanson*, du *rythme suivant*, dont les *longs repos* (qui ont lieu de *deux* en *deux* mesures, coupant ainsi périodiquement le discours vocal) ne tardent pas à devenir *agaçants* et *insupportables*.

N.-B.—Le même exemple pourrait s'écrire à $\frac{2}{4}$; ce n'en serait pas meilleur pour ça.

§ **1071.**—Il est vrai que ce *défaut* serait notablement *atténué*, si la majeure partie des *rimes* étaient *féminines* comme dans l'exemple suivant, au lieu d'être *masculines* comme ci-dessus.

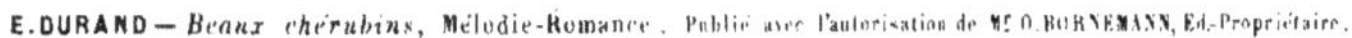

§ **1072.**—En effet, les *terminaisons féminines* venant expirer au troisième temps de la mesure, tandis que les *terminaisons masculines* font leur chute définitive sur le *premier*, il se passe *deux temps de moins*, entre l'achèvement d'un *vers féminin* et le début du *vers suivant*, que si le premier était un *vers masculin*.

§ **1073.**—Si l'on use de la faculté qu'on a presque toujours d'*appuyer* sur la *première syllabe* de chaque vers (§ 749,) la *terminaison* du premier et l'*attaque* du second se trouvent rapprochées d'une *moitié de temps*, ce qui *atténue* d'autant le défaut signalé au § **1070**.

N.-B.—Malgré cette *atténuation*, V. MASSÉ a saisi l'occasion qui s'est présentée à la septième mesure pour *varier son rythme* et ne pas tomber dans l'*uniformité*.

RYTHME SYLLABIQUE EN NOTES ÉGALES
dans les mesures à trois-quatre et à six-huit

§ 1074.—Dans les mesures à *trois-quatre* et à *six-huit*, le *rythme syllabique* appliqué aux vers de huit pieds ne produit pas d'*aussi longs repos* que dans la mesure à *quatre temps*.

§ 1075.—Malgré cela, l'*uniformité* de tous *ces rythmes* ne manquerait pas, à la longue, de dégénérer en *platitude*.

§ 1075bis—Si donc on est obligé d'employer le *chant syllabique* en *notes égales* pour *certains vers* d'une *chanson* ou d'une *romance*, il faut tâcher, du moins, d'y intercaler quelque *autre rythme* qui, sans être disparate, vienne *rompre l'uniformité* du premier.

§ 1076.—A tout ce que nous venons de dire au sujet du *rythme syllabique* en *notes égales*, nous devons ajouter, qu'en raison même de cette *égalité des valeurs* qui le composent, son emploi exclusif ne saurait produire certains *chants de caractère*, et ne pourrait, non plus, exprimer une *foule de sentiments* dont la peinture exige des *mouvements divers et accidentés*.

MORCEAUX A PLUSIEURS VOIX

COMPOSÉS POUR LE SALON ET LES SOCIÉTÉS CHORALES

§ **1077.**—Les *longues explications* que nous avons données, précédemment, sur les *matières* ci-dessous désignées, nous dispensent d'entrer, de nouveau, dans de *longs développements* au sujet des *morceaux à plusieurs voix* composés pour le *salon* ou les *sociétés chorales*, ces explications étant applicables à ces morceaux, sauf les quelques *paragraphes* qui concernent spécialement la *musique de théâtre*.

On fera donc bien de revoir les chapitres suivants:

1º *Application* de certaines *règles de l'harmonie* à la composition; (P. 70 à 86.)
2º Des *voix* — *Tessiture de la voix;* (P. 237 à 242)
3º *Servitude de la musique de chant* envers les *paroles;* (P. 243)
4º Paroles musicales — *Prosodie;* (P. 244 à 251)
5º *Vers lyriques;* (P. 252 à 259)
6º *Répétition* de *paroles* — *Ponctuation* (P. 260)
7º *Modulations et changements de ton* dans la musique de chant. (P. 261 à 263)
8º *Mouvement des temps*, de la mesure et des *notes* (P. 264)
9º *Ritournelles* (P. 265 et § 1051;)
10º De la *forme* des *morceaux de chant* (P. 266 à 274.)

DUOS ET CHŒURS A DEUX VOIX

§ **1078.**—La plupart des observations consignées dans le chapitre intitulé **Duo vocal** (P. 304 à 309) sont applicables aux *duos* composés pour le *salon*.

Nous devons, néanmoins, y ajouter ce qui suit:

§ **1079.**—On trouve rarement un *duo dramatique* en dehors du *théâtre*.

§ **1080.**—Au contraire, parmi les *morceaux de salon*, on rencontre beaucoup de *nocturnes* et de *romances* à deux voix, divisés par *couplets*.

(Voir les *duos* de MENDELSSOHN — *Doux nom d'amour; Voyage en mer; L'absent;* etc. ceux de SCHUMANN — *Aurore de la vie; Chanson d'Avril;* etc. *L'ange et l'enfant,* de RUBINSTEIN; etc.)

§ **1081.**—Il y en a qui ont la *forme-mélodie*, par la raison que *leurs couplets* ne sont pas *tous* mis sur la *même musique*.

(Voir les *duos* de MENDELSSOHN — *Vogue, léger zéphir; Sous l'églantier; Le bal des fleurs; Les blés;* etc.

§ **1082.**—D'autres ont la *forme-cavatine* (MENDELSSOHN — *Les oiseaux voyageurs;* SCHUMANN — *Au rossignol;* GOUNOD — *Fleur des bois;* E. DURAND — *Le retour des hirondelles;* etc.)

§ **1083.**—D'autres enfin, par leur forme et la nature de leur *sujet*, constituent ce qui s'appelle des *scènes* (§§ 864, 865, 1029 et 1030.) — (E. DURAND. — *La chanson des Lavandières*.)

§ **1084.**—La plupart de ces *duos* sont écrits pour *deux voix égales* et se chantent beaucoup en *chœur*.

§ **1085.**—Le *récitatif non mesuré* est à peu près inusité dans les *morceaux à plusieurs voix* composés pour le *salon*.

§ **1086.**—Les *passages à l'unisson* y sont *assez rares* et, généralement, *très courts*.

§ **1087.**—En ce qui concerne les *répétitions de paroles*, on en tolère davantage dans les *morceaux d'ensemble* (surtout dans les *chœurs*) que dans les *solos*.

Pourtant, il ne faudrait pas abuser de cette *tolérance*.

CHOEURS D'ORPHÉON

POUR VOIX D'HOMMES

§ **1088.**—Les *chœurs d'orphéon* sont écrits, presqu'exclusivement, pour *quatre voix d'hommes*: premiers et seconds *ténors*, premières et secondes *basses*.

§ **1089.**—Cependant, la *tessiture* de ces *voix réunies* n'étant, en somme, que d'environ une *onzième* ou une *douzième*, et leur *étendue totale* ne comprenant que *dix-sept* ou *dix-huit* degrés diatoniques, dont les *notes extrêmes,* au grave et à l'aigu, ne doivent être utilisées qu'avec une *grande réserve,* il en résulte qu'il est souvent difficile de *faire mouvoir* ces quatre voix dans cet espace restreint, tout en conservant au point de vue de l'*élévation des sons,* leur *échelonnement normal,* c'est-à-dire, leurs *positions respectives* de première, deuxième, troisième et quatrième parties.

Aussi, les *unissons* et les *croisements* sont-ils nombreux dans les *chœurs* composés pour *quatre voix d'hommes*. (Voir, ci-après, les exemples **A, C, D, E**)

§ **1090.**—Il y aurait, parfois, avantage à ne diviser les *voix d'hommes* qu'en *trois parties* (ténors, barytons et basses;) l'*harmonie* en serait *moins compacte* et la *sonorité* plus éclatante; les *voix* s'y trouveraient *plus à l'aise* pour *se mouvoir librement,* et leurs *dessins respectifs* pourraient être d'autant plus *intéressants* et *distincts* les uns des autres.

Mais le *classement* est fait, l'habitude est prise, et il n'est pas facile d'obtenir, d'une société, le *moindre changement* à cet *état de chose.*

§ **1091.**—Les *chœurs d'orphéon*, étant destinés à être chantés sans *aucun accompagnement instrumental,* doivent être écrits selon les principes exposés aux §§ **965** à **972, 974** à **978, 980** à **986.**

§ **1092.**—Au sujet des §§ **966** et **967** il y a lieu de faire les *observations* suivantes:

§ **1093.**—Selon leur importance, leur savoir, leur mérite, les *sociétés orphéoniques* sont *classées* ainsi qu'il suit:

Il y a, d'abord, la *division d'excellence* et la *division supérieure;* puis les *première, deuxième* et *troisième* divisions, comprenant chacune *deux ou trois sections.*

(*) On peut ajouter à cette étendue *deux ou trois demi-tons* que les premiers ténors peuvent faire en *voix de tête* (§ 692). Mais ces *deux ou trois notes* sont rarement utilisables dans les *chœurs.* On en trouvera des exemples dans la *scène chorale,* "*Le Tyrol*", que nous donnons ci-après.

§ 1094.—Dans ces conditions, il tombe sous le sens que l'on peut faire des morceaux *plus développés* et plus *compliqués* pour les *divisions supérieures* que pour les autres.

On a composé, pour les premières, de *véritables scènes chorales*, dans lesquelles on a tiré parti de tous les *effets* qu'on peut obtenir d'un *ensemble de voix humaines* sans le secours *d'aucun instrument de musique.*

§ 1095.—Afin de donner une idée des *ressources* qu'on peut trouver dans une réunion de *voix d'hommes* chantant sans accompagnement, voici quelques fragments de la *scène chorale* "*Le Tyrol*" sans contredit, l'un des modèles les *plus achevés* du genre, qui, jadis, fut écrite pour un concours de *division d'excellence.*

AMBR.THOMAS — *Le Tyrol*. Scène chorale.   Publié avec l'autorisation de M. A. PINATEL, Éd-Propriétaire.

A — Introduction

Andantino non troppo.

§ 1096.—On a beaucoup abusé des effets de *bouches fermées* dans les *chœurs d'orphéon.* Quand cela vient *à-propos*, c'est parfait; sinon, mieux vaut s'en passer.

B — Effets de *cloche* et de *pizzicati* accompagnant le *chant des 1ʳˢ ténors*

Cette phrase peut être chantée par *un soliste* ou par *tous les 1ʳˢ ténors;* les autres parties ne font qu'un *accompagnement* d'un *caractère instrumental.*

§ 1097.—La *phrase précédente,* qui n'a pas moins de *vingt mesures,* est presqu'entièrement écrite à *quatre parties réelles.* Néanmoins, le *nombre* de ces *parties réelles* est passagèrement réduit à *trois* par la rencontre des *deux ténors* ou des *deux basses* marchant accidentellement à l'*unisson.* (Voir les deux dernières mesures de l'exemple.)

§ 1098.—Dans cette *dernière phrase,* qui est de quinze mesures, les *deux parties* de *basses* marchent à l'*unisson* presque constamment; ce qui, pendant ce temps, réduit à *trois* le nombre des *parties réelles.*

Il y a même un moment où l'*unisson* est fait par les *quatre voix* à la fois (Voir les trois dernières mesures de l'exemple ci-dessus.)

En conséquence, les passages écrits à *quatre parties réelles* y sont assez rares.

Les *notes aiguës* de ce *refrain* se font en *voix de tête* (§§ **678** et **692**). C'est ainsi qu'on obtient les effets de *Tyrolienne.*

F — ORAGE

§ 1099.—Après cet *orage* longuement développé, le calme étant revenu, les montagnards reprennent le *refrain* précédent auquel sont ajoutées des *variantes* d'accompagnement; puis *la scène* s'achève par une *danse chantée* qui sert de *strette* au morceau.

§ 1100.—Pour donner une idée des morceaux destinés aux *divisions inférieures*, voici deux fragments d'un *chœur* de 3me division, 3me section.

O. **FOUQUE** — *Les Vendanges*, Chœur à 4 voix. (Forme-rondeau, § 224)   Publié avec l'autorisation de Mme A. NOËL, Éd.-Propriétaire.

A —*Refrain* (20 mesures)
Allegretto.

B —*Trois couplets de 24 mesures*

A^{bis} *Reprise du refrain* (20 mesures)

N.B.—*Le dernier refrain* est augmenté d'une CODA de quelques mesures.

MUSIQUE RELIGIEUSE

RÉFLEXIONS PRÉLIMINAIRES

§ **1101.**—Tous les *textes sacrés* ont été mis en musique de tant de façons *différentes* (et souvent si *opposées*)que pour en faire une *analyse comparée* et tirer de cette *analyse* les *déductions logiques* qui en découlent naturellement, nous serions obligé d'excéder considérablement les *limites* que nous nous sommes imposées en commençant cet ouvrage.

Nous devons donc nous borner à donner, sur ce *genre spécial* de *haute composition,*quelques *principes généraux* qui, rapprochés des règles précédemment établies au sujet de la *musique instrumentale* (p.121 et suivantes;) et de la *musique vocale* (p.237 et suivantes;) pourront être utiles aux compositeurs inexpérimentés qui voudront s'adonner à la *musique d'église.*

§ **1102.**—Il va de soi, qu'étant donné le but de ce *traité,* il ne saurait y être question des *plains-chants,* attendu qu'*on n'en compose plus.*

Ici donc, il s'agit uniquement de la *musique religieuse* basée sur la *tonalité moderne.*

CARACTÈRE DE LA MUSIQUE RELIGIEUSE

§ **1103.**—On prie **Dieu**, la **Très sainte Vierge** et les **Saints**. On célèbre les *vertus* des saints, la *grandeur* de la **Très sainte Vierge** et la *majesté* de **Dieu.**

On chante leurs *louanges;* on leur témoigne un *amour infini.*

Mais, le *pur amour* de **Dieu**, de la **Sainte Vierge** et des **Saints** n'a rien de commun avec l'*amour profane.* Celui-ci est *sensuel, passionné, agité;* tandis que le *premier* est essentiellement *chaste* et *austère.*

§ **1104.**—On doit comprendre, dès lors, que des *sentiments si différents,* ne peuvent être exprimés *avec justesse* en se servant des *mêmes moyens.*

§ **1105.**—Les *accents* de l'*amour divin* doivent être *nobles,* touchants, *pénétrants,* pathétiques et *profonds,* mais exempts de *sensualité* et d'*afféterie.*

§ **1106.**—Selon le *sujet* que l'on traite, la *musique religieuse* doit exprimer: tantôt le *calme,* la sérénité, l'*onction,* la gravité, le *recueillement,* l'humilité, etc....tantôt l'*allégresse la plus vive,* qu'il ne faut pas confondre avec la *gaité banale* ou la *joyeuseté.*

§ **1107.**—Les qualités qu'on doit y rechercher sont, principalement, l'*élévation* de la *pensée,* l'ampleur des formes, la *noblesse,* la *simplicité* et la *pureté* du *style.*

§ **1108.**—Pour obtenir ces résultats, il faut éviter d'employer certains *éléments énervants* de la musique profane, tels que les *rythmes sautillants* et *dansants,* le *chromatisme outré* et l'*abus des modulations.*

CHANTS RELIGIEUX

§ 1109.—On peut classer en *deux sections* les *chants religieux* : [*]
1° ceux qui sont composés sur des *paroles latines;* 2° ceux qui sont composés sur des *paroles françaises.*

§ 1110.—Les uns et les autres doivent être empreints du *caractère* de la *prière; leur couleur* doit être en rapport avec la nature de l'*office* auquel ils sont destinés.

Ainsi, le *Kyrie* d'une messe de *requiem* doit être d'une couleur *plus sombre* que celui d'une messe de *jour férié.*

PROSODIE

§ 1111.—Que les paroles soient *latines* ou *françaises,* la *prosodie* doit en être *absolument correcte.* (Pour la *prosodie française,* voir les pages 243 à 251.)

§ 1112.—Quant à la *prosodie latine,* on fera bien de lire le § 735 qui la concerne; mais, cela ne saurait suffire aux *très nombreux musiciens* qui ne savent pas le *latin.*

Et même, parmi les *musiciens français* qui ont fait leurs *classes latines,* il en est beaucoup qui ignorent cette question de la *prosodie,* car, dans les collèges et lycées de *France* on ne s'en préoccupe nullement, et l'on *accentue le latin comme le français,* en *appuyant* sur la *dernière syllabe sonore* de chaque mot; ce qui est une *grosse faute,* une *grave erreur.*

§ 1113.—Nous conseillons donc, instamment, aux compositeurs qui sont dans ce cas, de se faire indiquer à l'avance, par quelqu'un de compétent, les *syllabes d'appui* des *mots latins* qu'ils veulent mettre en musique, afin de leur faire porter l'*accent tonique,* c'est-à-dire l'*accent le plus marqué.* (§ 727.)

§ 1114.—Quant à ceux qui ignorent le *latin,* il est indispensable, en outre, qu'ils se procurent la *traduction littérale* du *texte sacré* sur lequel ils doivent composer leurs *chants,* afin de ne pas commettre d'*hérésies,* c'est-à-dire des *non-sens* ou des *contre-sens;* ce qui ne manquerait pas d'arriver s'ils ne prenaient cette précaution.

CHŒURS RELIGIEUX et CHANTEURS D'ÉGLISE

§ 1115.—Les *chœurs religieux* sont, généralement, composés pour des voix de *soprano, contralto, ténor* et *basse.*

§ 1116.—On sait que les parties de *soprano* et de *contralto* sont chantées à l'église par de *jeunes garçons* de neuf à quatorze ans.

§ 1117.—Or, sauf de rares exceptions, ces *voix de garçons* montent moins facilement que les *voix de femmes* qui leur correspondent. (Voir les exemples des §§ 675 et 685.)

ÉTENDUE ORDINAIRE DES VOIX DE JEUNES GARÇONS

N.–B.—On doit user très sobrement des notes indiquées par des *points noirs.*

§ 1118.—Quant aux *chanteurs adultes* qui font partie des *chœurs d'église,* il s'en trouve, assurément, dont les voix sont *belles et étendues;* mais, beaucoup d'entre eux sont d'*anciens artistes de théâtre,* qui n'ont plus tout-à-fait leurs *moyens vocaux* d'autrefois.

§ 1119.—En conséquence, le compositeur qui désire que ses *chants religieux* soient souvent exécutés dans les églises, doit se renfermer dans les limites des *voix ordinaires.*

---

[*] Ici, nous nous plaçons au point de vue *exclusivement français.*

ÉTUDE DES CHANTS SACRÉS

§ **1120.**—Pour se bien pénétrer du *style sacré* et de l'expression qu'il convient de donner à la *musique religieuse*, on fera bien d'étudier les *œuvres des Maîtres* qui, à *diverses époques*, ont excellé dans ce *genre spécial* de composition.

Afin de faciliter les recherches auxquelles cette étude pourrait entraîner, nous donnons ci-dessous, les noms de ces *Maîtres* et les *titres* de leurs œuvres principales.

COMPOSITEURS ANCIENS

Paroles latines, italiennes, allemandes ou anglaises

ROLLAND DE LATTRE (1520-1594)	*Psaumes* de la pénitence *Magnificat*	**HAENDEL** (1685-1759)	*Le Messie* *Judas Machabée* } (Oratorios) *Te Deum* et *Pie Jesu*
PALESTRINA (1524-1594)	*Messe* du Pape Marcel	**HAYDN** (1732-1809)	*Les sept paroles* de Jésus-Christ
VITTORIA (1540-1608)	*Office* de la Semaine sainte *La Passion* de Notre Seigneur	**MOZART** (1756-1791)	*Messe de requiem* *Ave verum*
ALLEGRI (1560-1640)	*Miserere* à 2 Chœurs	**CHERUBINI** (1760-1842)	*Messe du sacre* *Messe de requiem* *Motets* etc.
J. S. BACH (1685-1750)	*La Passion* de Jésus-Christ (Oratorio)		

COMPOSITEURS MODERNES

	Paroles latines	*Paroles françaises*
NIEDERMEYER (1802-1861)	*Messe solennelle* à 4 voix Deux *Messes brèves* (Chœur à 4 voix) *Pater noster, Pie Jesu*, etc	"Déplorable Sion" "L'Eternel est son nom" *Le jugement dernier.*
GOUNOD (1818-1893)	*Messe solennelle* à Ste Cécile *Messe brève* à 2 voix *Messe aux orphéonistes* à 5 voix *Messe aux sociétés chorales* à 4 voix d'hommes *Soixante Chants sacrés — Motets* *Mors et Vita* (Oratorio) etc	"Le Ciel a visité la terre" *Jésus de Nazareth — Bethléem* "Le Roi d'amour est mon pasteur" *Prière à la Vierge — Noël* "Toujours à toi, Seigneur" "Je te rends grâce, ô Dieu d'amour!"
CÉSAR FRANCK (1822-1890)	*Messe — Motets — Panis angelicus* *Quæ est ista — Domine non secundum*, etc, etc	*Les Béatitudes* *La Procession*
SAINT-SAËNS	*Messe de requiem — Vingt motets*, etc	"Pour vous bénir, Seigneur" "O saint autel" "Heureux qui du cœur de Marie" "Reine des cieux"
TH. DUBOIS	*Les sept paroles du Christ* *Messe de requiem — Le baptême de Cloris* *Motets à la Ste Vierge — au St Sacrement*, etc	*Notre Dame de la mer* (Oratorio)

ORGUE

§ **1121.**—Sans entrer dans de longs détails sur le mécanisme compliqué de l'*orgue d'église*, nous croyons utile de donner quelques explications à son sujet, afin d'éclairer les *musiciens* qui, n'ayant pas pratiqué ce merveilleux instrument, veulent écrire, pour lui, des *morceaux* ou des *accompagnements*.

§ **1122.**—C'est qu'en effet, il arrive souvent que ces musiciens traitent l'*orgue* absolument comme le *piano*, par la raison que l'un et l'autre étant des *instruments à clavier*, leur *doigté* est le même, ou à peu près.

§ **1123.**—Mais, si le *piano* et l'*orgue* ont, jusqu'à un certain point, cela de commun, ils *diffèrent sensiblement* l'un de l'autre, sous bien des rapports.

§ **1124.**—Effectivement, les *sons de l'orgue* ayant pour *agents de production* des *tuyaux* et un *soufflet*, alors que *ceux du piano* sont obtenus par le *choc de petits marteaux* sur des *cordes métalliques*, il en résulte que l'*émission* des premiers est *plus lente* que celle des seconds ce qui fait que l'orgue est moins apte que le *piano* à bien rendre les *traits d'agilité* et de *légèreté*. Ainsi, entre autres choses, les *trémolos* et les *répétitions rapides* de notes ne lui conviennent pas du tout.

§ **1125.**—En revanche, les *sons de l'orgue* sont beaucoup plus *pleins*, plus *puissants*, plus *moelleux* et plus *colorés* que ceux du *piano;* et de plus, on peut les *prolonger indéfiniment* et dans toute leur *plénitude;* qualité très précieuse pour le style *posé* et *lié* qui convient si bien à la *musique religieuse*.

§ **1126.**—Dans la *notation* de la *musique d'orgue* on ne dépasse pas

D'après cela, il semblerait que l'*étendue* de cet instrument n'est que de *quatre octaves et demi*.

§ **1127.**—Mais, nous devons faire observer que certains *jeux* de l'orgue produisent des sons à *une* ou *plusieurs octaves au-dessus* de ce qui est écrit; et que d'autres les produisent à *une* ou *plusieurs octaves au-dessous;* ce qui augmente considérablement son *étendue réelle*, laquelle peut dépasser *neuf octaves*.

MUSIQUE D'ORGUE

§ **1128.**—Pour se bien rendre compte du *genre de musique* qui convient le mieux à l'orgue, on fera bien de lire les *œuvres* écrites pour cet instrument par les *Maîtres organistes:* J. S. BACH, HAENDEL, RINK, LEMMENS, BOËLY, CÉSAR FRANCK, et Messieurs SAINT-SAËNS, THÉODORE DUBOIS, GUILMANT, GIGOUT, etc.

N.-B—Dans les églises qui ne possèdent pas de *grandes orgues*, celles-ci sont remplacées, généralement, par un **harmonium** ou orgue *expressif*.

La *notation* de la musique écrite pour l'*harmonium* embrasse une étendue de *cinq octaves* à partir de ce **do** grave.  Mais, cette étendue s'augmente d'une *octave au grave* et d'une *octave à l'aigu*, pour ceux de ces instruments qui possèdent les jeux suivants:

1° *Bourdon-clarinette*, qui transpose à l'*octave basse;* 2° *Clairon-fifre*, qui transpose à l'*octave haute*.

FIN DU TRAITÉ DE COMPOSITION MUSICALE

TABLE ALPHABÉTIQUE

ABRÉVIATIONS:

Acc! Accent; — *allo* allegro; — *cad.* cadence; — *div.* division; — *for.* forme; — *fug.* fugue; — *instr.* instrumental; — *mes.* mesure; — *modul.* modulation; — *morc.* morceau; — *mus.* musique; — *p.* page; — *§* paragraphe; — *part.* partie; — *pér.* période; — *phr.* phrase; — *ryth.* rythme; — *syll* syllabe; — *termin.* terminaison.

FIN de la TABLE ALPHABÉTIQUE

TABLE DES MATIÈRES

PREMIÈRE PARTIE

NOTIONS GÉNÉRALES

DEUXIÈME PARTIE

MUSIQUE INSTRUMENTALE

TROISIÈME PARTIE

MUSIQUE VOCALE

FIN de la TABLE des MATIÈRES

POUR

L'ENSEIGNEMENT MUSICAL

SOLFÈGES, EXERCICES, TRAITÉS, DICTIONNAIRE

MÉTHODES & ÉTUDES

Pour le PIANO, tous les INSTRUMENTS et pour le CHANT

PUBLIÉS PAR

Alphonse LEDUC, ✳, O. ☿, ✕Ɛ, Éditeur, 3, rue de Grammont, Paris.

Médaille d'Or à l'Exposition Universelle de Paris 1878, pour sa Bibliothèque l'Enseignement Musical.

SOLFÈGES

Prix nets

CHANAT frères. **Petit Solfège** ou Manuel musical des enfants, contenant 26 chants religieux et autres, à 1, 2 et 3 voix (f in-16), 3ᵉ éd. 1 50

LEDUC (Alph.). **Solfège progressif** (f in-8°), 2ᵉ éd. 1 25

MÜLLER (L.). **Solfège pratique et théorique** à l'usage des collèges, pensionnats, séminaires, etc., contenant 60 chants, à 1, 2 et 3 voix (f in-16), 10ᵉ édition *(cartonné)*. 1 25

— **Le même Solfège** avec Acc' de Piano (f in-8°). 6 »
Le même, cartonné. . . . . 7 »

PITARCH (A.). **Petit Solfège des enfants** (f in-8°). 1 50

RODOLPHE. Solfège complet, nouvelle édition, dans laquelle les leçons trop hautes ont été baissées (f in-16). . . . . 2 »

— **Le même Solfège** complet, 1 vol. in-8°. . . . . 4 »
Le même, cartonné. . . . . 5 »

RODOLPHE Solfège complet, à une voix. (Nouvelle édition revue par J. Arnoud) (f in-16). . 2 »

THÜRNER (A.). **Solfège** ou **Dictées des Rythmes** (f in-8°). 1 50

TROJELLI (A.). **Petit Solfège des écoles,** ouvrage approuvé par M. L. DE RILLÉ (f in-16) . . . . . » 50

VALENTI (A.). **Solfège** pour toutes les voix, dédié aux orphéons, écoles normales, lycées, collèges, etc. Dans ce solfège, la partie supérieure est écrite en clé de Sol, et la partie inférieure est en clé de Fa (f in-16).
Première partie 1 50
Deuxième partie 1 50
Les deux parties réunies 2 50

LEÇONS DE SOLFÈGE

Exercices, Dictées, etc.

ARNOUD (J.). **1.600 Exercices gradués de Lecture et de Dictées musicales.** *Intonation, Rythme, Tonalité,* en deux volumes (f in-16).
1ʳᵉ Partie, 1.000 Exercices. 1 50
2ᵉ Partie, 600 Exercices. 1 50
Les deux parties réunies. . . . . 3 »

— **50 Exercices d'ensemble** (f in-8°). 1 50

— **145 Leçons de Solfège** à 2 voix égales avec Accomp' de Piano, 1 vol. in-8°. . . . . 7 »

— **Cent Leçons de Solfège,** à 2 voix égales, sans accompagnement (format in-16) 1 25

DUVERNOY (H). **90 Leçons mélodiques de Solfège** sur toutes les clés et les mesures connues, avec Accompagnement de Piano. Ouvrage adopté au Conservatoire National.
1ᵉʳ Livre : 30 leçons clés de Sol, 2ᵉ et Fa, 4ᵉ lignes. 3 50
2ᵉ Livre : 40 leçons clés d'Ut, 1ʳᵉ, 2ᵉ, 3ᵉ et 4ᵉ, Fa 3ᵉ Sol 1ʳᵉ lignes. 3 50
3ᵉ Livre : 20 leçons à changements de clés (Emploi des 8 clés). 3 50
Les mêmes, sans Accomp', réunis en 1 recueil (f in-16). 2 »
Chaque livre séparé. . . . . 1 »

— **Étude complète des intervalles,** *Mineurs, Majeurs et Justes,* avec Accompagnement de Piano, 1 vol. in-8°. 2 50

Prix nets

THÜRNER (A.). **Dictées musicales d'intonation** (f in-8°). 1 50
Dictées des Rythmes (f in-8°) 1 50
RILLÉ (L. DE). **Exercices de Chant,** à quatre parties, pour les orphéons et les sociétés chorales (f in-8°). 1 50
Chaque partie . . . . » 50

PLAIN-CHANT

DUVOIS (CH.). Méthode théorique et pratique de l'**Accompagnement du Plain-Chant,** la plus complète et la plus claire de celles qui ont été écrites jusqu'à ce jour. . . . . 5 »
La même. Méthode élémentaire (f in-8°). 1 25

TRAITÉS

ARNOUD (J.). **Petite théorie de la Musique,** avec questionnaire . . . . » 50

CATEL. Traité d'Harmonie. Nouvelle édition, très complète, et conforme à l'édition du Conservatoire (f in-16). . . . . 2 »

CLODOMIR (P.). **Manuel du Chef-Directeur et** des *Exécutants* ou **Traité théorique et pratique** à l'usage des Musiques de **Fanfare et d'Harmonie.** — Cet ouvrage indispensable traite de chaque instrument, de son étendue, de son emploi, ainsi que de l'*Organisation et de la conduite de toutes les Musiques.* Il contient la figure de tous les instruments employés dans les musiques. 1 vol. (f in-16). . . . . 4 »

DURAND (E.). **Traité complet d'Harmonie,** 1ᵉʳ volume (f in-8°). Cet ouvrage est le plus clair et le plus complet qui ait été écrit jusqu'à ce jour. Il est en usage au Conservatoire de Paris et dans ses succursales, ainsi qu'aux Conservatoires de Belgique, de Suisse, etc. . . . . 25 »

— **Réalisations des leçons d'Harmonie,** 2ᵉ vol. (f in-8°). 12 »

— **Traité d'accompagnement au Piano,** 3ᵉ vol. (f in-8°). 18 »

— **Abrégé du Cours d'Harmonie** (f in-8°). . . . 10 »

— **Réalisations des Leçons de l'Abrégé** (f in-8°). 5 »

— **Théorie Musicale** (f in-8°) . . . . 7 »

RICHERT (F.). **Cours théorique et pratique de musique vocale** (4ᵉ édition), contenant un exposé analytique et raisonné des principes de l'art du Chant et un abrégé de la théorie du Plain-Chant. 5 »

— **Traité élémentaire du Plain-Chant** (f in-8°). 1 25

DICTIONNAIRE

SOULLIER. Dictionnaire complet de musique (f in-16). 2 50

Volumes cartonnés (f in-16), en plus, net. . . . . . » 25
— (f in-8°), en plus, net. . . . . . » 50

Pour recevoir franco, envoyer le prix indiqué.

*Vient de paraître la 37ᵉ édition (170.000 exemplaires vendus) de la Célèbre Méthode de Piano d'*Alphonse LEDUC.

IMPRIMERIE CHAIX, RUE BERGÈRE, 20, PARIS. — 19466-9-99. — (Encre Lorilleux).